权威·前沿·原创

皮书系列为

“十二五”“十三五”“十四五”时期国家重点出版物出版专项规划项目

智库成果出版与传播平台

中共中央党校（国家行政学院）国家高端智库皮书

中国数字政府建设报告（2024）

CHINA DIGITAL GOVERNMENT CONSTRUCTION REPORT (2024)

主　　编／王益民
执行主编／丁　艺

社会科学文献出版社
SOCIAL SCIENCES ACADEMIC PRESS (CHINA)

图书在版编目(CIP)数据

中国数字政府建设报告. 2024 / 王益民主编. 北京: 社会科学文献出版社, 2025. 4. -- (数字政府蓝皮书). -- ISBN 978-7-5228-4929-4

Ⅰ. D63-39

中国国家版本馆 CIP 数据核字第 2025D0F010 号

数字政府蓝皮书
中国数字政府建设报告(2024)

主　　编 / 王益民
执行主编 / 丁　艺

出 版 人 / 冀祥德
责任编辑 / 桂　芳
责任印制 / 岳　阳

出　　版 / 社会科学文献出版社 · 皮书分社 (010) 59367127
　　　　　地址: 北京市北三环中路甲 29 号院华龙大厦　邮编: 100029
　　　　　网址: www. ssap. com. cn
发　　行 / 社会科学文献出版社 (010) 59367028
印　　装 / 天津千鹤文化传播有限公司

规　　格 / 开 本: 787mm × 1092mm　1/16
　　　　　印 张: 22　字 数: 327 千字
版　　次 / 2025 年 4 月第 1 版　2025 年 4 月第 1 次印刷
书　　号 / ISBN 978-7-5228-4929-4
定　　价 / 168. 00 元

读者服务电话: 4008918866

《数字政府蓝皮书》编委会

主要编撰者简介

王益民 博士，研究员，中共中央党校（国家行政学院）机关党委常务副书记、国家电子政务专家委员会副主任，中国应急管理学会常务理事。主要著作《数字政府》《数据论》等成为我国各级政府数字政府建设的参考用书，为构建数据基础制度建设提供了有力支撑。

丁　艺 中共中央党校（国家行政学院）信息技术部网络安全监管处处长，主要研究领域为数字治理、电子政务、数字政府、数字经济、智慧城市规划与运营、领导干部数字治理能力、网络舆情、互联网治理。

摘　要

数字政府蓝皮书——《中国数字政府建设报告（2024）》是反映当前我国数字政府建设最新进展，探索政府数字化转型路径，总结政府治理典型经验，为新阶段提升中国数字政府建设水平提供借鉴和参考的年度权威报告。

数字政府建设是深入贯彻落实习近平新时代中国特色社会主义思想，建设网络强国、数字中国的重要抓手，是新时代全面推进国家治理体系和治理能力现代化的必然要求，是以中国式现代化全面推进中华民族伟大复兴的战略选择。

在以习近平同志为核心的党中央坚强领导下，我国数字政府建设取得显著成果。中共中央、国务院印发《数字中国建设整体布局规划》，完善顶层设计，指明发展方向；各地区各部门积极响应、主动创新，在基础设施、数据资源、数字经济、数字政务、数字文化、数字社会、数字生态文明等方面取得新进展。政务信息的整合共享能力得到增强，服务群众的能力水平不断提升；政务服务电子化、智慧城市建设、云计算、大数据等技术的应用，拉近了政府和群众的距离，人民群众的获得感、幸福感、安全感得到提升。这些成就的取得，得益于坚持以人民为中心的发展思想，推动数字技术与政府治理有机融合，不断推进数字政府建设纵深发展。

在看到成绩的同时，也要清醒地认识到，当前我国数字政府建设仍面临一些问题与挑战。数据共享和开放程度不足，导致数据资源的潜力未能充分释放；城乡、区域、群体间的数字鸿沟依然存在，数字政府建设不平衡问题有待解决；数字安全保障能力需进一步加强，网络安全法律法规和政策体系尚需完善；数字治理体系尚未完全形成，数字领域国际合作有待深化。

展望未来，我国数字政府建设需聚焦关键问题，实现精准发力，追求高质量发展。一是夯实数字基础设施和数据资源体系“两大基础”，加强数字基础设施建设，完善数据资源管理和利用机制；二是推进数字技术与经济、政治、文化、社会、生态文明建设“五位一体”深度融合，推动数字经济高质量发展，提升数字政务服务效能，丰富数字文化供给，构建普惠便捷的数字社会，推动数字生态文明建设；三是强化数字技术创新和数字安全保障“两大能力”，加强关键核心技术攻关，筑牢数字安全屏障；四是优化数字化发展国内国际“两个环境”，完善数字治理体系，推动数字领域国际合作。

新时代新征程，要继续坚持以习近平新时代中国特色社会主义思想为指导，凝心聚力、开拓创新，不断推动我国数字政府建设取得新的更大成就，为全面建设社会主义现代化国家、全面推进中华民族伟大复兴提供有力支撑。

关键词： 数字政府　网络强国　数字中国　中国式现代化

目 录

Ⅰ 总报告

Ⅱ 专题篇

Ⅲ 实践篇

Ⅳ　技术篇

皮书数据库阅读**使用指南**

总报告

B.1 2024年中国数字政府建设报告

中共中央党校（国家行政学院）课题组*

摘　要： 当前，中国的数字政府建设取得了显著成就，顶层设计精准谋划，制度建设持续完善，效能提升和安全保障方面取得新突破，创新实践成果不断涌现，国内外影响力大幅度提升。在取得新进展的同时，数字政府建设也暴露出一些新问题，数据共享力度有限，各区域普惠程度不同，数据安全出现风险隐患，专业人才培育的相关工作有待精细化，需要进一步与全球数字治理的大格局接轨。为此，我们必须加快推进数字政府再升级，建立健

* 课题组组长：王益民，中共中央党校（国家行政学院）机关党委常务副书记、国家电子政务专家委员会副主任，主要研究方向为数字政府、电子政务。课题组成员：丁艺，中共中央党校（国家行政学院）信息技术部网络安全监管处处长。刘密霞，中共中央党校（国家行政学院）国家治理教研部数字治理教研室副主任。陶勇，中共中央党校（国家行政学院）国家治理教研部数字治理教研室副主任。梅澎，中共中央党校（国家行政学院）国家治理教研部数字治理教研室助理研究员。刘彬芳，中共中央党校（国家行政学院）国家治理教研部数字治理教研室助理研究员。魏华，中国行政体制改革研究会政府治理现代化研究中心副主任。王琦，中国行政体制改革研究会政府治理现代化研究中心研究助理。隋心，北京师范大学博士研究生。高俊杰，中国人民大学博士研究生。张腾，北京师范大学博士研究生。杨舒婷，中共中央党校（国家行政学院）国家治理教研部硕士研究生。

全统筹协调创新机制，营造良好数字生态、构筑网络安全屏障，努力使全体人民共享建设成果，着力提升全球数字领导力。

关键词： 数字政府　治理能力　网络强国　数字中国　中国式现代化

引　言

党的二十大以来，以习近平同志为核心的党中央着眼全局、把握大势，高度重视数字中国建设。数字政府是数字中国建设的重要组成部分，其高质量发展是新时代全面推进国家治理体系和治理能力现代化、建设人民满意的服务型政府的必然要求，也是发挥数字化驱动引领作用、推进中国式现代化的必然选择。2023 年，中国数字政府在有效夯实前期基础上，持续突破。《“数据要素×”三年行动计划（2024—2026 年）》《国务院关于进一步优化政务服务提升行政效能推动“高效办成一件事”的指导意见》等系列文件陆续发布，聚焦企业和群众办事“急难愁盼”问题，依托全国一体化政务服务平台开展了政务服务效能提升“双十百千”工程，以切实行动践行宗旨、为民造福，为构筑国家竞争新优势提供有力支撑。

一　发展成效

2023 年，我国数字政府在深化制度保障、强化能力建设、践行服务宗旨、坚持技术驱动等方面发展成效显著，具体体现为数字政府顶层规划设计持续优化完善、数字政府整体性可持续性稳步提升、数字政府政务服务数字化水平显著提高、新兴技术赋能政务创新实践不断涌现等。

（一）深化制度保障，顶层规划设计持续优化完善

1. 发展环境更加优化

党的二十大以来，电子政务与数字政府建设加速推进，已成为“十四

五”乃至更长时期国家治理的重要内容。在政策高度支持的情况下，数字政府发展环境更加优化。一是基础设施建设力度不断加大。国家与地方不断加大对数字基础设施的投入和建设力度，包括网络基础设施、数据中心、云计算平台等，为数字政府提供了稳定可靠的技术支撑和运行环境。二是政府数字化能力建设强度不断提升。各地积极推动数字化转型，加快提升政府内部信息化建设和数字化管理能力。这包括推动政务信息系统的整合与共享、加强数据标准化和互联互通等措施，提升政府数据治理水平。三是政府与社会各界的合作与沟通程度不断提升。各地区积极加强与企业、学术界、社会等多方的合作与沟通，建立起多方参与的数字政府发展模式。四是政府服务的高效化便利化程度不断提高。各级政府利用互联网和移动互联网等新技术手段，不断提升政务服务的便利化水平，实现了政府服务的全天候、无纸化、智能化，为公民和企业提供了更加便捷的服务体验，充分彰显了数字政府在政策高度、布局广度、建设精度和落实强度方面推进中国式现代化建设的成效。

2. 业务制度建设更加规范

制度是行动的保障。近年来，我国数字政府制度建设更加规范健全，为数字政府的健康发展提供了制度保障和基础支撑。一是政策法律法规体系的完善。我国颁布了《电子政务电子认证服务管理办法》《中华人民共和国网络安全法》等一系列相关政策法律法规，为数字政府的规范化发展提供了法律保障。二是制定国家与地方标准。国家层面和地方层面都出台了一系列政策文件和标准，进一步规范了数字政府的相关工作流程、数据标准、安全管理等，有利于统一规范数字政府各项工作、提高工作效率和质量，如全国信息技术标准化技术委员会筹备起草的《信息安全技术公共数据开放安全要求》（20230248-T-469）、黑龙江省于2023年7月颁布的《政务数据开放共享服务安全管理规范》（DB23/T 3509-2023）等。三是数据管理和共享机制的建立。各地建立健全了数据管理和共享机制，包括出台数据分类管理、数据共享平台建设等措施，为政府部门间和政府与社会各界之间的数据共享提供了制度保障，提高了数据资源的利用效率和安全性，如贵州省于2023年发布《贵州省政务数据资源管理办法》、山西省于2023年发布《山西省政务数据安全管理办法》、深圳市于2023年发布《深圳市公共数据开放管理办法（征求意见稿）》等。

3. 安全保障更加健全

各方面制度、机制的建立健全为数字政府系统的安全运行提供了全方位的保障和支持。一是安全管理制度建设更加全面，包括安全战略政策、安全管理组织机构、安全管理流程和控制措施等，为数字政府系统的安全管理提供了规范和指导。例如，公安部制定出台了《互联网交互式服务安全管理要求》系列强制性标准，明确涉电子政务的移动应用分发平台、云服务平台、电子商务服务等互联网信息服务的安全管理要求和技术防范措施，保障电子政务服务有序发展。二是政府安全意识培训深入推进。各级政府开展了数字政府安全意识培训，切实增强相关工作人员的安全意识和技能，增强其对安全风险的识别能力和应对能力。如内蒙古自治区持续加强攻防应急演练、安全培训、安全运维、安全检查、安全保障、风险评估和应急处置等工作；天津市举办2023年国家网络安全宣传周天津地区活动、全市首席数据官能力提升系列培训、“2023年我学我用大数据”百场培训，网络安全、数据安全的理念更加深入人心。三是应急响应机制基本建立。各部门与各地区逐步建立了数字政府安全应急响应机制，包括安全事件的报告、处置和恢复机制，及时应对各类安全事件和威胁，最大限度地减少安全风险对数字政府系统的影响。例如，为规范信息共享和重要数据分类分级管理，应急管理部编制印发《应急管理部信息共享管理办法》《应急管理数据分类分级指南》，为应急管理大数据资源体系统一规划建设提供了制度保障。江西省致力于推进“大应急”应用，将数字化作为应急管理体系和能力现代化建设的“关键抓手”，建设空、天、地一体化的应急通信网络，整合扩展应急监测感知网络，省应急、交通、卫生健康等部门初步实现应急管理“一图知全局、协同一体化”。

（二）强化能力建设，整体性可持续性稳步提升

1. 推动政府数字化履职能力与效能提升

随着数字政府的持续深入发展，政府数字化履职能力与效能的提升已成为势不可挡的潮流。数字政务蓬勃发展，在提升政府治理水平与能力方面发挥着重要的作用，同时，它也成了政府与民众之间互动交流的重要纽带。通过数字化技术的广泛运用，政府得以更加高效地履行各项职责，为民众提供更为优质的公共服务，加强社会治理，提升政府公信力，从而更好地回应人民群众的期待与需求。这一数字化转型不仅有助于推动全面深化改革、构建现代化国家治理体系，更是实现国家长治久安和人民幸福安康目标的重要支撑。

例如，福建省围绕经济调节、市场监管、社会管理、公共服务、生态环境、政务运行、政务公开等开展数字政府应用，创新行政管理和服务方式，举办第七届数字中国建设峰会，建设经济社会运行监测与绩效平台、项目全生命周期平台等，切实推动政府履职效能和领导干部数字素养与技能提升。海南省全面贯彻落实《海南省政府数字化转型总体方案（2022—2025）》，按照“大集中”和“大网络、大平台、大系统”的集约化建设思路，不断完善一体化数字政府能力底座。上述举措不仅推动了政府治理的现代化进程，也为民众提供了更加便捷高效的公共服务，进一步促进了地方经济社会的发展。

2. 持续推进政务信息基础设施智能化升级

各部门与各地区积极响应国家政策号召，持续推进政务信息基础设施的智能化升级。通过加强政务云平台、网络平台等关键基础设施的建设，各部门、各地区不仅构建了多层次、高效能的云计算体系，还实现了资源共享、信息互联的目标，为广大政府部门提供了更为便捷、高效的服务支撑。

例如，2023 年，山西省大力强化政务云平台支撑能力、网络平台支撑能力等，在省级政务云平台“1+N”架构基础上，构建起非信创资源区、信创资源区及信创架构的检务云专区、审计专区等，实现“一云多芯”，并实

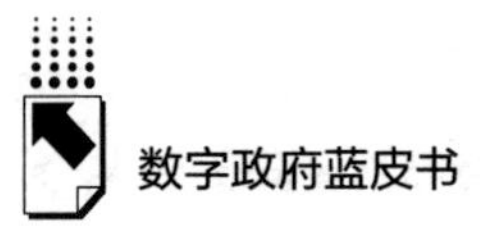

现统一管理调度、数据互联互通，为各级各部门提供高弹性、高可靠性、高协同的服务支撑。新疆维吾尔自治区加大电子政务外网覆盖范围，全疆14个地（州、市）96个县（市、区）1229个乡镇（街道）电子政务外网节点已实现全覆盖，已接入村（社区）节点8551个、覆盖率达到72.06%，较2022年提升了117.2%，有效支撑了政务服务五级全覆盖。

3. 积极回应企业和群众“急难愁盼”诉求

2023年，数字政府回应民需民求能力稳步提升，政府服务重视企业和群众的“急难愁盼”诉求。数字政府作为现代治理手段，助力政府高效回应这些诉求。基于数字化技术，政府建立智能化服务平台，实现信息快速共享和处理，提升服务时效和准确性。同时，数字政府推动政企民互动沟通，促进信息透明和民意表达，满足各方需求，增强社会凝聚力、稳定性。

以群众最为关切的医疗卫生行业为例，国家卫生健康委联合中央网信办、工业和信息化部等相关部门，在31个省份启动了987个“5G+医疗健康”创新试点项目，在12个省份启动卫生健康行业区块链创新应用试点，建立了15个国家智能社会治理实验卫生健康特色基地。同时，基本建成国家全民健康信息平台，省级统筹区域全民健康信息平台不断完善，基本实现国家、省、市、县级平台全覆盖。8000多家二级以上公立医院接入区域全民健康信息平台，25个省份开展电子健康档案省份内共享调阅，17个省份开展电子病历省份内共享调阅，90%的省份开展“出生一件事”相关工作。204个地级市开展检验检查结果互通共享。全面建立领导接线机制，高位推动群众高频、疑难诉求得到有力解决。

（三）践行服务宗旨，政务服务数字化水平显著提高

1. 全国各地政务服务一体化、协同化水平不断提升

实际上，全国一体化政务服务平台在过往从“夯基垒台”到“积厚成势”的基础上，进一步实现了由“局部探索”到“全面深化”、由“单兵突进”到“系统集成”的变革。这一趋势主要体现在政务服务一体化和协

同化方面，国家与地方通过积极建设和整合信息系统，打通部门间的数据壁垒，实现了技术融合、业务融合、数据融合与跨层级、跨地域、跨系统、跨部门、跨业务的协同管理和服务。《2023 年全国一体化政务服务平台建设调研报告》显示，截至目前全国政务服务“一张网”已联通 31 个省（区、市）及新疆生产建设兵团、46 个国务院部门的政务服务平台，形成了覆盖全国、广泛服务企业和群众的国家重要信息化基础设施。各地政府在推动政务服务一体化的过程中，逐渐形成了从顶层设计到基层实践的系统性路径，实现了政务服务的全面协同和信息资源的全面共享。例如，广东省印发《“数字湾区”建设三年行动方案》等文件，谋划推进粤港澳三地“要素通、基座通、商事通、产业通、治理通、生活通”和“数字融湾”的“六通一融”建设任务，推动三地公共服务、社会治理与经济发展深度融合。持续推动政府运行“一网协同”的智能化水平提升，加快建设全域、全省一体化的协同办公体系。

2. 领导干部数字素养与技能不断提升

领导干部是政府治理的关键行动者，政府数字化履职效能与领导干部数字素养水平的高低直接影响到政府治理效率和水平，关系着政府数字化转型的成败，提升领导干部数字素养水平是政府治理体系和治理能力现代化不可或缺的部分。在过去一年中，各地区致力于提高内生动力，稳步推进政府数字化履职效能和领导干部数字素养与技能提升。例如，2023 年 4 月，四川省召开领导干部数字素养提升培训会，强调加快数字化发展已经成为培育新动能、构筑新优势的关键。同时，四川省还采取了多种措施，包括开展数字化知识培训、组织数字技能竞赛、建设数字学习平台等，全面提升领导干部的数字化素养和应用水平。这些举措有助于营造良好的数字化氛围，推动政府数字化履职效能的提升，为实现数字化转型奠定了坚实基础。

3. 人民群众满意度、认可度不断提升

各地政务服务改革持续深化，为企业和群众带来了更加高效便捷的政务服务体验，同时，也积累了丰富的成功经验。例如，浙江实施的“最多跑一次”改革、北京推进的“一网慧智”工程、上海实行的“一网通办”模式、江苏开展的“不见面”办事服务、贵州创新的“人在干云在看”监管机制等，这些创新举措有效地推动了政府职能的转变，促使政府内部办事流程优化整合，形成了一套“标准统一、整体联动、功能共有、内在统合”的业务闭环。在这一过程中，各地政务服务改革注重实现“受理”与“办理”的有机结合，以及“办理”与“评价”的有效分离，从而推进协同作战、集成服务，切实解决了群众和企业到政府办事过程中遇到的多头跑、反复跑、办事难、办事慢等问题。

（四）坚持技术驱动，新兴技术赋能政务创新实践不断涌现

1. 技术驱动成为创新发展新动能

新兴技术的不断涌现和应用，使得政务创新实践拥有蓬勃的活力和广阔的发展空间。一是数据已经成为政府决策和服务提升的重要支撑。政府部门通过收集、整合和分析大数据，能够更全面、准确地把握社会经济发展的动态，从而精准制定政策、优化资源配置。例如，江苏省利用大数据技术实现智能化监测与场景拓展，聚焦新生儿出生、网约车申请、开办便利店等“一件事一次办”业务场景需要，建成 14 个专题库，为 20.75 万件办件提供数据接口服务 162.07 万次。二是数据驱动为政府监测监管提供了新的手段和技术支持。政府通过建立数据监测和预警系统，及时发现和应对各种风险和挑战，保障社会稳定和经济发展。例如，商务部推进汽车、成品油大数据建设，指导广西、河南、江苏等地探索建立成品油零售大数据监测系统，强化成品油零售终端进销存数据实时统计监测。开发城市商圈大数据平台，动态汇集 36 个大中城市重点商圈月度客流量等数据，建立分析指标体系，为城市商圈发展提供参考。三是数据驱动在提升政府履职效能、回应民众需求方面也发挥着重要作用。政府通过建设数据共享平台和智能化服务系统，能够更好地满足民众的需求，提升政务服务的质量和效率。例如，云南省以“高效办好常规事、完整办成一件事、可以办理更多事”为目标，持续优化“一部手机办事通”App，升级安全键盘、探针组件和上线医保个人账户共济等功能，为 21.8 万户居民和 29.18 万家企业提供“刷脸办电”和“一证

办电”服务。聚焦群众“急难愁盼”问题，上线“政府救助平台”“我要办社保”等专题，让服务更贴心。

2. 政务数据开放共享力度加大

政务数据开放共享是一项重要的政策举措，对于推动政府治理创新、促进经济社会发展具有重要意义。近年来，我国政务数据基础设施基本建成、要素壁垒逐步打通、共享开放程度不断加深。一是政务数据基础设施基本建成。2023 年，我国政府部门继续加大对政务数据基础设施建设的投入力度。政府部门建立了政务数据中心、数据仓库等基础设施，实现了政府各级各部门数据的集中存储和管理。二是要素壁垒逐步打通。过去，由于各部门之间数据孤岛现象严重，政务数据的共享和利用受到了很大的制约。但近年来，政府部门积极推动政务数据的整合和共享，建立了跨部门、跨区域的数据共享机制，打破了原有的数据壁垒。三是共享开放程度不断加深。我国政府部门加大了政务数据开放共享的力度，政府部门积极推动政务数据向社会公众和企业开放共享，建立了政务数据开放平台和相关机构，发布了大量政务数据资源。

3. 政务数据应用场景不断拓展

通过拓展数字经济想象空间和应用场景，政府不断深化数据和数字技术在各领域的应用，逐渐形成“以数据丰富技术、以技术拓展场景、以场景驱动创新、以创新带动服务”的正向循环，不断深化城市治理、医疗健康、教育教学、文体娱乐、食品安全等应用场景。一是以数据丰富技术。政府通过不断丰富和积累政务数据资源，为技术创新打下了坚实的基础。政府部门通过收集、整合和分析政务数据，不断丰富数据的类型和规模，为各种数据驱动的技术提供了充足的数据支撑。这些数据不仅包括了政府部门自身产生的数据，还涵盖了社会各个领域的数据资源，为技术创新提供了更广阔的空间和可能性。二是以技术拓展场景。政府通过应用新技术，不断拓展和创新政务数据的应用场景。政府部门积极探索和应用人工智能、大数据、物联网等新兴技术，将这些技术应用于政务数据的分析、挖掘中，拓展了政务数据的应用范围和深度。如司法部多维度丰富数字赋能刑事法律监督场景应用，以高质量供给引领新需求、催生新动能。三是以场景驱动创新。政府通过不断探索和应用政务数据，将社会、企业与公众需求作为创新的驱动力，把握场景驱动的新范式、新机遇和新赛道，发挥我国超大规模市场和丰富应用场景的优势，实现从创新追赶到创新引领的跨越。四是以创新带动服务。政府通过创新应用政务数据，不断提升政务服务的质量和效率。政府部门借助数据驱动的技术手段，推动政务服务从传统的线下模式向线上、智能化方向转变，为公众提供更加便捷、高效的政务服务。如医疗健康领域，政府通过推动健康大数据应用和医疗信息化建设，实现了医疗资源的优化配置和服务质量的提升。

二　面临的挑战

在“十四五”规划期间，全面建设社会主义现代化国家的战略任务对深化数字政府建设提出了更高的标准和期待。作为一项涵盖多个领域的复杂系统工程，从近年的实践情况来看，数字政府建设依然面临着发展不均衡、制度规则尚不完善、基层支撑能力有待增强以及国际竞争力仍需提升等一系列亟待解决的堵点和难点。

（一）从“地域不平衡”到“群体不平衡”，数字政府发展仍存鸿沟

一方面，数字政府的地域鸿沟、城乡鸿沟仍存在，主要体现在地域发展不平衡、城市与农村数字政府下沉不均衡。由于数字基础设施和投入不同，东西部地区城乡数字经济发展水平存在显著差异。总体来看，经济发达地区的数字经济更为活跃，其在国内生产总值中所占的比例也更高；因此，数字经济在城市相对较多、农村相对较少，东部相对较多、中西部相对较少的现象日益凸显，地区发展不平衡的问题日益突出。例如，第 53 次《中国互联网络发展状况统计报告》显示，截至 2023 年 12 月，我国农村地区互联网普及率为 66.5%，虽在逐年上升，但与城镇互联网普及率相比仍有一定差距。另一方面，数字政府的群体鸿沟仍存，不同群体的数字能力不均衡，部分群

体面临数字贫困问题。一些老年人、低收入群体、残障人士以及偏远地区居民可能缺乏使用数字技术的能力和机会，无法充分享受数字政府带来的便利和服务。因此，未来数字政府建设需要更加关注这些群体的需求，通过普及数字教育、提供培训和支持等方式，促进数字技术在社会各个群体中的普及和应用，实现全民数字化。

（二）从“全面开花”到“重点绽放”，制度规则仍需健全

目前，尽管在数字政府标准化建设、基础设施建设、数字政府建设以及数据要素等方面已经形成相对全面的制度、规则、标准和规范，初步实现了数字政府制度规则体系的“全面开花”，在广度上覆盖了数字政府的多个方面，但在深度与关键领域的聚焦上尚存在不足，在一些关键、重要的领域，仍然亟须建立有效的数字政府制度规则体系，以实现关键领域的“重点绽放”。从标准化的角度来看，虽然已有一系列的标准和规范作为数字政府发展的基石，但在实际操作中，这些标准与规范的应用和执行情况参差不齐，部分地区或领域甚至存在“标准空转”的现象。因此，亟待进一步加强标准宣贯、培训与监督，确保标准的落地实施。从基础设施建设方面来看，虽然硬件设施不断完善，网络覆盖面日益加大，但在信息安全、数据保护等关键领域，仍需加强制度规则的建设。特别是在当前数字化转型加速的背景下，信息安全与数据保护已成为数字政府发展的生命线，任何疏漏都可能带来不可估量的损失。此外，在现有的制度规则体系中，对于数据要素的所有权、使用权、收益权等权益的界定尚不清晰，数据共享与开放的效果有限，这在一定程度上制约了数字政府的发展。

（三）从“政务赋能”到“政务负能”，基层支撑能力不足

实际上，基层仍面临数字行政负担过大、“指尖上的形式主义”等现实困境，致使“数字政府赋能”异化为“数字政府负能”。一是基层数字政府基础设施滞后。基层数字政府通常受限于基础设施建设不足，包括网络覆盖不广、硬件设备老化等问题，影响了信息化水平和服务效能的提升。二是基

层信息技术水平不足。基层政府机构普遍缺乏专业的信息技术人才和技术培训机制，导致数字政府系统的开发、维护和管理水平不高，难以适应快速发展的信息化需求。三是基层数字政府安全风险难以保障。基层数字政府系统安全防护措施不够完善，存在数据泄露、信息安全风险较高的问题，给政务信息的保护带来挑战。四是基层数字政府总体服务能力不足。基层数字政府平台服务功能单一，服务内容较为有限，无法满足广泛的群众需求，缺乏个性化、差异化的服务模式。

（四）从“大力追赶”到“创新引领”，电子政务国际竞争力尚需提升

2024年联合国电子政务调查报告显示，我国电子政务发展指数（EGDI）进步显著，得分从2022年的0.8119提升至2024年的0.8718，全球排名上升至第35位，与2022年的第43位相比，提升了8个名次，我国创下了该报告发布以来的最佳名次。在EGDI的三个核心指标中，我国在在线服务指数（OSI）上的表现尤为突出，得分为0.9258，同时电信基础设施指数（TII）和人力资本指数（HCI）也分别达到0.8995和0.7902。此外，中国的电子政务参与指数也达到0.9315。这一成绩是我国数字政府建设取得的重要成果，反映了我国在信息化建设方面的巨大进步和成就。但是在电信基础设施指数和人力资本指数方面，我国的整体水平相对偏低。这一现状表明，我国电子政务国际竞争力仍需不断提升，目标也应从“大力追赶”转向“创新引领”，进一步加强基础设施建设，提升人才培养水平，加强国际合作与交流，推动科技创新，真正打造符合中国国情、具有中国特色的数字政府体系。

三　发展趋势

中国数字政府将继续朝着高质量发展迈进，以数据化、信息化、网络化、智能化、安全化的理念与技术，全面提升用户体验与服务质量，为公众提供更加便捷、高效、优质的公共服务。

（一）以数字政府高质量发展推进中国式现代化

数字政府是现代化建设的重要组成部分，其高质量发展对于推进中国式现代化具有重要意义。以数字政府高质量发展推进中国式现代化，不仅可以为现代化建设提供技术支撑，还可以促进经济社会的全面发展，实现国家治理体系和治理能力现代化的目标，推动中国向现代化强国迈进。一方面，数字政府的高质量发展将为现代化建设提供强有力的技术支撑。随着信息技术的飞速发展，数字政府通过数字化、智能化手段提高政府的管理效率和服务水平。另一方面，数字政府的高质量发展还有助于推动经济社会的全面发展。现代化建设要求经济社会各个领域实现科技创新和信息化发展，而数字政府正是这一发展趋势的重要推力。通过电子政务平台，政府可以提供更加便捷高效的公共服务，激发市场活力和社会创造力，推动经济的持续增长和社会的稳定发展。

（二）以数字政府高质量发展赋能“数字中国”建设

数字政府是数字化转型的核心领域，其高质量发展对于加快数字中国建设进程具有举足轻重的意义。加快数字政府的高质量发展，不仅能够为数字化转型提供坚实的支撑和保障，还能够显著提升数字治理的能力，推动数字经济蓬勃发展，进而实现数字中国建设的宏伟目标，引领中国迈向数字化强国的行列。首先，数字政府的高质量发展在数字中国建设中发挥着至关重要的支撑作用。作为信息化基础设施的关键组成部分，电子政务承担着推进数字化政府建设、数字化服务及数字化治理的重要使命。借助电子政务平台，政府得以实现信息资源的有效共享与整合，从而进一步提升政府治理效能与服务水平，有力地促进数字经济和数字社会的健康有序发展。其次，数字政府的高质量发展有助于提升数字化治理能力。数字中国建设对政府的数字化治理能力提出了更高要求，而数字政府的发展正是回应这一挑战的关键举措。通过数字政府平台，政府可以实现数据的高效共享与交换，加强政府部门间的协同合作，提高政府决策的科学性和精准度，从而达成数字化治理的既定目标。最后，数字政府的高质量发展对推动数字经济发展具有积极意义。数字中国建设的核心目标之一便是推动数字经济的蓬勃发展，而数字政府作为数字经济的重要支撑力量，能够为数字经济的发展提供有力支持。借助数字政府平台，政府能够提供更加高效便捷的服务，激发数字产业的创新活力，推动数字经济实现可持续健康发展。

（三）以数字政府高质量发展驱动“数字政府”发展

数字政府建设对加快政府职能转变、深化行政体制改革和提升政务服务效能具有关键意义。一是加快政府职能转变。数字政府高质量发展加速了政府职能由传统行政管理向数字化治理的转变，政府服务的智能化和个性化使政府更加注重人民群众的需求和利益，实现了服务型政府向治理型政府的转变。二是深化行政体制改革。数字政府高质量发展推动了行政体制向数字化转型，促进了政府机构的优化和职能的重构。通过建设智能化的行政管理系统和电子化的信息平台，政府可以实现机构间的信息共享和协同办公，打破信息孤岛和部门壁垒，提升政府管理的整体效能。三是提升政务服务效能。数字政府高质量发展提升了政务服务的便捷性、高效性和透明度。通过建设全天候的在线服务平台和智能化的服务系统，政府可以为民众和企业提供更加便利和高效的政务服务，满足不同人群的多样化需求。

（四）以数字政府高质量发展引领“数字社会”发展

中共中央、国务院印发的《数字中国建设整体布局规划》指出，要以数字化驱动治理方式变化①。数字政府助力打造共建共治共享的现代化社会治理格局，建设人人有责、人人尽责、人人享有的社会治理共同体。从发展趋势看，数字政府高质量发展能够引领“数字社会”发展。一是社会治理精准化。数字政府的发展将实现社会治理的精准化，通过数据驱动和智能化

① 《中共中央　国务院印发〈数字中国建设整体布局规划〉》，中国政府网，2023 年 2 月 27 日，http：//www. gov. cn/zhengce/2023-02/27/content_ 5743484. htm，最后检索时间：2024 年 6 月 30 日。

技术手段，政府可以更加准确地洞察社会状况、民生需求和公共安全风险，从而精准制定政策和措施，提升治理的针对性和效果。二是服务精细化。数字政府的高质量发展将推动政府服务的精细化，通过建设智能化的政务服务平台和多渠道的服务体系，政府可以实现服务的个性化、定制化和精准化，提升政府服务的质量和效率。三是治理机制精益化。数字政府的发展将促进治理机制的精益化，通过信息化技术和数字化手段，政府可以实现治理过程的优化、流程的精简和机制的协同，提升治理的效能和效率。

（五）以数字政府高质量发展增进“人民群众”福祉

在当前的形势下，借助数字政府的高质量发展，切实增强人民群众的幸福感、获得感与安全感，已成为当前核心任务。一是以用户为中心，回应民众诉求，精准满足民众多样化、定制化需求，提升人民群众幸福感。未来需要进一步建立健全反馈机制，接受来自人民群众的意见和建议，及时调整和优化服务内容和方式，确保政务服务贴近人民、贴近生活、贴近实际，真正解决人民群众的实际困难和问题。二是破除一切妨碍发展的障碍和藩篱，让人们共享数字政府发展成果，提升人民群众获得感。未来需要继续加强对数字鸿沟的治理，确保所有人都能够平等地享受数字政府带来的便利和红利。三是确保个人隐私、数据安全，政府需要加强对网络安全的保障，提升人民群众的安全感，建立健全的数据安全管理制度和监管机制，防范和打击网络犯罪活动，确保人民群众在数字化环境中的安全和权益。

四　发展建议

在我国战略布局中，电子政务与数字政府已然崛起为驱动发展的新动力，它们与数字中国建设紧密相连，共同构成推进中国式现代化建设的核心要素。展望未来，数字政府的建设与发展必须坚持以改革为先导，向更深层次、更广领域、更高效能的方向迈进。

（一）坚持统筹观念，以系统化协同助推数字政府规范化、一体化建设

为有效推动数字政府的深入发展，需进一步强化系统观念，不断完善标准规范，并切实加强全国数字政府一体化的顶层设计，构建一个贯通一体、协同联动、整体智治的数字政府新体系。

一方面，发挥公共数据基础平台一体化、协同化优势。加强全国一体化政务服务平台建设、深化“互联网+政务服务”改革，推动各地区、各部门政务服务平台的互联互通、数据共享和业务协同。通过一体化平台，实现政务服务事项的“一网通办”“一窗受理”，提高政务服务效率，优化用户体验。另一方面，进一步优化各地大数据局职能，明确数字政府利益相关方权责，协商解决各级政府与不同利益相关方之间的合作与协调问题，推动数字政府项目的统一规划和协同推进。同时，探索数字政府跨地域标准化集约化共享模式，这需要政府制定统一的数据标准和信息交换机制，促进各地电子政务系统的互联互通。

（二）以人民为中心，全面提升公共服务数字化、智能化、大众化水平

全面、切实、有效提升公共服务的数字化、智能化和大众化水平，更好地满足人民群众多样化、个性化的需求，进一步提升公共服务的质量和效率，是实现以人民为中心的数字政府发展目标的重要环节。未来，应在如下方面不断拓展。

第一，以数字政府建设全面助力公共服务数字化，让服务泛在可及。在数字化方面，政府可以积极推动政务信息化建设，建立起涵盖各领域、各层级的数字化信息系统，实现政务数据的统一管理和共享。第二，以数字政府建设全面助力公共服务智能化，让服务更智慧便捷。在智能化方面，政府可以结合实际需要，引入人工智能、大数据分析等先进技术，提升公共服务的智能化水平。第三，以数字政府建设全面助力公共服务大众化，让服务公平

普惠。未来需要继续深化数字政府建设，不断完善服务体系，提升服务质量。政府将加强与企业的合作，引入更多先进的技术和理念，推动数字政府建设向更高水平发展。

（三）加强技术赋能，充分挖掘大数据、人工智能等的潜能和价值

未来，数字政府发展应继续加强技术赋能，充分挖掘和发挥大数据、人工智能等新技术的潜能和价值，推动数字政府更好地服务国家发展战略和人民群众的需求。

第一，以技术赋能创新数字政府管理机制，建立纵向联动、横向协同、统筹分工、多方参与的数字政府创新机制。政府可以借助先进技术实现各部门之间的数据共享和协同办公，提高政务服务的效率和质量。第二，以技术赋能夯实数字政府基础底座，高质量建设数字政府支撑体系，发挥大数据、人工智能的重要引擎作用。政府应加强对数字政府基础设施的建设和维护，提升网络安全水平，保障数字政府系统的稳定运行。第三，以技术赋能激发新质生产力的潜能价值，以服务大国战略与时代发展，回应现实需要、社会需求与民生关切。进一步推动数字经济、智能制造等新兴产业的发展，促进经济结构转型升级。同时，支持科技创新和创业创新，鼓励企业加大技术研发投入，提高自主创新能力。

（四）夯实风险治理，筑牢基于全生命周期的数字政府安全支撑与屏障

安全保障与风险治理是数字政府建设的底线，要坚持将发展和安全统筹推进，加快构建数字政府全方位安全保障体系。面对既有风险挑战，下一步需继续聚焦于制定并完善数字政府安全法律法规、建立健全数字政府安全管理体系、强化电子技术网络安全保护。

第一，应全面制定并不断完善数字政府安全相关的法律法规，以构建多维度、立体化的政策层面安全保障体系。具体而言，需建立健全数字政府安全法律法规体系，明确界定数字政府安全的基本准则和责任分配。同时加大

对政府工作人员及相关从业人员的安全意识教育和培训力度，以增强其应对安全挑战的能力，从而有效降低安全漏洞和风险事件的发生概率。第二，构建健全的安全管理体系，实现管理层安全统筹的科学化。建立健全的安全监测和应急响应机制，以便及时发现并妥善处理安全事件与漏洞，减少安全事故带来的损失与影响，从而保障数字政府系统的安全稳定运行。第三，强化电子技术网络安全保护，实现技术层的安全防护精准化。应着力加强对数字政府系统的网络安全保护，有效防范网络攻击和数据泄露等风险。重视加大对安全技术研发和创新的支持力度，确保数字政府系统的安全性能达到国际领先水平。

（五）深化国际合作，打造经验共享、互联互通的国际性合作发展平台

一是深化国际数字政府交流合作，引领技术创新合作迈向新高度。一方面，积极加强与其他国家和地区的数字政府交流与合作，共同研讨数字政府发展的核心理念、政策导向、标准体系和技术创新，充分借鉴国际先进经验，推动我国数字政府体系的持续优化与创新发展。另一方面，与各国及地区深入开展数字政府技术创新合作，共同研究并开发具有前瞻性和颠覆性的新技术，推动数字政府体系实现创新升级，为全球数字政府发展注入新的动力。二是致力于积极参与国际数字政府标准的制定工作，并构建国际合作发展平台。一方面，深入参与国际标准的制定和规范体系的完善，努力推动我国数字政府标准与国际接轨，从而提升我国数字政府体系的国际竞争力和影响力。另一方面，搭建国际合作平台，为各国政府、企业和机构提供便捷的交流、合作与资源共享渠道，以推动数字政府领域的国际合作与交流不断深入。

参考文献

《第 53 次〈中国互联网络发展状况统计报告〉发布　互联网激发经济社会向“新”

力（大数据观察）》，中央网信办网站，2024 年 3 月 25 日，https：//www. cac. gov. cn/2024-03/25/c_ 1713038218396702. htm，最后检索时间：2024 年 6 月 30 日。

《中共中央　国务院印发〈数字中国建设整体布局规划〉》，中国政府网，2023 年 2 月 27 日，http：//www. gov. cn/zhengce/2023-02/27/content_ 5743484. htm，最后检索时间：2024 年 6 月 30 日。

专题篇

B.2
数字政府建设驱动政务服务提质增效

孟庆国　王理达　张　腾*

摘　要：　数字政府建设对加快构建新发展格局、推进中国式现代化、凝聚高质量发展合力具有重要意义。我国庞大的在线政务服务需求对数字政府建设与政务服务模式创新提出了更高的要求，在政策支撑、体制机制保障、平台网站优化、数据互联互通、新技术创新应用等多维作用下，数字政府建设驱动政务服务改革持续深入、提质增效。

关键词：　数字政府　政务服务　网上政府　政务数据

---

* 孟庆国，清华大学公共管理学院教授、博士生导师，清华大学计算社会科学与国家治理实验室执行主任、清华大学中国电子数据治理工程研究院院长、清华大学国家治理研究院执行院长，主要研究方向为政府治理与创新、电子政务与数字政府等。王理达，清华大学中国电子数据治理工程研究院副秘书长，清华大学公共管理学院高级工程师，CCF 数据治理发展委员会副秘书长，主要研究方向为数字政府、数据治理、电子政务等。张腾，博士，清华大学公共管理学院博士后，主要研究方向为数字治理、公共数据、政务服务等。

新一代信息技术的快速发展与变革，不仅对人类社会产生了深远影响，对政府数字化转型也提供了重要推动力。在数字政府的持续建设过程中，数字政府革新已成为提升政务服务效能的关键。根据中国互联网络信息中心（CNNIC）发布的第 53 次《中国互联网络发展状况统计报告》，截至 2023 年 12 月，我国在线政务用户规模达 9.73 亿人，较 2022 年 12 月增长 4701 万人，占网民整体的 89.1%。数字化时代的政务服务是提升人民群众幸福感、获得感的关键途径。《数字中国发展报告（2023 年）》显示，2023 年数字政务服务提质增效，数字政府基础支撑作用明显增强。

在数字政府建设过程中，政务服务工作基础更加坚实，网上政府、在线服务理念更加突出，一体化服务体系更加健全，“高效办成一件事”的服务模式更加优化，“人工智能+”政务的创新途径更加多元。数字政府建设不仅是创新政府治理理念和方式、推进国家治理体系和治理能力现代化的重要举措，同时也是推进政务服务改革与数字政务发展的重要驱动力。我国数字政府建设与政务服务改革并驾齐驱，随着数字政府建设步伐的加快、程度的加深，政务服务改革也迈入提质增效的重要阶段。

一　数字政府建设不断深化，夯实政务服务工作基础

（一）组织管理体系优化

国务院办公厅在此轮机构改革中进行了内部部门设置与职责的调整，数字政府建设组织管理体系进一步优化。国务院办公厅原内设政府职责转变办公室、电子政务办公室、政府信息与政务公开办公室等数字政府建设相关处室。新一轮机构改革后，国务院办公厅内设政务办公室统筹推进数字政府建设相关工作，根据《国务院关于加强数字政府建设的指导意见》，数字政府体系框架涵盖政府数字化履职能力、安全保障、制度规则、数据资源、平台支撑等五大方面。国务院办公厅政务办公室围绕数字政府相关的平台系统建设、政务数据治理、法律法规与标准制定、安全保障等工作加强与各地区各

部门的职责梳理与工作协同，扎实推进数字政府建设。

各地区因地制宜推进机构改革，地方数字政府组织管理体系也进一步优化。改革之后，上海、重庆、四川等省份与国家层面保持一致，仍然由政府办公厅牵头数字政府建设，依托办公厅的统筹协调职能和高位推动机制推进数字政府建设。此外，31 个省（区、市）和新疆生产建设兵团均已完成数据机构组建，北京等 21 个地区还将数字政府建设纳入数据工作范围，此类数据机构的职能设置在政务服务、营商环境、数据资源整合共享和开发利用、数字基础设施、数据要素基础制度等方面各有侧重，特别是延伸到公共数据的生产和采集环节，统筹推进数字政府建设与数字经济发展。总体而言，在机构改革的基础上，各地区都在加快探索形成推进数字省份、数字经济、数字政府和数字社会建设的组织体系、制度体系和协同机制。

（二）建设工作推进力度大

党中央、国务院高度重视数字政府建设，在 2024 年的政府工作报告中，李强总理明确提出“加快数字政府建设”。各地也不断加强顶层设计、强化战略布局，推动数字政府建设取得积极成效。在 2024 年的地方政府工作报告中，山西、吉林、黑龙江等 11 个省份明确强调“数字政府”概念并总结了 2023 年的建设进展，山西、辽宁、吉林等 16 个省份提出了 2024 年数字政府重点工作。安徽、湖南、重庆等 4 省市还明确强调了“数字省份”的建设并作了总结，辽宁、福建、重庆等三省市提出了“数字省份”重点工作，辽宁还特别明确了“以数字政府建设引领数字经济、数字社会、数字生态高质量发展”，进一步突出数字政府建设的核心作用。

表 1　2024 年地方政府工作报告中对“数字政府”的关注

单位：个

类别	明确强调“数字政府”		明确强调“数字省份”	
报告内容	工作总结	工作计划	工作总结	工作计划
省份数量	11	16	4	3

续表

类别	明确强调"数字政府"		明确强调"数字省份"	
省份名称	山西、吉林、黑龙江、福建、江西、山东、广东、甘肃、广西、宁夏、新疆	山西、辽宁、吉林、上海、江苏、浙江、福建、江西、山东、广东、海南、陕西、甘肃、广西、宁夏、新疆、	安徽、湖南、重庆宁夏	辽宁、福建、重庆

资料来源：作者自制。

各地对于数字政府工作的重视还体现在数字政府建设相关领域的具体工作部署之中。首先，以数字政府建设提升政务服务效能是各地区关注的焦点。北京、天津、河北等 27 个省份总结了 2023 年"一网通办""跨省通办""12345 政务服务便民热线""综合窗口改革"等政务服务进展，天津、山西、内蒙古等 19 个省份突出了 2024 年聚焦"高效办成一件事"、优化政务服务的重点工作。其次，在数据资源管理方面，辽宁、上海、海南、云南、甘肃、宁夏、湖南、广东等 8 个省份强调推进公共数据共享，湖南提出要实现政务数据"应融尽融"。山西、吉林、上海、安徽、贵州等 5 个省份明确在政府工作报告中提出将探索进行公共数据授权运营，上海、安徽同时提出继续做好数据开放工作，广东、宁夏等省份也提出推动公共数据的开发利用。各地区推进数据治理工作亮点纷呈，例如山西提出开展"政务数据治理工程"并完善数据资源管理服务体系，重庆、内蒙古都强调加快推进一体化公共数据平台建设，云南提出完善公共数据资源体系，广西则强调强化数据资源安全管理等。最后，在数据基础设施建设方面，北京、天津、河北等 25 个省份在算力、区块链等基础设施方面加速布局，山西电子政务外网省市县乡四级全覆盖。

（三）政务数据共享服务能力提升

数据问题是当前数字政府建设的核心问题。近年来，我国政务数据汇聚能力与共享协同水平持续提高，支撑数字政府履职能力逐步提升，有效赋能政务服务高质量、标准化发展，“一网通办”“跨省通办”成效显著。2024年2月，国家数据局、中央网信办、工业和信息化部、公安部联合开展全国数据资源调查，发现我国数据资源管理和利用整体处于起步阶段，公共数据成为引领数据开发利用的催化剂，公共数据应用场景不断丰富，并且主要集中在公共服务与社会管理领域。

全国一体化政务数据共享枢纽与国家数据共享交换平台作为管理全国公共数据资源目录、支撑各政府部门开展公共数据资源共享交换的国家关键信息基础设施，汇聚发布各部门各地区公共数据资源目录，挂接共享数据资源，统一提供查询/核验、批量交换等服务。截至2024年5月，全国一体化政务数据共享枢纽已上线目录超过1.5万个，已挂接资源累计3.2万个，资源调用累计5000亿次，其中部门调用超3000亿次，地方调用近2000亿次。

按照《依托全国一体化政务数据共享枢纽开展数据直达基层试点方案》有关要求，各地方积极推进地方端侧系统与全国一体化政务数据共享服务体系国家端侧的对接，通过在省、市、县侧构建数据直达系统，为自上而下的常态化数据推送畅通发布渠道，同时满足基层场景用数需求，构建纵向一体化的政务数据体系，打通数据共享应用、赋能基层政务服务的“最后一公里”。“横向贯通、纵向联动”的建设体系已基本构成，全国一体化政务数据共享枢纽有效支撑各级政府全场景政务业务承载。另外，全国一体化政务数据共享枢纽设有服务黄河流域生态保护和高质量发展与营商环境创新试点等2个数据共享服务专区，国家数据共享交换平台设有长江流域数据共享服务专区，公共数据共享交换逐步探索满足多样化、专业化政务业务需求。

二 网上政府服务理念日益强化，促进在线政务服务发展

（一）网上政府是数字政府外部性的集中体现

《国务院关于加强数字政府建设的指导意见》确立了我国数字政府“整

体协同、敏捷高效、智能精准、开放透明、公平普惠”的建设目标。近年来，党中央、国务院对数字政府、网上政府和政府网站的建设管理工作给予高度重视，明确提出要将政府网站建设成为“整体联动、高效惠民”的网上政府。网上政府是数字政府面向企业和公众服务的集中体现，政府网站是实现网上政府服务理念最重要的方式和手段。网上政府的本质是通过网络化、数字化、智能化的方式，以政府职能为核心，以满足企业和公众的公共需求为导向，推动政府职能从管理型向服务型转变而打造的面向政府外部用户的服务体系。网上政府承载着开放透明、公平普惠的建设使命，其发展水平在一定程度上代表着数字政府的公共服务能力，推进网上政府建设是打造服务型政府和实现治理现代化的重要举措。

（二）网上政府的多元化实现方式

自 2016 年起，清华大学连续多年对我国政府网站建设情况进行绩效评估，评估范围包括部委网站与地方政府网站。《2023 年网上政府创新发展报告》显示，伴随着技术手段的不断发展进步，网上政府也有更加多种多样的实现方式。例如，线上线下融合的政务服务大厅能够方便公众申请办理政务服务事项；智能化的政务服务一体机自助终端能够提供证件办理、缴费查询等服务功能；一些地方开通了数字电视政务频道，可以方便市民及时获取政务信息；12345 等城市热线为公众提供接诉即办的“空中通道”。相比众多网上政府的实现方式，政府网站结合政务新媒体是互联网技术中最成熟最普遍的应用，承载的内容和功能全面，用户群体覆盖广泛，建设成本相对低廉，具有很强的综合比较优势。

（三）网上政府建设的特征与趋势

第一，信息内容与数据资源建设加强，数据基础得以夯实。多数政府部门不断加强资金信息、食品药品、生态环境、公共企事业单位等深度信息公开，扩大政府信息公开范围。一些地方政府全方位、多角度整合汇聚政策文件，构建统一政策文件库，实现多维度分类、多维度查询等功能。

第二，积极利用数字化、智能化等新技术，创新服务方式。一些政府部门积极探索利用人工智能、自然语言处理等技术，通过知识抽取、知识加工、知识表示和知识应用，构建知识库和知识图谱，向公众提供智能化问答、智能化搜索等服务。同时，灵活利用微视频、电子地图等数字技术，提高服务多样性。

第三，面向应用场景，策划提供实用化、便捷化网上服务。部分政府部门聚焦重点办事场景，基于用户视角，通过细分办事情形、优化业务流程、整合数据资源等，提供场景化、主体化的服务。通过“政策画像”和“用户画像”，提供政策模拟计算、政策申报日历、政策免申即享等多样化政策服务，变“人找政策”为“政策找人”。一些地方政府汇聚各部门政务数据，搭建数据平台，加强数据治理，通过交换共享、数据开放、授权运营等方式，加强数据开发利用，促进数据流通。

第四，多元渠道加强融合，集约化、一体化服务门户逐步构建。部分政府部门通过数据融通、应用融通和业务融通，强化多元渠道间的融合，将原本分散的服务整合为一体化服务，构建“多维一体”的服务矩阵，实现了平台集约、数据共享、业务融通、服务一体。

三　全国一体化平台建设支撑政务服务体系优化完善

（一）制度规则提供有力保障

近年来，国家高度重视政务服务能力提升，通过一系列政策举措大力推进全国一体化政务服务体系建设。一是出台《国务院关于在线政务服务的若干规定》《进一步深化“互联网+政务服务”推进政务服务“一网、一门、一次”改革实施方案》《国务院办公厅关于加快推进“一件事一次办”打造政务服务升级版的指导意见》《国务院关于进一步优化政务服务提升行政效能推动“高效办成一件事”的指导意见》等政策文件，确立全国一体化的政务服务模式。二是出台《“互联网+政务服务”技术体系建设指南》《国务院关于加快推进全国一体化在线政务服务平台建设的指导意见》《全国一体化政务服务平台移动端建设指南》等政策文件，提升政务服务技术建设、平台建设与服务事项的规范化、标准化水平。三是出台《国务院办公厅关于加快推进电子证照扩大应用领域和全国互通互认的意见》《全国一体化政务大数据体系建设指南》《关于建立健全政务数据共享协调机制加快推进数据有序共享的意见》等配套政策，保障全国一体化政务服务体系更好运行、实施。四是出台《国务院办公厅关于建立政务服务"好差评"制度提高政务服务水平的意见》《政务服务电子文件归档和电子档案管理办法》《国务院办公厅关于依托全国一体化政务服务平台建立政务服务效能提升常态化工作机制的意见》等政策文件，推动建立常态化工作机制、评估评价机制。五是出台《国家电子政务外网网络与信息安全管理暂行办法》等政策，强化网络安全保障制度，提升网络安全防护能力。

（二）平台建设与对接稳步推进

全国一体化在线政务服务平台以国家政务服务平台为总枢纽，各地各部门政务服务平台与国家平台对接，不断促进地方部门政务服务平台规范化、标准化、集约化建设和互联互通，全面实现全国"一网通办"。2018 年初，全国一体化在线政务服务平台建设工作正式启动，涵盖政务服务大数据库、服务和工作门户、公共支撑系统、重点应用、管理规范体系等五个方面的建设工作。2019 年 5 月，全国一体化在线政务服务平台上线试运行，重点发挥公共入口、公共通道、公共支撑等三大作用，为全国各地区各部门政务服务平台提供统一身份认证、统一证照服务、统一事项服务、统一投诉建议、统一好差评、统一用户服务和统一搜索服务等"七个统一"服务，具备支撑一网通办、汇聚数据信息、实现交换共享、强化动态监管等四大功能。2020 年，建成国家平台"好差评"系统，并实现与地方部门"好差评"系统互联互通、数据汇聚。

地方层面，各地出台政务服务平台建设相关方案，积极推动政务服务数字化一体化。各地方政府依托国家政务服务平台总枢纽，打造联通 31 个省（区、市）及新疆生产建设兵团、46 个国务院部门平台的全国政务服务“一张网”，构建了国家、省、市、县多级覆盖的政务服务体系，基本实现高频政务服务事项“跨省通办”。31 个省（区、市）和新疆生产建设兵团均建设了政务服务平台，其中 30 个地区已覆盖省、市、县、乡、村，网上政务服务“纵向五级贯通”的地区占比高达 93.75%，政务服务“村村通”的范围不断扩大，推动了政务服务向基层、向乡村延伸。

各地形成“PC 端、App、小程序、终端机”一体的服务联动模式，实现线上线下服务渠道流量聚合。浙江“浙里办”、上海“随申办”、江西“赣服通”、山东“爱山东”、海南“海易办”、湖北“鄂汇办”等应用推动实现服务方式从“群众跑腿”向“数据跑路”转变。深圳、武汉、上海等地积极推进自助办事，智能化政务服务一体机自助终端、具有综合功能的政务服务大厅实现“线上+线下”“智能+人工”“科技+服务”的有效融合，有效推动政务服务与公共服务便捷化智能化。

（三）服务公众和企业成效显著

《联合国电子政务调查报告》作为全球最具权威性的电子政务领域调查报告，能有效反映中国电子政务的发展成效，根据该报告，从 2012 年到 2024 年的十余年间，中国在线服务指数从 0.5294 上升到 0.9258，排名从第 62 位上升到第 11 位，近年稳居世界第一梯队。可见，全国一体化政务服务体系建设成效显著。

表 2　中国电子政务发展指数与排名

年份	电子政务发展指数(EGDI)			在线服务指数(OSI)	电信基础设施指数(TII)	人力资本指数(HCI)
	指数	水平	排名			
2018	0.6811	高	65	0.8611	0.4735	0.7088
2020	0.7948	非常高 V1	45	0.9059	0.7388	0.7396

续表

年份	电子政务发展指数(EGDI)			在线服务指数(OSI)	电信基础设施指数(TII)	人力资本指数(HCI)
	指数	水平	排名			
2022	0.8119	非常高 V2	43	0.8876	0.805	0.7429
2024	0.8718	非常高 V3	35	0.9258	0.8995	0.7902

资料来源:《联合国电子政务调查报告》。

一是全国一体化政务服务平台释放效能。截至2023年底，全国一体化政务服务平台实名用户超过10亿人，其中国家平台实名注册用户达8.68亿人，使用总量超过888亿人次，平均月活用户数量超2000万。全国一体化政务服务平台持续优化，推动政府在线服务能力稳步提升，推动92.5%的省级行政许可事项实现网上受理和“最多跑一次”。

二是电子证照应用服务范围进一步扩展。持续完善电子证照共享服务体系，以电子证照扩大应用和互通互认支撑“减证便民便企”，汇聚全国31个省区市和26个国务院部门的660余种电子证照、58亿条目录信息，累计提供电子证照共享服务97亿余次。

三是跨省通办协作深度推进。各地区各部门政务服务数据资源对接共享服务持续强化。截至2023年底，国家政务服务平台初步实现地方部门500万余项政务服务事项和1万多项高频事项标准化服务，推动长三角、西南地区、泛珠三角“跨省通办”“区域通办”。

四是全程网办推动营商环境持续优化。上海依托“上海企业登记在线”平台构建系统性、集成式、一体化企业登记数字化服务新形态。天津、武汉推出“智能审批+智能监管”的“双智”新举措，创新“审批+监管”全流程智能服务模式。广东依托“粤财扶助”平台赋能政企资源互通、项目对接补贴政策等惠企利民政策快速精准落地。黑龙江省推进惠企政策服务平台建设提供“一站式”政策服务。工业和信息化部创新电信设备入网管理入网许可电子标志，助力企业降本增效。国家市场监管总局推行一企一照一码应用，解决了“主体身份认证难”“证照管理应用难”等问题。

五是切实提升人民群众幸福感获得感。国家政务服务平台公共支撑能力全面强化，优化推广 100 项国务院部门全国通办服务和 1268 项地方高频办事服务。聚焦企业和群众“急难愁盼”问题，实施政务服务效能提升“双十百千”工程，推动解决了共性办事堵点问题 10 个、重点行业领域堵点问题 150 个、地方具体堵点问题 1554 个。

四 “高效办成一件事”推动政务服务模式升级

（一）“高效办成一件事”的创新意义

2024 年初，国务院印发了《关于进一步优化政务服务提升行政效能推动“高效办成一件事”的指导意见》（以下简称《指导意见》），对全国政务服务工作作出系统性部署。《指导意见》将“高效办成一件事”作为优化政务服务、提升行政效能的重要抓手，聚焦群众和企业办事服务中的突出问题，构建体系化、常态化的政务服务提质增效推进机制，以此统筹好全国优化政务服务、创新发展的总步调。《指导意见》强调了政策设计和落实的整体性和统筹性，关注到政务服务优化提升的继承性和持续性，突出了提升企业和群众的满意度和获得感，为进一步推动政务服务改进创新指明了发展方向。

“高效办成一件事”的“整体设计”体现在从政务服务办事方式、办理流程、材料要求到服务成本等全过程的改革创新上；“模式创新”体现在从政务服务理念、目标、制度、运行机制到技术具体应用等多方面的变革与优化上。在政务服务领域，有关方面近年来陆续出台了多份文件，从政务服务平台建设、政务服务事项标准规范化和清单建设、政务服务数据共享、电子证照应用和互通互认等方面进行了部署。很明显，这次《指导意见》的发布实施，是对这些政策举措的继承与升级。在继承中发展、在发展中创新，是这个文件的总基调，目的是进一步强化政务服务创新发展，持续推进政务服务提质增效。

（二）“高效办成一件事”落地见效

在地方层面，各地区各部门积极推进“高效办成一件事”重点事项落地见效。政务服务载体持续丰富。各地各部门加快推进政务服务事项向“高效办成”“好办易办”发展，整合分散建设的相关系统和应用，形成“PC 端+App+小程序+终端机”的一体化服务体系，打造“线上+线下”的融合联动模式，促进政务服务向一体化聚合。根据《数字政府一体化建设白皮书》，截至 2024 年 2 月，全国 31 个省（区、市）和新疆生产建设兵团均已建设省级政务服务移动端，超过 80%的地区采用微信或支付宝小程序提供服务。服务专区不断增加。各地陆续开辟、建设“一件事一次办”专区，通过优化业务流程、整合业务系统、强化数据交互，实现企业注册、新生儿出生和入学、离退休办理等社会密切关注的急难愁盼“一件事”高效办理，政务服务效能大幅提升。截至 2024 年 5 月，全国 31 个省（区、市）开通“高效办成一件事”“一件事一次办”专区。

五　“人工智能+”政务为政务服务提供创新途径

（一）生成式人工智能在政务领域的应用

近年来，随着大数据的快速发展，以及机器学习、自然语言处理、语音识别处理等技术的突破，人工智能迎来新一轮发展高潮，特别是 ChatGPT 等生成式人工智能的爆发式发展，给深化政府治理变革提供了重大机遇和全新途径。越来越多的公共部门开始采用人工智能技术，改善公共服务、提高服务效率、节约人力成本等。如，基于政府网站、政务新媒体和政务热线渠道，利用自然语言处理和机器学习等技术，提供更智能、更高效的智能问答、智能搜索和智能推送等服务，不仅提高了服务效率，还改善了用户体验。

随着生成式人工智能的快速发展与应用，政务大模型使得政府能够更好地应对复杂的管理和服务需求，加快实现智能化转型，提高政府工作效率和公共服务质量，促进政府与公众的互动和信任，推动治理体系和治理能力现代化。2023 年，全国多个地方政府出台了支持当地人工智能和大模型发展的指导性、鼓励性政策，出现大量典型案例。不过，尽管生成式人工智能在政务领域的应用已经取得一些初步成果，并有望在未来取得更大进展，但总体来看，生成式人工智能技术在政务领域的探索和部署仍处于起步阶段，面临着一些难点与挑战。应紧密围绕国家数字化战略需求，抢抓历史机遇，准确把握人工智能的应用现状与问题，推动人工智能在政务领域的应用。

（二）各地积极探索实践

各地政府积极探索生成式人工智能在政务领域的应用场景，纷纷开展人工智能政务大模型的开发和应用。据不完全统计，截至 2024 年 5 月，北京、安徽、上海、广东、重庆、黑龙江、宁夏、深圳等 8 个省市及下辖地方和部门已正式启动由政府主导推动的政务大模型建设和应用探索；26 家企业发布了政务大模型的相关产品；政府采购中出现了 13 个政务大模型的相关项目，预算总额超过 2600 万元。

表 3　政务大模型的主要应用场景与功能描述

应用场景	功能描述
智能问答	AI 大模型提供政务咨询服务，通过政府网站智能问答回答公众的咨询，提高政务服务的效率和质量
智能搜索	政务大模型用于优化政府网站的搜索功能，使信息检索更加准确和高效
精准政策服务	分析和解读政策，为公众提供更精准、个性化的政策解读服务
市民热线服务	自动受理和处理市民通过热线提出的请求和问题
智能派单和交互式智能政务办事	自动化处理政务事务，包括任务分配和办理进度跟踪，提高政务办事的效率
决策分析和业务流程优化	提供决策支持，通过分析大量数据帮助制定更合理的政策决策，并优化政务业务流程，提高政府部门的工作效率

续表

应用场景	功能描述
政务文本识别分析和非结构化数据处理	分析政务文档内容,提取关键信息,加速数据处理和文档管理过程
舆情风险识别	实时监控和分析网络舆情,及时识别和应对潜在的风险和危机
文本生成及公文写作	自动生成文本内容,协助政府工作人员进行公文撰写

资料来源：作者自制。

各地对“人工智能+”政务的探索，从应用领域来看，主要集中在政府办公、公文写作、政务服务、智慧司法、智慧党建、城市管理、公共安全等7类场景。从落地模式来看，政企合作是推动生成式人工智能应用发展的重要途径。政府提供政策支持、大模型训练所需数据集、配套的政务应用场景等有利环境，企业则提供技术支持和解决方案，研发针对政务领域的大模型。从发展阶段来看，各地集中在2023年下半年启动“人工智能+”政务应用试点的计划，后续应用发展呈现不同态势。北京、广东、上海等地由政府指导部门统一牵头，创新试点场景，已开始在政府内部测试和试用，探索出了可参考、可复制的落地模式，其他地区则处于探索和起步阶段。这反映了中国政务领域人工智能应用的多样性和不平衡性，也为全国下一步新场景和新技术的推广应用提供了丰富的经验。

（三）典型案例

国家市场监督管理总局注重法律法规规章的全面公开和便捷获取，基于政府网站建立了市场监管法律法规规章库，收录了539部重要文件。为了提高法规的可见性，国家市场监督管理总局将大数据和人工智能等前沿技术引入法规查询服务，通过将可信大模型技术与法律法规规章库深度融合，实现了市场法规的智能问答、交互图谱导航和语义搜索服务。通过大语言模型进行分析和理解用户问题，以可视化的方式呈现法规的知识结构，实现了与用户的自然对话，帮助用户迅速定位需要的内容，将用户从烦琐的关键词搜索中解放出来，实现了更加便捷高效的法规查询，不仅改善了用户体验，而且提高了查询的可靠性和准确性。

海关总署以海关 12360 热线知识库为基础，基于政府网站平台建设智能问答平台，提升智能机器人自动解答、实时互动能力。系统使用自然语言进行人机交互，采用信息采集、大数据挖掘、人工智能、语音识别等技术，面向政务知识问答、政务事项问答、政务事项详情、知识图谱解答、政务流程引导、多轮对话问答等场景，提供信息查询、业务办理、网站导航及相关咨询问题答复等服务，实现问题咨询智能化、推荐回答个性化、监督评价开放化、“我的”查询便捷化。系统支持常见的几种会话方式：开放域寒暄会话、多轮对话、智能问答、智能推荐，由机器人智能分析和判断，智能选择会话方式。系统自 2023 年 1 月上线，截至当年 10 月底访问量为 1.3 万次，咨询量 3.4 万次，有效提升了交互效率。

北京市政务服务管理局自 2023 年 4 月起，积极推进人工智能政务服务大模型场景落地。同年 7 月，发布了政务咨询、政策服务、接诉即办、政务办事等四个方面的通用人工智能大模型应用场景需求，在企业和政府部门多方参与下，以“先期‘赛马’和开门测试+后续私有化部署”的方式进行专业领域政务大模型的构建与优化，推动生成式人工智能技术在北京政务领域的落地应用。

广州市充分运用人工智能技术，引入智能应答机器人以及热线服务，搭建市级智能化政策咨询综合服务平台，实现政策咨询服务“一号答”“一站式”，让群众“有得问”“轻松问”“问得到”。政策咨询方面，集成政策问答知识库、智能问答机器人、12345 人工服务、线下政策咨询服务等，将各个单一的信息孤岛高度整合起来，提供分类政策查询，实现智能在线问答，并提供个性化人工服务，变“人找政策”为“政策找人”，最终形成兼具信息集成与政务服务的一站式平台。智能问答方面，广州市依托 AI 技术+大模型+创新应用，建设“智能机器人”，为市民和企业提供权威、精准、高效且智能的在线交互服务。一是构建统一的政务知识库，为智慧精准服务夯实基础。二是为群众打造一站式、零距离、7×24 小时的智能问答服务，提高政务服务效能。三是构建政策智能问答服务，让群众知政策、懂政策、用政策。四是以大模型为驱动，打造多模态问答场景服务。五是推出创新型技术，实现便民应用“零距离”。

贵阳市政府以提升智能问答服务为目标，采用大模型、向量搜索等技术，对政府网站智能问答平台进行全面升级，实现问题理解和答复能力大幅提升，对用户咨询问题实现“秒回”“准回”“智回”。在技术实现上，贵阳市采用“语义引擎+搜索引擎+大模型引擎”三引擎驱动，发挥大模型的优势，提高了服务的精准性和效果，同时规避潜在风险。功能特色上，该服务实现了高频内容一触即达、公众服务自助化、全天候响应、“秒回”、答复内容场景化以及“问答即服务”等，从而整体提升了互动咨询服务效率，提高了公众对政府服务的满意度。

云南省针对政务服务网与省政府门户网站数据不互通、业务不互融、搜索不统一有关问题，以统一智能搜索引擎为核心支撑，采用“技术融合、业务融合、数据融合”途径，实现了云南政务服务网与省政府门户网站两网融合，及跨层级、跨地域、跨系统、跨部门、跨业务的统一搜索服务，为公众获取政府全面信息与服务带来极大的便利。

尽管生成式人工智能在政务领域带来了诸多机遇，但也面临多方面挑战。为应对挑战，应加强政策研究与引导，支持政务大模型广泛应用；系统做好高质量政务大模型数据治理与供给，统筹开展政务大模型算力资源体系建设；了解政务大模型的运行边界与安全要求；推动构建多方协作、可持续发展的政务大模型行业生态。

参考文献

国家数据局：《数字中国发展报告（2023 年）》。

中国互联网络信息中心：第 53 次《中国互联网络发展状况统计报告》。

《国务院关于加强数字政府建设的指导意见》（国发〔2022〕14 号）。

B.3

健全“高效办成一件事”常态化推进机制

孙宇　隋心*

摘　要：　党的二十届三中全会明确要求健全“高效办成一件事”重点事项清单管理机制和常态化推进机制，这成为加强数字政府建设的重点任务。本文认为，“高效办成一件事”的实践逻辑奠定健全常态化推进机制的基础。本文提出“改革引领、数字赋能、清单管理、文化支撑”四维联动推进的路径，重点事项清单是推动“高效办成一件事”常态化机制落地生效的工作抓手。

关键词：　高效办成一件事　常态化推进机制　重点事项清单

“高效办成一件事”是推进政务服务标准化、规范化、便利化的重要牵引，是推动政务服务提质增效的实践新篇。“高效办成一件事”是政务服务改革新发展阶段的提档升级，是行政改革和数字赋能双向融合的重要表现。区别于“一件事一次办”，“高效办成一件事”关注的重点不再仅是办理时间、跑动次数以及办理流程等具体业务办理，而是聚焦于整体政务服务优化和行政效能提升。“高效办成一件事”不仅关注事项间的串并联，更着眼于技术—数据—制度—行为的融合创新。作为健全社会治理体系的重要内容之一，健全“高效办成一件事”常态化推进机制是党的二十届三中全会明确提出的要求。将这项工作纳入日常工作，推动在更多领域、更大范围实现“高效办成一件事”，形成工作模式，最大限度利

* 孙宇，博士，北京师范大学教授、博士生导师，主要研究方向为数字治理、电子政务、行为公共政策。隋心，北京师范大学博士研究生，主要研究方向为电子政务。

企便民，大幅提升企业和群众办事满意度、获得感，成为加强数字政府建设的重点。

一 “高效办成一件事”的实践逻辑奠定健全常态化推进机制的坚实基础

回顾电子政务实践历程，自20世纪后半叶的信息通信技术革命——特别是90年代的互联网正式投入大规模商业化应用以来，推行电子政务是世界各国把握信息通信技术革命的机遇和应对其挑战的共同选择。在我国，自《国家信息化领导小组关于我国电子政务建设指导意见》明确“把电子政务建设作为今后一个时期我国信息化工作的重点，政府先行，带动国民经济和社会发展信息化”以来，各部门、各地区围绕改革重点领域和关键环节，积极开展数字技术赋能的创新性探索，“最多跑一次”“一网通办”“一网统管”“一网协同”“接诉即办”等创新实践不断涌现。《联合国电子政务调查报告2024》显示，我国电子政务发展指数（EGDI）全球排名上升至第35位，在EGDI的三个核心指标中，我国的在线服务指数（OSI）得分高达0.9258。我国电子政务发展跻身全球“非常高组别的第三阵列”，为世界广大发展中国家和新兴经济体树立了可借鉴、可对标的“中国模式”。

从大力推进“互联网+政务服务”，实现部门间数据共享，让居民和企业少跑腿、好办事、不添堵开始，发展到深入推进政务服务“一网、一门、一次”改革，再发展到将多个部门相关联的“单项事”整合为企业和群众视角的“一件事”，实现“一件事一次办”，如今的“高效办成一件事”是各地区、各部门推进电子政务建设实践的“水到渠成”。作为优化政务服务、提升行政效能的重要抓手，“高效办成一件事”场景化聚焦与企业和群众生产生活密切相关的高频、面广、问题多的政务服务事项，创新服务模式，依托全国一体化政务服务平台，打破数据孤岛和壁垒，利用“线上一网、线下一门、热线一号”三种渠道，推动线上线下融合发展，实现办事方式多元化、办事流程最优化、办事材料最简化、办事成本最小化，最大限

度利企便民，激发经济社会发展内生动力。

将实践证明的成熟有效做法上升为公共政策是20余年来电子政务建设不断开创新局面的经验之一。从实践成果固化上看，国务院办公厅印发的《关于进一步优化政务服务提升行政效能推动“高效办成一件事”的指导意见》描绘了“高效办成一件事”常态化推进机制的路线图和施工图。从某种意义上看，对政策变迁的回溯是对实践逻辑的理论梳理。

党的十八大以来，党中央、国务院高度重视政务服务工作，通过一系列文件部署，推进政府服务平台建设以及行政审批制度改革。《国务院关于加快推进“互联网+政务服务”工作的指导意见》提出按照建设法治政府、创新政府、廉洁政府和服务型政府的要求，优化服务流程，创新服务方式，推进数据共享，打通信息孤岛，推行公开透明服务，降低制度性交易成本，持续改善营商环境，深入推进大众创业、万众创新，最大限度利企便民，让企业和群众少跑腿、好办事、不添堵，共享“互联网+政务服务”发展成果。《国务院办公厅关于印发进一步深化“互联网+政务服务”推进政务服务“一网、一门、一次”改革实施方案》要求进一步推进“互联网+政务服务”，加快构建全国一体化网上政务服务体系，推进跨层级、跨地域、跨系统、跨部门、跨业务的协同管理和服务，推动企业和群众办事线上“一网通办”（一网），线下“只进一扇门”（一门），现场办理“最多跑一次”（一次），让企业和群众到政府办事像“网购”一样方便。《国务院关于在线政务服务的若干规定》（国务院令第716号）明确国家加快建设全国一体化在线政务服务平台，推进各地区、各部门政务服务平台规范化、标准化、集约化建设和互联互通，推动实现政务服务事项全国标准统一、全流程网上办理，促进政务服务跨地区、跨部门、跨层级数据共享和业务协同，并依托一体化在线平台推进政务服务线上线下深度融合。《国务院办公厅关于加快推进“一件事一次办”打造政务服务升级版的指导意见》要求推动数字技术广泛应用于政府管理服务，优化业务流程、打通业务系统、强化数据共享，推动更多关联性强、办事需求量大的跨部门、跨层级政务服务事项实现“一件事一次办”。《国务院办公厅关于依托全国一体化政务服务平台建立政务服务效能提升常态化工作机制的意见》明确建立健全办事堵点发现解决机制、服务体验优化机制、平台支撑能力提升机制和效能提升保障机制四种常态化工作机制。《国务院关于进一步优化政务服务提升行政效能推动“高效办成一件事”的指导意见》（国发〔2024〕3号）要求实现企业和个人两个全生命周期重要阶段“高效办成一件事”重点事项落地见效，大幅提升企业和群众办事满意度、获得感。

从建成一体化网上政务服务平台到覆盖全国的整体联动、部门协同、省级统筹、一网办理的“互联网+政务服务”体系初步建成再到全国一体化政务服务平台全面建成；从“一网、一门、一次”改革初见成效到重点领域和高频事项基本实现“一网、一门、一次”；从“一件事一次办”到“网上办、掌上办、就近办、一次办”更加好办易办再到“高效办成一件事”；从依托全国一体化政务服务平台建立政务服务效能提升常态化工作机制到健全“高效办成一件事”重点事项清单管理机制和常态化推进机制以优化政务服务、提升行政效能，政策迭代过程中，“以人民为中心”的宗旨一脉相承，政策目标层层递进，为健全常态化推进机制奠定坚实基础。

二　四维联动健全“高效办成一件事”常态化推进机制

“高效办成一件事”是服务型政府在数字时代的创新实践。从服务导向上看，“高效办成一件事”的目的在于“高效”与“办成”，着眼于以更快的速度、更优的环节，降低企业群众的办事成本，通过推进跨层级、跨地域、跨系统、跨部门、跨业务数据有序流通，破除部门之间、业务之间的“壁垒”，系统破解跑多个“门”、上多张“网”等问题，提升政务服务的质量与效率。从服务对象上看，“高效办成一件事”改革是以企业和群众的需求为导向，以人民为中心的政务改革。以企业和民众的实际需求为出发点，迅速响应民众的关注点，不仅是提供全流程政务服务的基础，也是实现事务高效处理、促进政务服务由供给导向向需求导向转变的关键因素。从服务方式上看，“高效办成一件事”的表现形式为“一件事”。“一件事”的底座是包括跨省通办、证照分离、免申即享等政务服务工作的有效整合，跨地区、跨部门的协同联动是政务服务全生命周期的基础，通过以用户视角的“一件事”为导向，聚焦个人和企业全生命周期，厘定事项边界和权责清单。“一件事”表面上是行政行为的最小支点，实质上却是行政体系的节点，牵动行政体系的行为、结构、资源、信息和效果。

常态化推进机制是持续的、有序的、规范化的工作推进机制。数字时代健全“高效办成一件事”常态化推进机制有赖于“改革引领、数字赋能、清单管理、文化支撑”四维联动，改革是指推进政府机构、职能、权限、程序、责任法定化，促进政务服务标准化、规范化、便利化，数字是作为通用目的技术的信息通信技术和作为生产要素的数据，改革引领和数字赋能是驱动常态化推进机制的双轮；清单是“高效办成一件事”重点事项清单，健全重点事项清单管理机制是健全常态化推进机制的抓手；开放包容、创新进取、服务导向、法治责任、协作共享、学习成长以及诚信透明的行政文化对健全“高效办成一件事”常态化推进机制发挥着文化规范、文化维系、文化激励的支撑作用。

改革创新是健全“高效办成一件事”常态化推进机制的动力。自国发〔2024〕3号文发布以来，各地区各部门认真贯彻党中央、国务院的决策部署，以“高效办成一件事”2024年度重点事项清单为改革牵引，围绕推动政府职能转变、创新监管方式、增强政府公信力和执行力、建设人民满意的服务型政府进行了大量实践探索，形成了一大批可复制可推广的典型经验，有效激发了经济社会发展内生动力。在流程变革层面，国家市场监管总局通过推动部门间信息共享互认，对办理场景、申请材料等进行梳理优化，形成“一套材料、单次采集、多方共用”的工作机制，推动企业信息变更“一件事”落地生效；在制度建设层面，国家发展改革委印发《失信行为纠正后的信用信息修复管理办法（试行）》《失信信息信用修复指引》，明确信用信息修复的覆盖范围、修复条件、修复程序、协同联动等内容，建立健全信用修复基本工作制度，并为各类失信主体提供服务引导；在模式创新层面，北京市、天津市、河北省强化京津冀政务服务协同，推动资质资格互认，通过直接生效、备案生效、认定生效等方式，实现建造师执业资格认定等审批结果三地互认。这些创新做法不仅为广大人民群众办事提供了更高效便捷的渠道，更为提高政府效能、优化营商环境作出了积极贡献。

数字赋能可激发“高效办成一件事”常态化推进机制的活力。数字时代，“高效办成一件事”对政务服务提质增效提出了更高标准，考验的不仅是政务服务平台的建设，更是政府自我改革的勇气和刀刃向内的决心，需要以技术创新推动办事方式多元化、办事流程最优化、办事材料最简化、办事成本最小化的目标实现。布莱恩·阿瑟（W. Brain Authur）在《技术的本质：技术是什么，它是如何进化的》一书中指出，技术是万事万物深层秩序的一个重要组成部分。从近几年的实践来看，政务服务的提质增效离不开数字技术的创新突破和广泛应用，经历了信息数字化、业务数字化、数据业务化的发展历程。在信息数字化阶段，数字技术主要用于以办公自动化的形式变革政府单个部门的内部流程，用于提高内部办公效率；在业务数字化阶段，数字技术主要用于行业管理，以行业信息化建设推动行业协同管理水平的提升；在数据业务化阶段，数字技术被用于发挥一体化政务服务平台“总枢纽”作用，推动数据按需从部门向地方“回流”和“直达”基层，提升政务数据共享实效。政务服务已由以信息服务为主的单向服务阶段进入“三融五跨”的一体化政务服务阶段，政府信息化与社会信息化高度融合，因而以新技术的全流程应用推动政府对内治理和对外服务的模式转变，由经验判断型向数据分析型转变，与服务型政府和数字化转型的方向高度契合。

清单管理是健全“高效办成一件事”常态化机制的抓手。重点事项清单作为一种管理工具，其在政治学和行政学领域的重要性日益凸显。它不仅是固化“高效办成一件事”改革成效的重要途径，更是推动行政体制现代化的关键步骤。在国家治理体系中，行政体制扮演着核心角色，它直接关系到政府的执行力和公共服务的质量。制定“高效办成一件事”重点事项清单，是在总结实践经验的基础上，厘清部门职责边界的重要工作机制。以清单机制对“最多跑一次”“不见面审批”“双随机、一公开”等改革措施进行总结，起到了固化优化政务流程的作用，推动了政府部门间数据共享、流程再造和协同办公。清单机制促使政府部门以审批为中心转向以服务为中心，更加注重公众的需求和体验。这种转变不仅提升了政府服务的质量和效率，也大幅提升了企业和群众办事满意度和获得感。

行政文化是健全“高效办成一件事”常态化推进机制的重要支撑。行政文化作为行政活动的一种重要载体，产生于人类的行政活动，具体表现为行政观念、行政意识、行政思想、行政道德、行政心理、行政原则、行政价值等，它不仅有利于行政改革的深化，更是降低公共政策执行成本的有效手段。“高效办成一件事”本质上是政府体制的革新、机构的精简和政府的转变，其改革的内核也围绕着“以民为本”，因而在服务型、高效型与法治型的行政文化的作用下，行政主体的观念及责任意识得到重塑，行政客体也充分意识到了自己的参与责任。本质上，重点事项任务清单是开放包容、创新进取、服务导向、法治责任、协作共享、学习成长以及诚信透明的行政文化的具体载体，通过这种载体可以建立起对应的权责机制，用来约束行政主体的错位、越位和缺位行为。

三　以重点事项清单为抓手推动“高效办成一件事”常态化机制落地生效

虽然“高效办成一件事”已经取得显著成效，但从常态化推进机制来看，“高效办成一件事”涉及理念变革、行政改革与技术应用的方方面面，仍然面临对接不畅通、标准规范欠缺、流程不够优化等具体问题。在系统对接方面，信用中国、养老保险、金税等国垂系统仍对接不畅通，数据共享方面仍然存在“不同意、不拒绝、不理会”的情况；在标准规范方面，不同场景下“一件事”具体事项的规范性指导文件仍需加快制定，税务和社保、医保部门的有关数据口径尚未一致；在业务流程方面，不少地区还存在“多头修复”问题，部分已经要求全流程电子化的事项仍然要求提供纸质出生医学证明，影响了高效集成办理。

重点事项清单是推动“高效办成一件事”常态化机制落地生效的工作抓手。国发〔2024〕3号文部署的首批13个重点事项，把不同部门负责的单个事项集成为“一件事”，有些事项是新提出的，也有几个事项是“一件事一次办”事项的升级版，都是企业和群众反映较多、地方需求迫切的事项。半年后，国务院办公厅印发《“高效办成一件事”2024年度新一批重点事项清单》，重点事项清单动态更新的管理机制初露端倪。

从政务服务供给侧看，各地可以在两批清单的基础上分解目标、明确责任、建立台账，从实际出发，大胆探索其他重点事项的突破。与此同时，相关部门也要强化条块联动，加强业务指导和数据共享支撑，推动涉及本行业本领域“一件事”标准统一、业务协同，关联更多的单个事项，推出更多的集成事项，及时解决各地区面临的难点堵点问题。从政务服务需求侧看，清单管理本质上是需求导向的产物，是以应用场景为牵引，聚焦企业群众办事的全环节全流程，从而推动关联事项“集成办”、容缺事项“承诺办”、异地事项“跨域办”、政策服务“免申办”四种模式实现的有效手段。

实践中，清单管理需要坚持全国统筹、分级负责、事项统一、权责清晰、公开透明的原则，特别是重点事项责任部门与其他清单主管部门要协同好清单的动态调整和有序衔接。当政务服务事项基本目录、行政许可事项清单、“互联网+监管”事项清单、市场准入负面清单等与政务服务相关的清单作出动态调整时，重点事项清单要及时作出相应调整。既要将企业和群众反映强烈的事项优先纳入重点事项清单，确保这些事项纳入“高效办成一件事”的优先级，又要兼顾那些量大、面广、高频的事项，确保这些事项得到充分关注和高效办理。

重点事项清单要推动“高效办成一件事”常态化机制落地生效，一方面依靠各级领导干部的信息素养来达成治理共识，另一方面依靠企业和群众的广泛参与来形成闭环。一方面，在数字技术赋能政务服务以及持续加强新技术全流程应用政务的过程中，行政人员的自主性、积极性以及创新性尤为重要，尤其是面对人工智能等新兴技术的快速发展以及其在政务服务中的大量应用，行政人员的信息素养尤其是人工智能素养直接决定了重点事项清单管理机制的实施效果和“高效办成一件事”常态化机制落地情况。另一方面，企业和群众的实际感受是重点事项清单管理机制的实施效果和“高效办成一件事”常态化机制落地情况的第一评价标准。以“能办、好办、易办”为目标，分阶段、分角度、分领域开展研究和评估，避免单一事项专栏等“数字形式主义”和“新形象工程”，从企业和群众视角检验服务成效，充分发挥好政务服务热线、好差评等渠道作用，及时收集群众评价，发现并解决群众反映的问题。

重点事项清单中的每“一件事”的打通、落地和推广都不容易，需要各方面同向发力、协同配合。以领导小组、工作专班等工作机制最大限度达成共识、形成合力，将清单任务纳入重要议事日程，结合实际抓好组织实施。更要坚持试点先行、以点带面，鼓励有工作基础的地区先行开展集中攻关和创新示范，形成可复制可推广的实施方案和典型经验。

参考文献

《中共中央关于进一步全面深化改革　推进中国式现代化的决定》，《人民日报》2024年7月22日。

《国务院关于进一步优化政务服务提升行政效能推动“高效办成一件事”的指导意见》，《中华人民共和国国务院公报》2024年第3期。

《国务院办公厅关于依托全国一体化政务服务平台建立政务服务效能提升常态化工作机制的意见》，《中华人民共和国国务院公报》2023年第26期。

《国务院办公厅关于加快推进“一件事一次办”打造政务服务升级版的指导意见》，《中华人民共和国国务院公报》2022年第29期。

《国务院关于在线政务服务的若干规定》，《中华人民共和国国务院公报》2019年第13期。

《国务院办公厅关于印发进一步深化“互联网+政务服务”推进政务服务“一网、一门、一次”改革实施方案的通知》，《中华人民共和国国务院公报》2018年第19期。

《国务院关于加快推进“互联网+政务服务”工作的指导意见》，《中华人民共和国国务院公报》2016 年第 29 期。

《国家信息化领导小组关于我国电子政务建设指导意见》，中央网络安全和信息化委员会办公室，2002。

《联合国电子政务调查报告 2024》，联合国经济与社会事务部，2024。

B.4

人工智能赋能数字政府建设研究

杨正军　李　敏*

摘　要：　人工智能引领新一轮技术革命，并对数字政府建设产生深远影响，全球掀起一波人工智能赋能数字政府创新发展改革浪潮。我国高度重视人工智能技术在数字政府中的应用，在一些地方的数字政府建设实践中取得了较好的应用效果，但也面临诸多挑战。应进一步在确定顶层设计、建设基础设施、加强标准研究、强化场景赋能、优化产业生态等方面强化政策支持，推进数字政府高质量发展。

关键词：　人工智能　大模型　数字政府　政务服务

一　全球掀起人工智能赋能数字政府浪潮

当前，以人工智能为代表的新技术引发新一轮科技革命，并对经济、社会、政府治理等领域产生深远影响。全球各国纷纷探索人工智能等新技术在政府治理中的应用，美国、英国、韩国、新加坡等国家抢抓人工智能机遇，积极推动人工智能技术与数字政府融合发展，掀起一波人工智能赋能数字政府创新发展的改革浪潮（见表1）。

---

* 杨正军，中国信息通信研究院泰尔终端实验室数字技术治理研究部主任，高级工程师，主要从事数字政府、数字经济、网络安全、终端安全相关政策、技术、标准、测评等研究工作。李敏，博士，中国信息通信研究院泰尔终端实验室高级工程师，主要从事数字经济、数字中国等方面研究工作。

表 1　部分国家政府开展人工智能应用情况

序号	国家	应用范围
1	美国	众议院、国防部、国家航空航天局等
2	加拿大	公务人员使用大模型产品进行办公
3	英国	财政大臣使用 ChatGPT 撰写演讲稿
4	丹麦	首相使用 ChatGPT 撰写演讲稿
5	澳大利亚	内政部
6	新加坡	科技研究局、劳动力局、卫生部等
7	日本	农林水产省、东京都、福岛县等
8	韩国	首尔 120 茶山呼叫中心
9	阿联酋	迪拜水电局、国家政府门户网站
10	印度	电子和信息技术部、教育部

资料来源：中国信息通信研究院《数字时代治理现代化研究报告——大模型在政务领域应用的实践及前景（2023 年）》（2023 年 12 月），以及其他公开资料。

（一）美国推动联邦机构积极应用人工智能

美国注重在政策和行政规范等方面支持人工智能技术创新发展。从 2011 年“国家机器人计划”、2016 年《国家人工智能研究和发展战略计划》，到 2023 年 10 月，美国总统拜登签署颁布《关于安全、可靠、可信地开发和使用人工智能的行政命令》，以及两党提出的人工智能监管框架，美国建立了较为完善的人工智能发展体系，这些都是美国司法部、联邦贸易委员会以及美国平等就业机会委员会等联邦机构发展和应用人工智能技术的基础。

美国国家科学技术委员会于 2024 年 7 月发布《2020～2024 年推进可信赖的人工智能研究与开发进展报告》，对近年来美国联邦机构应用人工智能技术的成效进行总结和评估。报告系统记录了各机构在推动人工智能发展领域所取得的重大进展，例如美国国立卫生研究院将开发关注伦理和数据驱动的多模态 AI 方案，以更精确地模拟、解释和预测复杂的生物、行为和健康系统，提升我们对健康的理解，以及监测和治疗人类疾病的能力。美国食品药品监督管理局（FDA）推动在监管过程中应用人工智能技术简化监管文件编码，促进审查、交付和信息召回流程更高效。①

（二）英国全面推进数字政府建设

英国是欧洲推动人工智能发展最积极的国家之一。2012 年，英国提出《八项伟大的科技计划》，要力争成为第四次工业革命的全球领导者。2016 年，英国科学办公室发布《人工智能对未来决策的机会和影响》，将利用独特的人工智能优势增强英国国力。2021 年，英国人工智能办公室发布《人工智能路线图》，进一步明确英国的人工智能战略和发展重点。2024 年 3 月，英国政府发布《数字发展战略 2024～2030》，提出了一系列具体措施，旨在推动英国全面迈向数字化新时代。②

英国政府表示，将全面推进数字政府建设。具体措施包括：推动政府部门的数据共享和互联互通，建立统一的数字化服务平台，为公众提供便捷、高效的在线服务。加强电子政务的应用，推动公共服务全面上网，实现“网上办、马上办、一次办”。通过大数据和人工智能技术，提高政府决策的科学性和精准性，提升公共管理水平等。此外，英国政府还于 2024 年 2 月宣布将斥资逾 1 亿英镑启动 9 个新的人工智能研究中心，并对监管人员进行技术培训。

（三）韩国全力提升人工智能竞争力

韩国高度重视人工智能的发展，不仅出台了一系列激励政策，还积极推动与企业、研究机构的合作，以促进人工智能技术的应用和创新，抢抓人工智能发展机遇。2019 年 12 月，韩国公布“人工智能（AI）国家战略”，旨在推动韩国从“IT 强国”发展为“AI 强国”，计划在 2030 年将韩国在人工

---

① 美国国家科学技术委员会：《2020～2024 年推进可信赖的人工智能研究与开发进展报告》，2024 年 7 月。

② 马翩宇：《英国推进人工智能产业发展》，《经济日报》2024 年 2 月 21 日。

智能领域的竞争力提升至世界前列。[①] 所有公务员和官兵聘用者必须接受人工智能素质教育，软件、AI 教育将扩大到所有小学、初中等，包括首都在内的全国各地各大学校，将增设人工智能相关联的学科，为此韩国政府将加大 AI 和软件师资培训支持力度。

2024 年起，韩国政府各部门在福利、卫生、教育、文化、抗灾应急、行政等方面引进 AI 技术，为建设数字化模范国家奠定基础。同美国、加拿大、欧盟等国的高校开展国际联合研究，建立 AI 共同实验室，外派硕博士级人才。确立数字化权利法案，规定建设数字化共同繁荣社会的基本原则、公民权利、各主体的职责。此外，韩国在法律意见书、诊疗意见书、学术研究参考文献和统计、韩国语教育等领域培育人工智能应用服务。[②]

（四）新加坡将 AI 融入政府数字化进程

新加坡将人工智能技术视为国家发展的战略选择，并注重发挥其在数字政府建设中的作用。2023 年 12 月，新加坡发布《国家人工智能战略 2.0》报告，要求推动人工智能融入政府数字化进程。目前新加坡 85%的政府机构已采用至少一项人工智能技术方案，用于提供公共服务、支持机构运作或协助制定政策等。新加坡政府技术局是智能国家和数字政府建设的执行机构，组建由政府内部技术专家组成的专业团队，成立数据科学与人工智能中心，与政府各部门合作开展项目，致力于为政府部门定制数据分析平台，推出高质量的人工智能产品，帮助实现新加坡公共部门的数字化转型。[③]

新加坡开源科技部开发 Pair 公务员文书写作系统，可在几秒钟内整理大量咨询信息，撰写电邮及政府工作报告初稿，再辅以工作人员修改。数据显示，在试运行阶段，Pair 系统服务了 100 余个政府机构的超 11000 名用

① 崔亚东主编《世界人工智能法治蓝皮书（2020）》，上海人民出版社，2020。

② 薛严：《促进人工智能广泛应用　加强通信与机器人研发》，《科技日报》2024 年 1 月 3 日。

③ 张玲玲等：《新加坡利用人工智能推进数字政府建设》，《中国税务报》2024 年 5 月 8 日。

户，周活跃用户超 4500 名。[①] 随着 ChatGPT 等技术的发展，新加坡税务局与新加坡政府技术局合作，升级智能聊天机器人 IRAS bot 以改进其自动化流程。技术模型由新加坡政府技术局统一开发，有效降低了新加坡税务局等使用部门的管理维护、更新升级方面的工作量和成本。

二　我国积极推动人工智能与数字政府融合发展

人工智能是推进新质生产力发展的最典型的技术，日益成为改变世界竞争格局、推动经济社会发展的重要力量。政务领域涉及大量内容生产及人与人交互环节，与生成式 AI 的信息收集、文本总结、智能交互能力重叠较高，是大模型应用的肥沃土壤。大模型以其强大的数据处理能力、逻辑推理能力和分析预测能力，将对数字政府产生深远影响，有助于提升政府履职能力，为企业、群众提供好办、智办的政务服务，推进数字政府高质量发展。

（一）政策层面，各地因地制宜推出政策规范

各地积极响应国家号召，积极推动人工智能大模型在政务领域的探索实践，强化引导和支持。多地发布的人工智能政策或行动计划中，均明确提及推进政务领域大模型应用，构建城市治理体系、创新政务服务模式、打造智慧化应用场景等，要求将政务列为大模型的垂直领域示范应用，率先突破，打造标杆性大模型产品和服务。[②] 如北京广泛应用大模型于政务咨询、办公自动化等领域，并将其延伸至社会治理与民生服务；[③] 上海出台专项措施并

① 新加坡开源科技部公开数据，https：//www. open. gov. sg/products/pair/。

② 中国信息通信研究院政务服务中心、新华社中国经济信息社等：《数字政府蓝皮书报告——业务场景视图与先锋实践（2023 年）》，2023 年 7 月。

③ 《〈北京市推动“人工智能+”行动计划（2024—2025 年）〉发布》，北京市发展和改革委员会网站，2024 年 7 月 27 日，https：//fgw. beijing. gov. cn/gzdt/fgzs/tpxw/202407/t20240731_3763374. htm，最后检索时间：2024 年 8 月 21 日。

设立联合创新实验室，以加速推动人工智能大模型的创新发展；① 重庆建设城市运行和治理大模型，以实现城市管理智能化；② 安徽发布了首批数字政府大模型场景应用清单，指导实际落地工作；③ 广东发布加快数字政府领域通用人工智能应用工作方案，全面深化“数字政府 2.0”建设；④ 宁夏推出“数字政府”私域大模型，进一步深化本地政务数字化改革；⑤ 上海、北京、江西、安徽等通过发放算力券支持政务领域大模型训练和应用（见表 2）。

表 2　2024 年部分地方政府发布人工智能相关政策

序号	政策名称	发布地区	印发年份
1	内蒙古自治区促进通用人工智能发展若干措施	内蒙古自治区	2024
2	关于进一步优化算力布局推动人工智能产业创新发展的意见	河北省	2024
3	上海市推进“人工智能+”行动　打造“智慧好办”政务服务实施方案	上海市	2024
4	广东省关于人工智能赋能千行百业的若干措施	广东省	2024
5	陕西省加快推动人工智能产业发展实施方案（2024—2026 年）	陕西省	2024

① 关于印发《上海市推动人工智能大模型创新发展若干措施（2023—2025 年）》的通知（沪经信智〔2023〕608 号），https：//fgw. sh. gov. cn/cmsres/5d/5d4afe90e12f434aa01d18409dacbff7/73cd83341ca6e810b2c3b1bd4864038f. pdf，最后检索时间：2024 年 8 月 21 日。

② 《重庆打造全国首个城市运行和治理大模型　支持超百万类事件智能流转处置，将逐步覆盖城市运行和治理全场景》，重庆市人民政府网站，2023 年 9 月 6 日，https：//wap. cq. gov. cn/ywdt/zwhd/bmdt/202309/t20230906_ 12309090. html，最后检索时间：2024 年 8 月 21 日。

③ 《安徽发布首批数字政府大模型场景应用清单》，“大皖新闻”百家号，2023 年 12 月 5 日，https：//baijiahao. baidu. com/s? id=1784417715859326019&wfr=spider&for=pc，最后检索时间：2024 年 8 月 21 日。

④ 《广东省政务服务数据管理局关于印发广东省加快数字政府领域通用人工智能应用工作方案的通知》，广东省政务服务和数据管理局网站，2024 年 1 月 2 日，https：//zfsg. gd. gov. cn/zwgk/wjk/content/post_ 4325311. html，最后检索时间：2024 年 8 月 21 日。

⑤ 《2023 中国算力大会 | “六大行动”之六：全国首个“数字政府”私域大模型发布》，宁夏新闻网，2023 年 8 月 19 日，https：//www. nxnews. net/zt/23zt/zgsl/zgslrm/202308/t20230819_ 8368441. html，最后检索时间：2024 年 8 月 21 日。

续表

序号	政策名称	发布地区	印发年份
6	山西省促进先进算力与人工智能融合发展若干措施的通知	山西省	2024
7	北京市推动“人工智能+”行动计划（2024—2025年）	北京市	2024

资料来源：中国信息通信研究院，作者根据公开资料整理。

（二）技术层面，产业积极探索、加快入场步伐

根据国际数据公司IDC预测，到2027年政府中生成式AI的应用将由任务自动化扩展到决策支持，将公民服务响应能力提高10%、公务员生产力提高15%。各大互联网和AI企业争先推出大模型，加快入场步伐。截至2024年8月，我国完成备案并上线、能为公众提供服务的生成式人工智能服务大模型已达190多个，注册用户超过6亿。[①]《IDC中国数字政府市场预测，2023-2028》数据显示，预计到2028年中国数字政府市场规模将达到2134亿元人民币，复合增长率为9.4%。[②]从技术类型来看，主要包括大语言模型、视觉大模型、多模态大模型等，其中大语言模型具备语言理解和生成能力，可执行机器翻译、文本总结、对话系统等任务；视觉大模型对图像进行处理和分析，广泛应用于人脸识别、违章停车等城市场景；多模态大模型实现对文本、图像、音频等多种类型数据的综合理解和分析，主要执行文生图、文生视频等跨模态信息交互的任务。从厂商类型来看，政务大模型厂商主要分为两类，一类是提供基础大模型的厂商，在来源广泛的大数据基础上进行预训练而形成通用大模型工具或运营平台；另一类是在政务垂直领

① 《年中行业观察丨“人工智能+”蹄疾步稳　激发产业变革浪潮》，中国工信新闻网，2024年8月26日，https://www.cnii.com.cn/gxxww/rmydb/202408/t20240826_596114.html，最后检索时间：2024年8月27日。

② 《IDC：预计到2028年中国数字政府市场规模将达到2134亿元　复合增长率为9.4%》，“金融界”百家号，https://baijiahao.baidu.com/s?id=1800549954280297947&wfr=spider&for=pc，最后检索时间：2024年8月21日。

域优化政务流程、提高公共服务水平、提升办公效率的大模型厂商。从技术趋势来看，一是“模型即服务”（Model as a Service，MaaS）将成为政务基础架构的一部分，成为政务云的基本构成要素，政府机构将以云服务的方式按需使用模型服务；二是大模型将对政务应用原有能力、流程进行重构，改善应用功能，提高产品体验；三是政务大模型将侧重多模态数据的深度融合，涵盖语言、图像、声音等多样化的数据类型，提升政务效能。

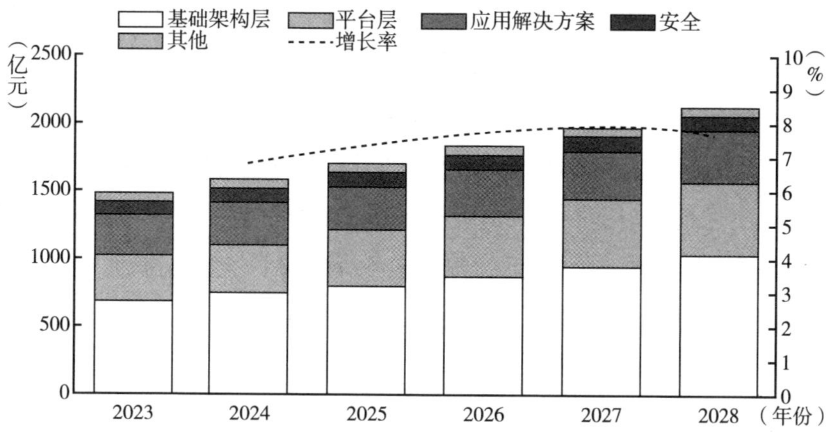

图 1　中国数字政府市场预测（2023~2028 年）

资料来源：IDC 中国，2023。

（三）应用层面，覆盖场景丰富，市场潜能初现

调研显示，大模型在政务领域的应用场景覆盖了政府办公、公文写作、政务服务、城市治理、公共安全等场景。政府办公方面，大模型基于智能助手、消息摘要、智能会议、数据分析、报告生成、趋势分析、精准决策等能力，提升政务办公效率、减少人力成本。上海市通过 AI 辅助收件合规审核，实现从人工审核判断向人工智能审核判断转变。超 200 项高频依申请事项实现平均预审比例超 90%，大幅提升了申请过程便利性和审批透明度、公平性。① 公文

① 上海市人民政府办公厅：《聚焦“高效”“办成”两个关键点　推进“人工智能+政务服务”改革》，《中国行政管理》2024 年第 5 期。

写作方面，大模型通过对公文内容的学习理解，结合个人知识库和公共知识库学习，在政府公文拟稿、公文内容审核、政策问答等方面提供智能化应用。部分政企单位先行先试，采用 AI 大模型写作提升公文写作效率。[①] 政务服务方面，利用大模型实现智能客服、智能导办、精准推荐、数据预审预填、政策检索、办事流程解答、企业画像等政务服务，优化服务流程、提升政务效能。广州市番禺区市桥街便民服务中心引入智能 AI 导办客服，梳理高频事项热门咨询问题，汇编标准化回复话术，提供标准统一的业务指引，并将指引内容以短信形式自动发送至相应手机。[②]

城市治理方面，大模型汇聚城市交通、环境、社会治安等数据，提供民意诉求快速响应、问题智能分类、事件工单高效处置等服务，提高城市治理智能化水平。烟台黄渤海新区通过整合全区城市管理 3000 余路视频资源以及自建 400 余路摄像头，上线 AI 视频智能分析服务，2023 年通过摄像头自动发现店外经营、暴露垃圾、无照游商、非机动车乱停放等 12 类城市管理问题，上报案件上千件，实现了由人工到 AI、由被动到主动的问题发现、处置，大大提高了问题解决效率。[③] 公共安全方面，通过整合警务、交通、消防等部门的数据，实现对潜在安全风险的联动分析，为跨部门的紧急事件响应提供协同支持，提高整体治理效能。浙江省常山县通过“常山县智治平台”有机融合 25 个执法部门、500 多项执法类型数据资源，同时有效融合 AI、无人机、视频监控等技术应用，能够对各类异常事件进行智能识别，并联动应急预案，有效提升了事件处置效能。此外，各部委各地方在智慧司法、智慧教育、水利水务、广电媒体等方面积极探索大模型应用场景。

---

① 《从人工到智能：AI 技术重塑公文写作新范式》，中国网，2024 年 5 月 16 日，https：//t. m. china. com. cn/convert/c_ 69UcK300. html，最后检索时间：2024 年 8 月 23 日。

② 《市桥街智能 AI 释放政务服务新活力》，广州市番禺区人民政府网，2024 年 5 月 15 日，http：//www. panyu. gov. cn/gkmlpt/content/9/9648/mpost_ 9648752. html#7525，最后检索时间：2024 年 8 月 23 日。

③ 《【应用案例】AI 视觉助力城市管理提质增效》，烟台黄渤海新区网站，2023 年 11 月 14 日，https：//www. yeda. gov. cn/art/2023/11/14/art_ 110996_ 2983414. html，最后检索时间：2024 年 8 月 23 日。

三　我国在人工智能助推数字政务发展中面临的挑战

我国高度重视人工智能在数字政府建设中的应用和发展，出台了一系列的支持政策和举措，地方在运用人工智能技术和大数据平台推进政府管理创新方面也进行了积极的探索实践，在一些政务服务领域取得了良好效果，但是在政策体系、安全风险、基础设施、技术标准等方面还存在不足，在人工智能助推数字政务发展中仍然面临诸多挑战。

（一）政策规范有待健全

我国近年来出台了多个人工智能政策文件，如 2017 年 7 月《国务院关于印发新一代人工智能发展规划的通知》，2023 年 7 月国家网信办等七部门联合公布《生成式人工智能服务管理暂行办法》等，鼓励人工智能技术在各行业、各领域的创新应用，探索优化应用场景，构建应用生态体系。[①] 但是具体到政务领域，国家层面尚无专门文件规范政府部门使用人工智能技术的行为。此外，各地区各部门基于实践从推进发展、规范应用两方面提出若干要求，总体来看内容较为分散。

（二）安全风险挑战较高

大模型的应用是一把双刃剑，在助力繁荣与发展的同时，政务大模型实际应用中也面临诸多安全风险和挑战。一是隐私和数据安全风险，政务数据具有高敏感性，极易因误用或滥用导致信息泄露，隐私和数据安全问题已经成为全球政府推进大模型应用的首要关注风险。二是无意识的偏见和歧视，AIGC 工具可能生成歧视性或不具有代表性的内容，可能产生内容合规风险，许多生成模型都是根据互联网数据进行训练的，这通常是造成偏差的原因。

① 金源、魏振、李成智：《基于 ChatGPT 的问答式财务知识库构建与应用》，《财会月刊》2023 年第 17 期。

三是技术可信度和透明度问题，已有大模型训练语料库主要来源于搜索引擎、社交媒体平台等公开数据，专业知识占比较低，应用在政府治理活动中很可能产生不准确、不连贯、不完整的内容。四是技术依赖和影响程序公平，过度依赖生成式 AI 工具可能会干扰公务员个人的自主权和判断力，强化自动化偏见，还可能导致公务员批判性思维能力下降，从而抑制创新和创造力，导致对政策分析不全面或不完整。此外，生成式 AI 模型的不透明性使得追踪和理解其输出结果变得困难，在政府机构有义务向公众提供行政决策理由的情况下，可能破坏程序的公平性。当公众使用政府提供的生成式 AI 工具（如聊天机器人）查找信息或进行公共通信时，可能接收到不适当内容或错误信息，从而导致政府承担不必要的责任。

（三）基础设施尚不完备

我国政务大模型虽然热度很高，但数据、算力、模型等基础设施存在一定不足，制约大模型赋能政务应用。从数据资源看，政务大模型需要高质量的训练数据集支撑训练和调优，数据类型包括政务服务办事数据、政策文件、政府办公数据等专有的数据，部分数据涉及跨部门、跨层级，存在数据共享难、数据质量低、数据回流慢等问题；从算力供给看，能够用于大模型训练的芯片自给率较低，算力不足导致大模型通用能力无法有效提升；从模型能力看，我国技术迭代速度尚难以企及国际先进水平，能力低质同质问题严重，Runway、Midjourney、Sora 等在半年内实现视频生成产品的多次更新，相比之下，国内少有突破性、创新性的 AIGC 技术升级。政务大模型需要从建设初就开始考虑安全风险是否可控，因此政务大模型建设从底层的硬件、算法，到上层的应用要具备端到端的全套性能调优方案。

（四）技术标准仍不完善

我国的人工智能标准化建设仍在进行，政务大模型等相关标准仍待进一步完善。一方面，人工智能技术发展迭代速度很快，而标准的制修订速度则相对缓慢。目前人工智能产业标准正处于发展中，相当一部分标准还处于研制、试用阶段，如《政务大模型通用技术与应用支撑能力要求》《人工智能通用大模型合规管理体系指南》等相关团体标准于2024年7月立项，按照计划将于一年后完成。另一方面，人工智能技术应用在不同领域，涉及的部门与厂商众多，彼此之间关联性较弱，协调配合程度低，这使得标准的制修订较为困难，人工智能技术标准在政务领域不能做到大范围覆盖。

四　我国推动数字政务创新发展政策建议

（一）完善顶层设计，制定政策规范

一是明确政务大模型在数字政务领域的提质增效和决策辅助的功能定位，通过法律法规规范使用政务大模型产生的责任和义务。二是加快制定国家级的人工智能政务发展政策法规、总体规划，明确长远目标、阶段任务以及实施步骤。三是构建政务大模型整体性框架体系，以指导和规范人工智能在政务领域的设计、建设、运营、使用等各关键环节，促进生成式人工智能健康发展。四是统筹政务大模型安全与发展，制定“人工智能+”政务大模型应用分类分层安全框架，规范政务大模型建设和应用，确保数据和隐私安全、避免偏见和歧视、保障技术可信度和透明度、降低技术依赖。

（二）建设基础设施，夯实发展底座

一是建设政务大模型公共服务资源，统筹建设智算中心、数据中心等智能基础设施，用好大模型产业公共服务平台，构建开放共享的技术创新生态。二是建设可信政务语料库，基于各类政务服务事项、政策文件、政策解读等专有的数据，形成可靠可信的政务信息源，构建文本、语音、图像、视频等多种模态的可信政务语料库，制定政务服务的训练标准，统一政务服务语义理解和运行机制。三是滚动更新数据共享责任清单和垂管系统对接清单，加快公共数据的整合利用，统筹开展全量政务数据治理，细化各部门数

据管理职责，加强数据源头治理的法规标准体系建设，实施数据质量工程，定期进行数据质量评估，提升高质量数据供给水平。

（三）加强标准研究，开展评估评价

一是加快制定政务大模型标准体系，包括政务大模型平台通用技术能力、场景化应用能力、产品和服务的可信能力、应用效果成熟度评价体系等标准，为政务大模型建设、应用提供指引。二是开展政务大模型应用成效评价，建立持续监测评估标准及高质量测评数据库，提高其可信度和可靠性，推动政务大模型健康有序发展。

（四）强化场景赋能，鼓励创新示范

一是发挥场景牵引产业发展的作用，政务大模型未来在人社、税务、应急、交通等泛政务领域会赋能应用场景建设，为社会治理和政府决策提供更多支持。支持政务大模型深入各个政务领域，推动公共服务的创新和提升。二是开展“人工智能+”政务试点。按照成熟稳定、适度超前的原则，推动各地创新开展人工智能等新技术应用，推动政务服务由人力服务型向人机交互型转变，由经验判断型向数据分析型转变。加强人工智能技术赋能政务服务平台，推动各地探索人工智能赋能数字政府、政务服务应用场景。三是在公共数据授权、政务服务模式创新、应用生态构建等方面进行探索创新，鼓励有条件的政府单位及企业先行先试。

（五）优化产业生态，鼓励融合创新

一是鼓励地方建立政务大模型应用推进中心，联合政府、信息化建设方、技术提供方、产业研究机构等，统筹规划构建新型信息系统解决方案。二是培育领先企业，充分发挥企业在开发和应用新兴技术方面的积极性，带动政务领域 AI 关键技术和前沿创新能力整体提升。三是培育政务运营服务商，面向典型政务场景，提升行业应用推广等运营服务能力。

参考文献

中国信息通信研究院：《数字时代治理现代化研究报告—大模型在政务领域应用的实践及前景（2023年）》，2023年12月。

美国国家科学技术委员会：《2020~2024年推进可信赖的人工智能研究与开发进展报告》，2024年7月。

马翩宇：《英国推进人工智能产业发展》，《经济日报》2024年2月21日。

崔亚东主编《世界人工智能法治蓝皮书（2020）》，上海人民出版社，2020。

薛严：《促进人工智能广泛应用　加强通信与机器人研发》，《科技日报》2024年1月3日。

张玲玲等：《新加坡利用人工智能推进数字政府建设》，《中国税务报》2024年5月8日。

中国信息通信研究院政务服务中心、新华社中国经济信息社等：《数字政府蓝皮书报告——业务场景视图与先锋实践（2023年）》，2023年7月。

金源、魏振、李成智：《基于ChatGPT的问答式财务知识库构建与应用》，《财会月刊》2023年第17期。

B.5

系统论视角下的数字政府标准体系构建

马广惠　于 浩*

摘　要：　数字政府作为系统工程已得到广泛认可，数字政府制度规则构成中的数字政府标准在促成共同理解、高效协作、互联互通、秩序构建等方面具有重要作用，为更好促进数字政府标准的整体效应发挥，亟待构建形成有机关联的数字政府标准体系。对此，虽然现有的电子政务标准体系趋于成熟，同时关于数字政府标准体系的探索日渐增多，但依然存在标准体系构建过程不透明、标准划分依据不系统、标准子体系构建路径不清晰等局限。为了构建形成更具全面性、整体性的数字政府标准体系，经明确目标定位与需求分析、开展理论选择与结构设计、确定输出结果与输出形式，本研究在系统论指导下，提出了由总体通用标准、基础支撑标准、数据资源标准、政务应用标准、政务服务标准、政务运行标准、安全保障标准及各标准子体系构成的数字政府标准体系，以期助力数字政府的规范化水平提升。

关键词：　数字政府　标准体系　系统论

引　言

数字政府是充分运用数字技术，在推进治理体系完善、履职能力提升、

* 马广惠，博士，中国电子技术标准化研究院，工程师，主要研究方向为数字政府标准化、智慧城市标准化；于浩，中国电子技术标准化研究院信息技术研究中心信息化研究室副主任，高级工程师，主要研究方向为数字政府标准化。

数据价值发挥、公共服务优化、基础设施集约等方面，助力政府实现数字化转型的系统化过程，具有全局谋划、多元协同、整体智治等要求和特征。在开展数字政府建设和管理的进程中，一方面，数字政府面临的政务数据孤岛、系统重复建设、服务规则不一等问题，有赖于通过制定和实施数字政府标准来应对；另一方面，数字政府在“一网通办”“一网统管”“一网协同”等方面积累的实践经验，有待于通过数字政府标准的形式加以固化并推广。因此，数字政府标准在助力并支撑数字政府达成共同理解、高效协作、互联互通、秩序构建等方面发挥了关键作用，是数字政府制度规则的重要组成部分。在此背景下，作为系统工程的数字政府自然对数字政府标准提出了系统化要求，同时数字政府标准的协调配套也有助于促进数字政府体系框架的形成与完备。

近年来，国家层面对数字政府标准的统筹规划及整体部署逐步加强。2022 年，具有开拓创新意义的《国务院关于加强数字政府建设的指导意见》发布，对我国的数字政府建设进行了系统规划，其中提出了“构建多维标准规范体系”的要求。为契合此项整体要求，在数字政府专业领域的指导文件中，重点针对政务服务、政务大数据、政务服务平台等开展了标准体系建设规划，如《国务院关于加快推进政务服务标准化规范化便利化的指导意见》提出“健全政务服务标准体系”，《全国一体化政务大数据体系建设指南》提出“构建全国一体化政务大数据标准规范体系”，《国务院办公厅关于依托全国一体化政务服务平台建立政务服务效能提升常态化工作机制的意见》提出“建立健全政务服务效能提升标准规范体系”。与此同时，在综合性的标准化指导文件中，政务服务、行政管理、社会治理、政务服务平台、政务应用方面的标准体系建设得到重点关注，具体如《“十四五”推动高质量发展的国家标准体系建设规划》提出“推动形成系统集成、协同高效的政务服务标准体系”，《国家标准化发展纲要》提出“推动行政管理和社会治理标准化建设”，《贯彻实施〈国家标准化发展纲要〉行动计划（2024—2025 年）》进一步提出“完善行政管理和社会治理标准体系”，《信息化标准建设行动计划（2024—2027 年）》提出“完善全国一体化政务服务平台标准规范体系，健全政务应用标准体系”。

在国家层面提出的数字政府标准体系建设要求中，充分显示出：现有规划对于数字政府中重要、专业、部分议题标准规范建设的重视和部署，在单一议题内，标准构成的内容丰富且自成体系，然而在数字政府综合议题下，围绕单点议题形成的各项标准体系之间的关系如何，如何促进各个标准体系协调衔接、形成合力，共同助力数字政府标准体系整体效应发挥，仍是有待探讨的问题。更进一步，构建数字政府标准体系，是开展数字政府标准化工作的前提，缺失数字政府标准体系，将难以促进各相关方形成对数字政府标准化工作的认同，造成数字政府标准化工作的关联性和系统性局限，直接影响数字政府标准化工作的整体发展。因此，本研究主要聚焦于如何构建数字政府标准体系。

一　文献回顾与述评

根据《标准体系构建原则和要求》（GB/T 13016-2018），本研究将数字政府标准体系定义为：在数字政府领域内，具有广泛指导意义的标准按其内在联系形成的科学的有机整体。对数字政府标准体系构建的探索并非毫无根基，本研究通过对已有工作、实践和研究基础进行回顾，发现如下关键性研究成果。

（一）电子政务标准体系框架奠定基础

对电子政务标准体系构建进行整体部署可追溯至2002年，《中共中央办公厅、国务院办公厅关于转发〈国家信息化领导小组关于我国电子政务建设指导意见〉的通知》（中办发〔2002〕17号）提出“加快制定统一的电子政务标准规范，大力推进统一标准的贯彻落实”。为贯彻此要求，国家标准化管理委员会联合国务院信息化工作办公室于2002年成立了国家电子政务标准化总体组，统筹规划和总体协调国家电子政务标准化工作，全面开展我国电子政务标准体系的研究和建设。总体组于2004年，依托国家发展和改革委员会批复的《国家电子政务标准体系建设项目一期工程》开展相关工作。到 2006 年 12 月，由国家电子政务标准化总体组负责具体实施的项目取得丰硕成果，我国电子政务标准体系框架基本形成，《电子政务标准化指南　第 1 部分　总则》对电子政务标准体系进行了概括描述，如表 1 所示。

表 1　电子政务标准体系

序号	标准类别	具体构成
1	总体标准	电子政务总体性、框架性、基础性的规范
2	应用标准	各类政务应用方面的标准，如业务模型、数据模型等
3	应用支撑标准	为各类政务应用提供支撑和服务的标准，如共享交换平台、数据访问、消息服务、互操作、协议、接口和服务定义等
4	信息安全标准	为电子政务提供安全服务的标准，如安全级别管理、身份鉴别、访问控制、数字签名和公钥基础设施等
5	基础设施标准	为电子政务提供通信平台的标准，如电子政务网络运行、网络互联互通等
6	技术管理标准	确保电子政务工程与系统质量的标准，如运行管理、监理、验收、评估等

资料来源：《国家电子政务标准体系建设项目一期工程》，2004。

（二）国家电子政务标准体系走向成熟

基于前期工作基础，在电子政务标准研制和实施方面经过多年的积累，2020 年 6 月，国家市场监督管理总局办公厅等六部门联合印发《国家电子政务标准体系建设指南》，旨在“加强电子政务领域标准化顶层设计，推动电子政务标准体系建设”，针对文件循序渐进规划了国家电子政务标准体系建设 2020 年至 2022 年的目标，并提出了包含总体标准、基础设施标准、数据标准、业务标准、服务标准、管理标准、安全标准 7 部分的国家电子政务标准体系，如表 2 所示。文件围绕电子政务发展的重点工作，进一步规划提出了政务数据共享开放标准子体系、公共数据资源开发利用标准子体系、电子文件标准子体系、“互联网+政务”标准子体系。但目前该体系已无法适应国家对于数字政府发展的最新要求，尤其是在标准结构与标准划分方面存在出入。

表 2　国家电子政务标准体系

序号	标准类别	具体构成
1	总体标准	术语、指南、参考模型
2	基础设施标准	政务硬件设施、政务软件设施、政务网络
3	数据标准	元数据、分类与编码、数据库、信息资源目录、数据格式、开放共享、开发利用、数据管理
4	业务标准	业务流程、业务系统
5	服务标准	服务基础、服务应用
6	管理标准	运维运营、测试评估
7	安全标准	安全管理、安全技术、安全产品和服务

资料来源：国家市场监管总局办公厅等部门《国家电子政务标准体系建设指南》，2020。

（三）数字政府标准体系构建最新探索

在国家层面的《国家电子政务标准体系》发布之后，随着数字政府建设和管理成为理论和实践关注的最新方向和重点议题，关于构建数字政府标准体系的探索逐步增加。与上述时期不同，不同发展阶段中电子政务与数字政府标准体系的前后衔接，已有大量电子政务、数字政府标准与新构建数字政府标准体系的协调配套，以及强化对数字政府标准体系的顶层设计，是开展数字政府标准体系构建必须考虑的重要因素。在此背景下，近几年开展的研究主要聚焦于三方面，包括构建数字政府标准体系、提出政务服务平台标准规范体系及创新数字政府多维标准体系，具体内容如表 3、表 4、表 5 所示。

表 3　数字政府标准体系构建最新探索

主题	标准类别	具体构成
数字政府标准体系	1.1 总体通用	术语、指南、架构
	1.2 基础设施	政务云、政务网络
	1.3 共性支撑	业务支撑、开发支撑、技术支撑
	1.4 政务数据	政务数据规范、政务数据汇聚、政务数据治理、政务数据共享及应用、公共数据开放及授权运营、平台及技术
	1.5 政务应用	政务事项、业务流程规范、业务应用
	1.6 管理和评估	项目管理、运维管理、运营管理、评估体系、评估实施
	1.7 安全保障	政务网安全、政务云安全、政务数据安全、安全管理
	2.1 基础规范标准	术语、定义、分类代码、数据统计等
	2.2 支撑能力标准	全流程数据处理标准、数据要素流通标准、基础数据库、主题库、政务知识库、数据资源管理库、专题库
	2.3 系统平台建设标准	数字政府建设指南、系统建设指南、应用建设指南、安全建设指南等,系统平台建设标准,各类资源标识、基础设施智慧化改造、基础设施等标准
	2.4 典型应用标准	数字政府各领域典型应用场景的协同和集成标准
	2.5 绩效评价标准	评价指标、评价方法、评价改进等标准,检验检测标准或者测试方案
	3.1 基础层	基础类标准
	3.2 通用层	强基类标准、安全保障类标准、管理和评估类标准
	3.3 专用层	一网通办、一网统管、一网协同等标准

资料来源：杨庄媛：《数字政府标准化发展研究报告》，载王益民主编《中国电子政务发展报告（2023）》，社会科学文献出版社，2024，第 287~300 页。

王文跃、谢飞龙、于浩等：《新时代数字政府标准体系建设研究》，《通信世界》2023 年第 10 期。

黎东初、罗雪莲、刘长财：《数字政府标准体系构建研究》，《质量探索》2023 年第 2 期。

表 4　政务服务平台标准规范体系构建最新探索

主题	标准类别	具体构成
政务服务平台标准规范体系	数据通	政务服务平台基本功能、政务服务平台基础数据、政务服务平台接入
	业务通	全国一体化政务服务平台政务服务事项及实施清单
	服务通	全国一体化政务服务平台线上线下融合

资料来源：许潇文：《以标准化引领数字政府建设，探索构建多维标准规范体系》，载王益民主编《中国电子政务发展报告（2023）》，社会科学文献出版社，2024，第 287~295 页。

表 5　数字政府多维标准体系框架构建最新探索

主题	标准类别	具体构成
数字政府多维标准体系框架Ⅰ	层级维度	国家标准、行业标准、地方标准、团体标准、工程标准
	生命周期维度	设计规划、建设实施、管理服务
	内容维度	总体、基础设施、政务数据、政务信息化应用、管理
数字政府多维标准体系框架Ⅱ	层次维度	国家标准、地方标准、团体标准、工程标准
	标准全生命周期管理维度	标准供给、标准实施及配套制度
	内容维度	基础通用、基础设施、数据资源、技术支撑、安全保障以及服务应用和运营管理

资料来源：于浩、张群：《构建多维数字政府标准体系的思考与建议》，《中国发展观察》2022年第7期。

张欣亮、王鹏：《数字政府标准化建设的路径探究》，《行政管理改革》2023年第10期。

（四）研究述评

上述对已有研究的回顾表明：我国电子政务历经了办公自动化、政府上网、金字工程、政府信息公开、政务信息系统整合、“互联网+”等阶段的发展和积累，与之相适应的电子政务标准体系已渐趋成熟稳定。但由于数字政府更加强调整体协同，具有统筹、系统、融合等特征，原有的电子政务标准体系已无法适应当前发展需要，亟待构建更具前瞻性和适用性的标准体系。虽然现有研究已围绕数字政府标准体系构建开启了部分分散性的探索，但现存的电子政务、数字政府标准体系研究依然存在以下局限。一是现有研究大多直接呈现电子政务、数字政府标准体系构建的结果，并未呈现此类标准体系构建的过程，尤其是缺乏对标准体系构建方法运用的呈现，导致标准体系构建的过程不透明。二是就现有电子政务、数字政府标准体系呈现的内容而言，存在同一层级采用多种分类依据的情况，如同时按照标准功能与标准内容进行划分，影响了标准间的有机关联性与内在逻辑性。三是针对标准体系中的各部分构成，对其应对问题、划分依据、构建路径的阐释不足，直接影响针对各标准子体系内容的生成过程及输出结果的可解释性。

二 数字政府标准体系构建方法

为开展数字政府标准体系构建，本研究以 GB/T 13016—2018《标准体系构建原则和要求》提出的构建标准体系一般方法为基础，进一步参考借鉴了部分专用方法，同时结合了数字政府的属性特征，具体构建过程如下。

（一）目标定位与需求分析

一方面，电子政务发展时期构建形成了较为成熟的电子政务标准体系，研制积累了大量标准成果，在国家层面，除国家电子政务标准化总体组外，目前这些成果归口于全国信息技术标准化技术委员会、全国行政管理和服务标准化技术委员会等 8 个标准化组织。另一方面，数字政府发展的最新部署对具有创新、协调、融合等特点的数字政府标准体系提出了更高要求，同时在政务数据、政府服务、政务公开、政府网站等局部议题上已立项或发布了部分数字政府标准成果。在此背景下，数字政府标准体系构建的目标定位于：在原有电子政务标准体系基础上，对标准体系进行完善和升级，对标准框架进行调整和优化，并尤其突出对数字政府标准制定的指导。

在数字政府建设的国家战略层面，根据《国务院关于加强数字政府建设的指导意见》，数字化履职、安全保障、制度规则、数据资源、平台支撑构成数字政府建设的五大体系，其中包含标准规范在内的制度规则需对其他体系形成整体保障和全面支撑。与此同时，数字政府、政务大数据、政务服务、标准化发展、信息化标准化等国家战略中对数字政府重点议题标准制定的规划，同样构成标准化需求的重要来源。为运用标准化方法与手段支撑数字政府战略实现，制定数字政府标准体系应当涵盖上述不同方面的标准化需求。

（二）理论选择与结构设计

对于数字政府标准体系构建，从标准化方法的视角出发，区别于单独、分散制定标准，现代标准化方法以系统论为指导，尤其注重对系统分析方法的应用①；从数字政府建设的视角出发，随着数字政府的复杂特性不断显现，系统论正成为应对各类问题的理论指导。在此基础上，本研究选取系统论方法为理论依据，指导数字政府标准体系构建。具体而言，系统论突出对系统组成要素及要素间关系的关注，强调从系统整体出发开展系统分解，并经综合集成再回到系统整体②。

在系统论指导下，依据国家数字政府及标准化、信息化标准化等相关战略围绕数字政府所规划的不同方面和不同要素，结合已有电子政务标准体系的划分，以及数字政府的构成及有待协调统一的事项，形成数字政府标准体系不同方面构建的出发点。在此基础上，各标准子体系的构建重点在于要素间关系搭建，针对某一子体系，首先是调研现有标准建设情况及标准建设需求，以其作为子体系构建的依据；其次根据标准子体系的特点选取基于类别、基于流程、基于结构等的划分依据，确定并开展并列式、串联式、混合式等的标准体系结构设计；最后协调子体系内标准间的层级关系及逻辑关系，进一步开展子体系内的横向分析和纵向分析，确定数字政府标准体系的具体内容构成。

（三）输出结果与输出形式

根据 GB/T 13016，数字政府标准体系构建以编制标准体系表为输出结果，具体包括标准体系结构图、标准明细表、标准体系表编制说明三种输出形式。由于篇幅所限，本研究重点聚焦数字政府标准体系结构的可视化呈现，重点体现数字政府标准的基本构成、各子体系划分及标准间的层次关系和逻辑关系。

---

① 李春田编著《现代标准化方法——综合标准化》，中国质检出版社、中国标准出版社，2011。

② 李亚平、袁维海、周伟良：《系统论视角下的数字政府治理研究》，《重庆工商大学学报》（社会科学版），https：//kns. cnki. net/kcms2/detail/50. 1154. C. 20230612. 1540. 006. html，最后检索时间：2024 年 7 月 9 日。

三 数字政府标准体系结构

在系统论指导下，按照前述标准体系构建方法，数字政府标准体系的第一层级采用平行分解法进行划分，即将数字政府中需要协调统一的对象分解为具体标准化方面，提出总体通用标准、基础支撑标准、数据资源标准、政务应用标准、政务服务标准、政务运行标准与安全保障标准，以此为基础进一步开展系统层次分解，从而形成数字政府标准体系，如图1所示。

（一）总体通用标准

总体通用标准是针对数字政府的基础内容、共性因素、统一规定等形成的普遍适用的概念、规则、要求等。总体通用标准子体系的存在有利于其他子体系聚焦本体系内的核心技术要素。在电子政务发展时期已围绕部分术语标准及电子政务标准化指南积累了一些成果，当前在数字政府整体协同、互联互通的背景和要求下，总体通用标准在增进相互理解、促进集约建设、规范发展秩序等方面的重要性愈加突出。由于总体通用标准的性质在于发挥基础支撑作用且具有广泛指导意义，按标准内容的功能进行划分可确保标准分类对各个方面广泛、全面、系统覆盖，因而数字政府总体通用标准分为术语标准、分类及编码标准、方法标准、指南标准、管理标准。其中术语标准界定数字政府领域中使用的概念的指称及其定义；分类及编码标准围绕数字政府中数据、服务、系统等的特性，确立分组归类依据、开展类别划分及给定分类结果；方法标准是围绕数字政府中的要素、过程、步骤、机制等形成的规范；指南标准围绕数字政府的特定主题，给定背景信息，提出普遍性、原则性、方向性指导，或提供实施建议；管理标准是围绕数字政府领域中需要协调统一的管理事项形成的规范。

在数字政府总体通用标准子体系下，术语标准针对数字政府中有待界定的概念及划定边界的事务按照通用性与专门性的方式进行划分，具体可分为数字政府术语、基础支撑术语、数据资源术语、政务应用术语、政务服务术

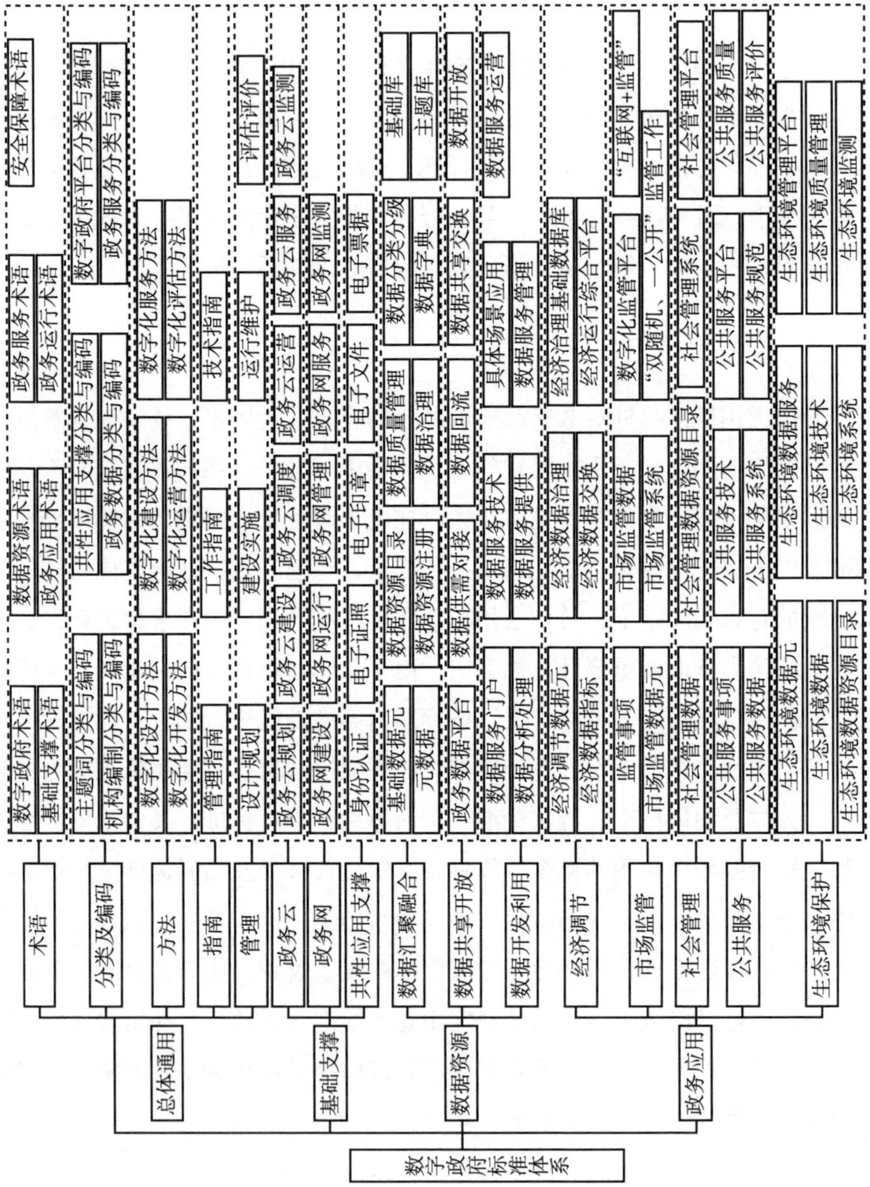

- 数字政府标准体系
  - 总体通用
    - 术语：数字政府术语、基础支撑术语、数据资源术语、政务应用术语、政务服务术语、政务运行术语、安全保障术语
    - 分类及编码：主题词分类与编码、机构编制分类与编码、共性应用支撑分类与编码、政务数据分类与编码、数字政府平台分类与编码、政务服务分类与编码
    - 方法：数字化设计方法、数字化开发方法、数字化建设方法、数字化运营方法、数字化服务方法、数字化评估方法
    - 指南：管理指南、工作指南、技术指南
    - 管理：设计规划、建设实施、运行维护、评估评价
  - 基础支撑
    - 政务云：政务云规划、政务云建设、政务云调度、政务云运营、政务云服务、政务云监测
    - 政务网：政务网建设、政务网运行、政务网管理、政务网服务、政务网监测
    - 共性应用支撑：身份认证、电子证照、电子印章、电子文件、电子票据
  - 数据资源
    - 数据汇聚融合：基础数据元、元数据、数据资源目录、数据资源注册、数据质量管理、数据治理、数据分类分级、数据字典、基础库、主题库
    - 数据共享开放：政务数据平台、数据供需对接、数据回流、数据共享交换、数据开放
    - 数据开发利用：数据服务门户、数据分析处理、数据服务技术、数据服务提供、具体场景应用、数据服务管理、数据服务运营
  - 政务应用
    - 经济调节：经济调节数据元、经济数据指标、经济数据治理、经济数据交换、经济治理基础数据库、经济运行综合平台
    - 市场监管：监管事项、市场监管数据元、市场监管数据、市场监管系统、数字化监管平台、“互联网+监管”、“双随机、一公开”监管工作
    - 社会管理：社会管理数据、社会管理数据资源目录、社会管理系统、社会管理平台
    - 公共服务：公共服务事项、公共服务数据、公共服务技术、公共服务系统、公共服务平台、公共服务规范、公共服务质量、公共服务评价
    - 生态环境保护：生态环境数据元、生态环境数据、生态环境数据资源目录、生态环境数据服务、生态环境技术、生态环境系统、生态环境管理平台、生态环境质量管理、生态环境监测

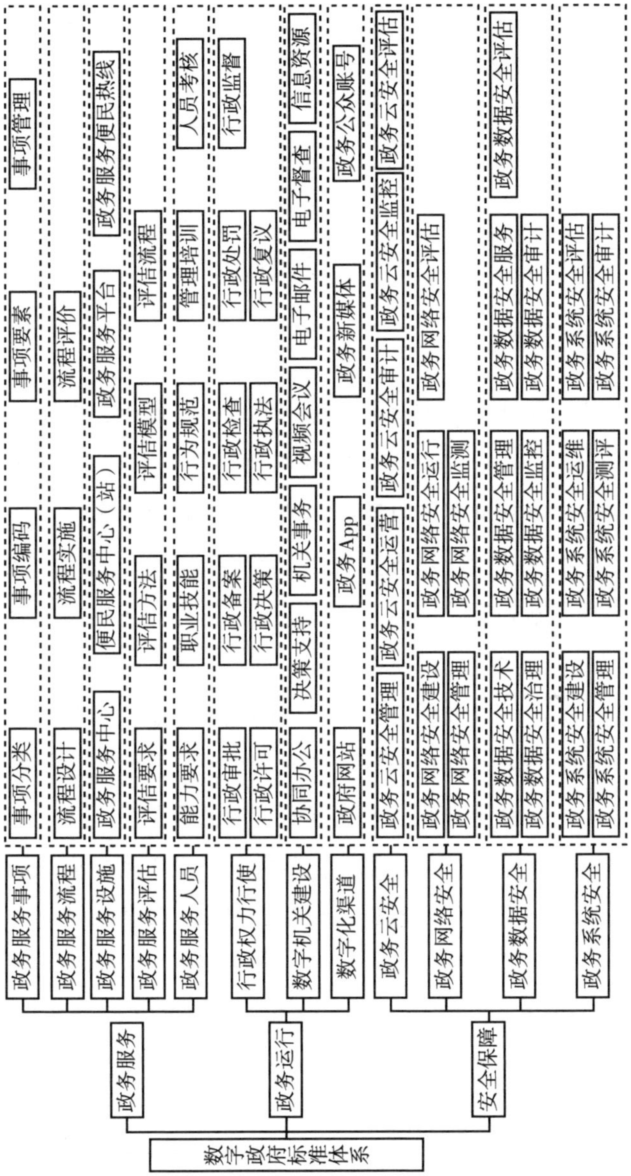

- 数字政府标准体系
  - 政务服务
    - 政务服务事项：事项分类、事项编码、事项要素、事项管理
    - 政务服务流程：流程设计、流程实施、流程评价
    - 政务服务设施：政务服务中心、便民服务中心（站）、政务服务平台、政务服务便民热线
    - 政务服务评估：评估要求、评估方法、评估模型、评估流程
    - 政务服务人员：能力要求、职业技能、行为规范、管理培训、人员考核
  - 政务运行
    - 行政权力行使：行政审批、行政许可、行政备案、行政决策、行政检查、行政执法、行政处罚、行政复议、行政监督
    - 数字机关建设：协同办公、决策支持、机关事务、视频会议、电子邮件、电子督查、信息资源
    - 数字化渠道：政府网站、政务App、政务新媒体、政务公众账号
  - 安全保障
    - 政务云安全：政务云安全管理、政务云安全运营、政务云安全审计、政务云安全监控、政务云安全评估
    - 政务网络安全：政务网络安全建设、政务网络安全管理、政务网络安全运行、政务网络安全监测、政务网络安全评估
    - 政务数据安全：政务数据安全技术、政务数据安全治理、政务数据安全管理、政务数据安全监控、政务数据安全服务、政务数据安全审计、政务数据安全评估
    - 政务系统安全：政务系统安全建设、政务系统安全管理、政务系统安全运维、政务系统安全测评、政务系统安全评估、政务系统安全审计

图 1　数字政府标准体系

语、政务运行术语与安全保障术语。分类及编码标准根据所区分对象及需转换内容的差异，具体可分为主题词分类与编码、机构编制分类与编码、共性应用支撑分类与编码、政务数据分类与编码、数字政府平台分类与编码、政务服务分类与编码。方法标准聚焦政府数字化转型的过程，具体可分为数字化设计方法、数字化开发方法、数字化建设方法、数字化运营方法、数字化服务方法、数字化评估方法。指南标准按照所应对问题及发挥功效的差异，具体可分为管理指南、工作指南、技术指南。管理标准按照管理过程及工作环节进行细分，具体可分为设计规划、建设实施、运行维护、评估评价。

（二）基础支撑标准

基础支撑标准主要针对数字政府建设中的软件、硬件、资源、网络及支撑能力提出规范要求。在电子政务发展时期重点关注技术规范制定的基础上，数字政府基础支撑标准制定以智能集约、协同融合为最新发展方向。由于政务云、政务网络及共性应用支撑构成了数字政府平台支撑体系的内容，与之对应，数字政府基础支撑标准以结构组件作为划分依据，主要分为政务云标准、政务网标准、共性应用支撑标准。其中，政务云标准是针对政务云资源的统筹整合、集约共享及服务提供形成的相关规定，政务网标准是围绕为数字政府提供网络访问及网格服务而形成的规范，共性应用支撑标准是围绕跨行业、跨应用的共性服务和技术支撑而形成的规范。

在数字政府基础支撑标准子体系下，政务云标准以生命周期的不同阶段为划分依据，具体可分为政务云规划、政务云建设、政务云调度、政务云运营、政务云服务、政务云监测。与之类似，政务网标准的细分同样以生命周期不同阶段为划分依据，具体可分为政务网建设、政务网运行、政务网管理、政务网服务、政务网监测。共性应用支撑标准以类型为划分依据，具体可分为身份认证、电子证照、电子印章、电子文件、电子票据。

（三）数据资源标准

数据资源标准是围绕数据汇聚融合、数据共享开放及数据开发利用形成的规范要求。鉴于数据本身融合了技术和业务要素，同时具有基础性和关键性作用，数据标准历来是电子政务、数字政府标准体系构建的重要组成部分。基于电子政务发展阶段在元数据、分类编码、信息资源目录、数据格式、开放共享、数据管理等方面形成的良好标准基础，在数据全生命周期中，数字政府数据资源标准更加注重前端的一体统筹、中端的协调共享，并尤其突出对后端数据资源价值实现的关注。由于数据资源先后经历不同的管理过程，前一标准是后一标准的基础，后一标准是前一标准的拓展，为便于明确各环节的规范要求，在全国一体化政务大数据体系建设背景下，数字政府数据资源标准以流程次序为划分依据，主要分为数据汇聚融合标准、数据共享开放标准、数据开发利用标准。其中，数据汇聚融合标准是围绕多源数据的整合、组织和规范管理形成的标准，数据共享开放标准聚焦于促进跨层级跨地区跨部门的数据资源对接、共享协同及开放服务，数据开发利用标准是围绕数据资源配置、数据服务能力及数据创新应用形成的标准。

在数字政府数据资源标准子体系下，数据汇聚融合标准的细分主要考虑标准化对象间的差异，具体可分为基础数据元、元数据、数据资源目录、数据资源注册、数据质量管理、数据治理、数据分类分级、数据字典、基础库、主题库等。数据共享开放标准的细分按照业务模式的不同类别展开，具体可分为政务数据平台、数据供需对接、数据回流、数据共享交换、数据开放等。数据开发利用标准的细分主要基于功能的不同，具体可分为数据服务门户、数据分析处理、数据服务技术、数据服务提供、具体场景应用、数据服务管理、数据服务运营等。

（四）政务应用标准

政务应用标准是针对经济调节、市场监管、社会管理、公共服务及生态环境保护等方面数字化履职，围绕各行业各领域政务应用形成的规范和要求。在电子政务发展时期，电子政务标准体系中与之对应的业务标准主要聚焦于业务流程，如体系设计、业务建模、建设实施、应用服务等。在此基础上，助力和支持政务应用间的互联互通、协同联动等成为数字政府政务应用方面新的标准化需求和方向。由于数字政府的各项职能指示了业务活动及标准研制的内容来源，因而数字政府政务应用标准以职能领域为划分依据，主要分为经济调节标准、市场监管标准、社会管理标准、公共服务标准及生态环境保护标准。其中，经济调节标准是运用数字技术在开展宏观调控、优化经济结构、促进经济增长等过程中形成的规范，市场监管标准是运用数字技术对市场经济活动实施规范、管理和监督的全过程中形成的规范，社会管理标准是围绕协调社会关系、维护社会秩序、保障公共安全等数字化治理活动形成的规范，公共服务标准是围绕推进教育、医疗、就业、文化、体育、交通等公共事业领域数字化转型形成的规范，生态环境保护标准是运用数字技术推进生态环境数字化治理而形成的规范。

在数字政府政务应用标准子体系下，各项标准的细分可采用两种逻辑展开：一是以数字化为导向，主要以各职能领域的目标、内容及任务划分为依据；二是以协同化为导向，主要以职能领域内的数据融合、系统对接、平台赋能等一体化进程为导向，数字政府标准则更加突出对后者的关注。具体而言，经济调节标准可分为经济调节数据元、经济数据指标、经济数据治理、经济数据交换、经济治理基础数据库、经济运行综合平台。市场监管标准可分为监管事项、市场监管数据元、市场监管数据、市场监管系统、数字化监管平台、“双随机、一公开”监管工作、“互联网+监管”。社会管理标准可细分为社会管理数据、社会管理数据资源目录、社会管理系统、社会管理平台。公共服务标准可分为公共服务事项、公共服务数据、公共服务技术、公共服务系统、公共服务平台、公共服务规范、公共服务质量、公共服务评价。生态环境保护标准可细分为生态环境数据元、生态环境数据、生态环境数据资源目录、生态环境数据服务、生态环境技术、生态环境系统、生态环境管理平台、生态环境质量管理、生态环境监测。

（五）政务服务标准

政务服务标准是围绕政府向企业和群众提供政务服务形成的各类规范。

在电子政务发展阶段，电子政务标准体系中设置了服务标准子体系，并在服务应用类别中，围绕政务服务平台、政务服务中心积累形成了服务事项、服务规范、功能规范、数据规范、接入规范等标准成果。进入数字政府发展阶段，在前期明确各项基本规范的基础上，政务服务标准的最新发展趋势聚焦于支撑集成化、协同化、智能化的数字化服务实现。由于政务服务标准是由多项要素共同构成的综合框架，因而数字政府政务服务标准以内容构成为划分依据，主要分为政务服务事项标准、政务服务流程标准、政务服务设施标准、政务服务评估标准、政务服务人员标准。其中，政务服务事项标准是针对政务服务各个项目的范围、内容、方式等形成的规范；政务服务流程标准是围绕政务服务事项的办理流程、环节、步骤等形成的规范；政务服务设施标准是针对政府服务的场所、设备、渠道等的建设和管理形成的规范；政务服务评估标准是依据评估指标对政务服务的质量、效率等进行评估形成的规范；政务服务人员标准是围绕政务服务人员的素质要求、行为表现等形成的规范。

在数字政府政务服务标准子体系下，政务服务事项标准的细分主要考虑所规范内容及具体用途间的差异，具体可分为事项分类、事项编码、事项要素、事项管理。政务服务流程标准的细分主要考虑流程管理的不同阶段和作用区别，具体可分为流程设计、流程实施、流程评价。政务服务设施标准的细分主要考虑不同渠道的业务差异和功能特性，具体可分为政务服务中心、便民服务中心（站）、政务服务平台和政务服务便民热线。政务服务评估标准的细分主要考虑评估各项构成要素发挥作用的差异，具体可分为评估要求、评估方法、评估模型、评估流程。政务服务人员标准的细分主要考虑人力资源开发与管理的构成，具体可分为能力要求、职业技能、行为规范、管理培训、人员考核。

（六）政务运行标准

政务运行标准是在政府机构行使职能过程中为规范各类政务活动或支撑政务活动开展而形成的各类要求、准则等。在电子政务发展时期，电子政务标准体系中并无政务运行标准的单独分类，部分探索聚焦于办公软件、电子公文、行政许可、行政审批等标准研制。进入数字政府发展阶段，数字政府政务运行标准对数字化运行的支撑成为新的发展要求。由于政务运行所针对的政务活动及管理对象存在差异，因而数字政府政务运行标准以功能定位为划分依据，主要分为行政权力行使标准、数字机关建设标准及数字化渠道标准。其中，行政权力行使标准是围绕行政机关实施各种行政行为形成的规范；数字机关建设标准是在利用数字技术推动机关事务现代化的过程中形成的规范；数字化渠道标准是围绕政府支持互动交流、信息发布、机关履职等的各类媒介形成的规范。

在数字政府政务运行标准子体系下，行政权力行使标准的细分主要考虑行政权力事项及性质的差异，具体可分为行政审批、行政许可、行政备案、行政决策、行政检查、行政执法、行政处罚、行政复议、行政监督。数字机关建设标准的细分主要考虑各项业务应用的差异，具体可分为协同办公、决策支持、机关事务、视频会议、电子邮件、电子督查、信息资源。数字化渠道标准的细分主要考虑使用技术与应用场景的差异，具体可分为政府网站、政务 App、政务新媒体、政务公众账号。

（七）安全保障标准

安全保障标准是围绕数字政府中的网络、数据、应用等安全防护体系构建形成的各类规范。在电子政务发展时期，电子政务安全标准在安全管理、安全技术、安全产品和服务方面积累形成系列标准成果，并重点关注其中的互联网电子政务、办公信息系统、政府网站、电子政务公共平台等安全议题。在此基础上，数字政府安全保障标准更加注重支撑数字政府全方位、一体化安全体系的实现。由于数字政府针对不同对象采取的安全举措存在差异，因而数字政府安全保障标准以并行类别关系为划分依据，主要分为政务云安全标准、政务网络安全标准、政务数据安全标准、政务系统安全标准。其中，政务云安全标准是围绕确保政府部门所处云计算环境的保密性、完整性和可用性而形成的规范；政务网络安全标准是采取必要措施防范侵入、干扰、攻击等，使政务网络处于稳定可靠运行状态而形成的规范；政务数据安全是采用各类举措防范数据被攻击、侵入、篡改等，围绕在全流程中保障数据真实性、完整性、有效性等而形成的规范；政务系统安全是采取系列措施防止各类政务信息系统遭受威胁和危害而形成的规范。

在数字政府安全保障标准子体系下，各项具体标准采用安全生命周期的系统方法进行细分，主要考虑不同阶段以及需规范安全内容的差异。具体而言，政务云安全标准可分为政务云安全管理、政务云安全运营、政务云安全审计、政务云安全监控、政务云安全评估；政务网络安全标准具体可分为政务网络安全建设、政务网络安全管理、政务网络安全运行、政务网络安全监测、政务网络安全评估；政务数据安全标准可分为政务数据安全技术、政务数据安全治理、政务数据安全管理、政务数据安全监控、政务数据安全服务、政务数据安全审计、政务数据安全评估；政务系统安全标准可分为政务系统安全建设、政务系统安全管理、政务系统安全运维、政务系统安全测评、政务系统安全评估、政务系统安全审计。

四　结语

现有针对电子政务、数字政府标准体系的探索，尚且存在标准体系构建过程不透明、标准划分依据不系统、标准子体系构建路径不清晰等局限。在系统论指导下构建协调配套、科学合理的数字政府标准体系，对于开展数字政府标准化工作具有基础性和先导性作用。一是推动数字政府各相关方对数字政府标准化的共同认知，促进各相关方在同一标准体系下协调开展工作。二是确立数字政府标准间的层次及逻辑关系，促进各项标准形成合力，在系统整体层面促进业务协同、数据共享和互联互通。三是增强数字政府各项标准化工作间的衔接性与关联性，促进标准化工作整体发展，进而提升数字政府建设和管理的规范性水平。本研究运用系统论构建数字政府标准体系仍属探索性研究，仍待数字政府建设与管理实践的不断验证与修正，并根据数字政府新兴发展趋势及最新标准需求进行更新与完善。

参考文献

《国务院关于加强数字政府建设的指导意见》，国发〔2022〕14号。

中华人民共和国国家质量监督检验检疫总局、中国国家标准化管理委员会：《标准体系构建原则和要求》（GB/T 13016-2018），中国标准出版社，2018。

国家标准化管理委员会、国务院信息化工作办公室：《国家电子政务标准体系建设项目一期工程》，2006。

国家市场监管总局办公厅、中共中央办公厅机要局、国务院办公厅电子政务办公室、中央网信办秘书局、国家发展改革委办公厅、工业和信息化部办公厅：《国家电子政务标准体系建设指南》，2020年6月11日。

杨庄媛：《数字政府标准化发展研究报告》，载王益民主编《中国电子政务发展报告（2023）》，社会科学文献出版社，2024。

王文跃、谢飞龙、于浩等：《新时代数字政府标准体系建设研究》，《通信世界》2023年第10期。

黎东初、罗雪莲、刘长财：《数字政府标准体系构建研究》，《质量探索》2023年第2期。

许潇文：《以标准化引领数字政府建设，探索构建多维标准规范体系》，载王益民主编《中国电子政务发展报告（2023）》，社会科学文献出版社，2024。

于浩、张群：《构建多维数字政府标准体系的思考与建议》，《中国发展观察》2022年第7期。

张欣亮、王鹏：《数字政府标准化建设的路径探究》，《行政管理改革》2023年第10期。

李春田编著《现代标准化方法——综合标准化》，中国质检出版社、中国标准出版社，2011。

李亚平、袁维海、周伟良：《系统论视角下的数字政府治理研究》，《重庆工商大学学报》（社会科学版），https://kns.cnki.net/kcms2/detail/50.1154.C.20230612.1540.006.html，最后检索时间：2024年7月9日。

实践篇

B.6
商品条码以数促智支撑监管数字化高质量发展调研报告

国家市场监督管理总局

摘　要： 经过多年发展，商品条码作为我国统一的产品身份标识已获得全面普及，标准体系不断完善，技术发展成果丰硕。商品条码在服务食品监管、工业品监管、医疗器械监管、特种设备监管、国际数字化治理政策（DPP）、海关跨境通关、商务流通监管及公共采购监管等方面成效显著。然而，商品条码助力监管数字化发展过程中还面临部分行业产品身份标识不统一、企业标准化意识不足、各地区商品条码应用发展不平衡，以及商品条码服务监管数字化潜力未充分发掘等问题。为了进一步提升商品条码服务监管数字化的成效，中国物品编码中心将继续为相关部门加强服务，深化与企业的合作，努力推动产品身份标识的统一，提升产品数据标准化水平，推动各地区商品条码应用的均衡发展，更好地发挥商品条码的服务潜力，为构建更加高效、智能的监管体系提供数据支撑。

关键词： 产品身份标识　商品条码　监管数字化　国家市场监管总局

一　调研背景

中国物品编码中心是统一组织、协调、管理我国商品条码、物品编码与自动识别技术的专门机构，隶属于国家市场监督管理总局，1988 年成立，1991 年 4 月代表我国加入国际物品编码组织（GS1），负责推广国际通用的、开放的、跨行业的全球统一标识系统和供应链管理标准，向社会提供商品条码公共服务和标准化解决方案。

中国物品编码中心在全国设有 47 个分支机构，形成了覆盖全国的集编码管理、标准制定、产品研发、应用推广、技术服务于一体的工作体系。物品编码与自动识别技术已广泛应用于零售、制造、物流、追溯、电子商务、移动商务、电子政务、医疗卫生、产品质量安全、图书音像等国民经济和社会发展的诸多领域。全球统一标识系统是全球应用最为广泛的商务语言，商品条码是其基础和核心。截至 2024 年，编码中心累计向 120 多万家企业提供了商品条码服务，全国有 2 亿多种商品上印有商品条码。

商品条码在我国的发展经历了起步阶段（1986～1995 年）、爆发式增长阶段（1996～2002 年）、全面发展阶段（2003～2008 年）、创新发展阶段（2009 年至今）四个关键的发展阶段。经过多年的发展，商品条码已经在全国范围内得到了广泛认可和普及应用，编码中心建设的基于商品条码统一标识系统的国家商品信息数据库，已成为政府监管不可或缺的商品数据资源提供者，提升了服务政府、服务企业、服务消费者的能力，并准备迎接新的挑战与机遇。

在国际物品编码组织（GS1）成立 50 周年以及编码中心成立 35 周年之际，为了掌握商品条码在支撑监管数字化发展方面的现状、成效以及对商品条码服务监管数字化的需求，更好地发挥物品编码技术的作用，编码中心开展了我国商品条码服务数字化发展情况的调研。

二　调研过程

2024 年 1~6 月，编码中心组织人员分别从部委层面、企业层面、分支机构层面开展了调研。在部委层面，通过与国家市场监管总局、海关总署、商务部等部委交流，获悉关于产品身份标识重要性、实施过程、取得成效等方面的情况，并与国家药监局等相关部门开展了关于“药品说明书适老化改革试点工作”等具体工作的调研。在企业层面，通过与生产企业和商品条码系统成员会议座谈、电话沟通、问卷调研等多种形式开展企业应用情况调研。在分支机构层面，与各地物品编码分支机构共同开展多项工作，建立成员管理、数据服务、技术研究、行业应用等多个工作组，及时掌握各地情况。2024 年 4 月，通过组织召开全国物品编码工作会议，与各地物品编码分支机构进行了沟通交流，并对商品条码服务监管数字化相关工作精神进行了传达和落实。

三　调研成果

（一）商品条码应用广泛

1988 年，编码中心为解决我国商品出口业务急需，将国际通用的产品身份标识——商品条码正式引入我国，并积极推动商品条码应用工作。经过 30 多年积累，商品条码已被应用于农业、林业、纺织业、金属制品业、零售业等国民经济行业 90 多个大类，累计服务了 120 多万家企业、全国 200 多万家门店。据调研统计，2014~2023 年商品数量呈现逐年上升趋势（见图 1），2024 年上半年继续保持快速增长势头，商品条码作为产品流通的“身份证”，已成为商品进入市场的必要条件和参与市场竞争的基本要求。

在行业应用上，商品条码融入了食品、饮料、服装、鞋类等关乎民生的消费品行业发展，尤其促进了食品、工业品和医疗产品等重点行业高效流通

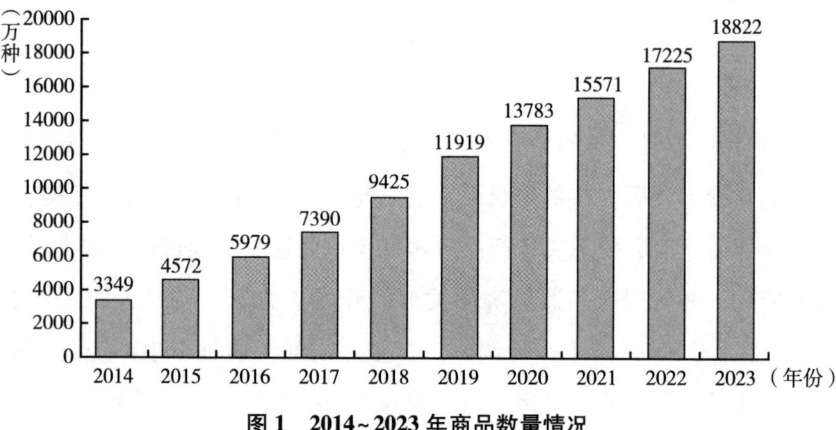

图 1　2014~2023 年商品数量情况

和品控管理升级。目前食品行业涉及商品 1339 万种，工业品行业涉及商品 3202 万种，医疗行业涉及商品 1056 万种，三大品类占全国商品总量的近 30%，商品条码在服务重点行业贸易自动化和监管数字化方面发挥了重要作用。

在地域经济发展中，31 个省份的商品条码应用体量不断上升，其中商品数量超千万种的省市有 5 个（见图 2）。可以看出，东部沿海省份的商品数量突出，商品条码覆盖的商品数量与该地域的社会经济活跃度基本一致。

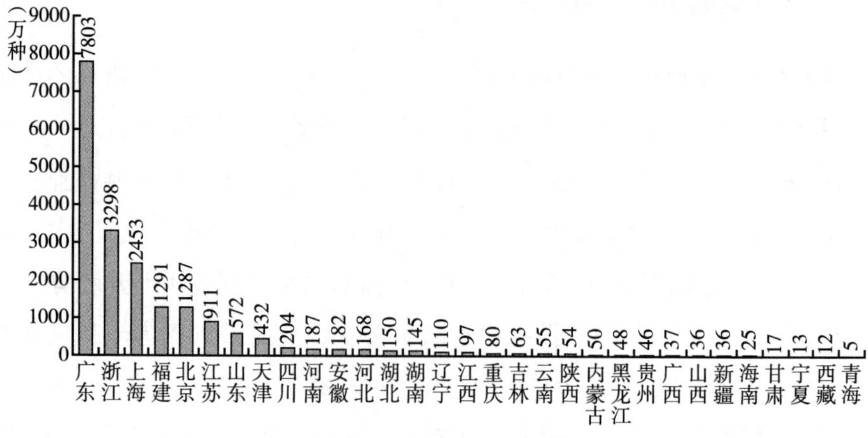

图 2　我国各省份商品数量情况

（二）商品条码标准体系完备

商品条码作为我国统一的产品身份标识已在国民经济行业 97 大类中实现了较广泛的应用，经过多年的积累与沉淀，编码中心建立了包括核心标识系统、数据采集与交互系统、数据扩展服务系统在内的成熟完善的物品编码标准体系。编码中心承担了全国物流信息管理标准化技术委员会（SAC/TC267）、全国物品编码标准化技术委员会（SAC/TC287）、全国信息技术标准化技术委员会自动识别与数据采集技术分技术委员会（ISO/IEC JTC1/SC31）的工作，负责物流信息基础、物流信息系统、物流信息安全、物流信息管理、物流信息应用等领域的标准化工作；负责商品、产品、服务、资产、物资等物品的分类编码、标识编码和属性编码，物品品种编码，单件物品编码的国家标准制修订工作；负责全国物品编码的管理与服务及物品编码相关载体技术等方面的国家标准制修订工作；负责自动识别与数据采集技术和应用领域相关国家标准的组织制定、技术审查，为自动识别与数据采集技术在各领域中的应用提供技术支持；向国际标准化组织提出本专业国际标准，对口国际 ISO/IEC JTC1/SC31 工作等。

依托三个技术委员会，编码中心以标准促应用，持续开展技术创新和标准制定工作，成立 30 多年来在科研技术领域不断取得创新突破，标准制定不断发展，科研成果成效显著。主导并参与完成的国家标准达 260 余项，获得发明专利 31 项、软件著作权 113 项，荣获国家及省部级科研成果奖 35 项。其中，完成《商品条码 零售商品编码与条码表示》（GB 12904-2008）等商品条码系列国家标准的制定和实施工作，为我国商品零售和结算提供关键技术和重要载体；完成自主研制、拥有完全自主知识产权的二维码码制——汉信码（后上升为 ISO 国际标准），并成为由我国提出并主导制定的第一个二维码码制国际标准 ISO/IEC 20830：2021《信息技术自动识别与数据采集技术汉信码条码符号规范》，实现标准体系不断完善，我国先进创新成果走出国门。

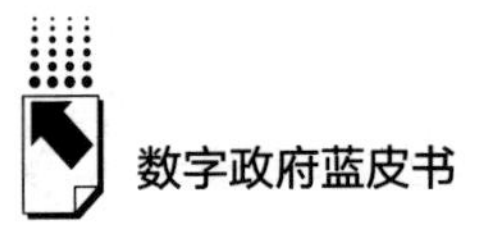

（三）技术和应用发展不断深化

经过多年的发展，商品条码技术成果丰硕，商品二维码、Ecode 等编码新技术新应用不断涌现，服务更多的应用场景。积极开展与欧盟、德国等双边和多边的国际合作项目，深化编码技术与物联网、区块链等先进技术结合的应用研究。

其中，二维码技术应用方面，持续推进由国际物品编码组织（GS1）提出的“全球二维码迁移计划”（Global Migration to 2D，简称 GM2D），旨在推动 2027 年前全球范围内实现从一维码向二维码的过渡迁移，即从商品条码向商品二维码的过渡，推动各领域全面实现对商品二维码的识读解析等功能，达到行业间数据信息互联。商品二维码以现代流通领域广泛应用的商品条码为基础，是商品条码在一维码技术上的进一步延伸，是能够实现商品零售结算的二维码。编码中心与浙江省市场监督管理局、国际物品编码组织签署三方联合声明，推动浙江省率先建设 GM2D 示范区，共同推动“浙食链”成为 GM2D 在全球的首个推广应用项目，并在杭州联华华商超市等零售商中普及应用，助力产品数字化监管。

物联网编码技术方面，通过系统性研究国内外主流编码系统，整合了 OID、Handle、Ucode、Mcode 等国内外主流编码方案，对各类系统的体系架构、编码结构、解析规范、应用模式等进行总结和提炼，遵循“统一标识、自主标准、广泛兼容”三个基本原则，提出了一套科学、合理、符合我国国情并能够满足我国当前物联网发展需要的完整的编码方案和统一的数据结构，即 Ecode 物联网标识体系，为工业品监管等物联网应用提出了解决方案。

国际合作方面，通过开展欧盟地平线 2020“基于区块链和物联网技术的中欧运输网络优化提升技术研究与应用示范”（PLANET）项目，深化编码技术与物联网、区块链的结合与应用；开展德国国际合作机构（GIZ）“中德农业地膜追溯回收”项目，探索编码技术在农业塑料制品可持续发展以及跨国追溯中的应用；开展“基于 GAP 认证的泰国出口至中国的榴梿追溯和越南出口至中国的火龙果的追溯”“巴西出口至中国的牛肉跨国追溯”等项目，提升国际追溯供应链监管信息透明度，降低假冒和不安全食品的风险，保障中国消费者的食品安全；同时，编码中心通过积极参与欧盟电子产品护照（DPP）和环境、社会、公司治理评估（ESG）等工作进一步探索编码技术在服务监管数字化方面的应用。

四　服务数字监管取得的成效

（一）食品监管领域应用情况

食品是人民群众生活的重要组成部分，关系到每一个人的身体健康和生命安全，保障食品质量安全是市场监管部门的重要职责。编码中心作为国家市场监督管理总局所属单位，围绕食品安全抽检、“两个责任”落实、食品安全追溯体系建设、社会公共治理等重点监管工作，通过提供编码技术解决方案和商品数据资源支持，辅助市场监管部门解决食品抽检效率低、企业落实主体责任难、食品安全风险防控缺少抓手等问题，有效助力大数据驱动的食品安全智慧监管体系建设，有力地服务了全国食品安全监管工作。

在全国食品安全抽检工作中，编码中心积极服务国家市场监督管理总局，协助相关司局创新研究全国食品安全抽检工作方法，通过将产品身份标识（商品条码）纳入国家食品安全抽样检验信息系统（简称国抽系统），实现一线市场监管人员仅需扫描商品条码，系统即可自动完成商品身份验证和信息的自动归集与呈现，提高了食品抽检人员的工作效率，提升了食品抽检智慧化水平。2024 年为国抽系统提供食品数据查询 142738 次。

在支持地方食品安全追溯体系建设中，编码中心紧密结合地方监管具体需求和特性，基于商品条码制定了针对品种、批次、单品等不同层级的追溯技术方案，帮助福建、浙江、上海等地方监管部门建立了“福建一品一码”“浙食链”“上海市食品安全信息追溯平台”等覆盖全链条、全过程的追溯监管系统；尤其是近期，商品条码作为食品追溯重要技术支撑手段，被纳入长江三角洲区域地方标准《长三角地区食品和食用农产品信息追溯》，采用GS1 QR码作为追溯通用标识，协助长三角地区建立食品追溯体系，提高产品监管精准化水平，促进长三角市场监管一体化发展。同时，充分发挥商品条码数据资源优势，帮助地方市场监管部门快速建立食品身份基础档案，连通地方供应链、产业链和质量监管数据，打造高效集成数智化食品安全全链条监管体系，加快推进食品安全治理体系和治理能力现代化进程。2024年，为全国39个地方市场监管部门提供数据查询2141600次，有效服务了食品安全智慧监管。

在服务食品企业落实“两个责任”工作中，编码中心打造了食品安全“两个责任”实施平台，运用基于商品条码的数字化手段，帮助企业对原料采购、验收、投料、生产工艺、设备、贮存、包装、成品检验等重要生产节点进行全过程控制，并结合企业《风险管控清单》帮助企业方便、快捷地实现定期检查，形成“日管控、周排查、月调度”电子档案，支持企业高效落实食品安全主体责任，提升企业食品安全智慧管理水平。2024年，通过与安徽、河南、江西等13个省市的地方市监局紧密合作，累计帮助132家食品企业落实食品安全主体责任，满足了政府的合规要求。

在助力食品安全社会治理工作中，编码中心积极为“全国12315平台”提供数据共享应用服务，围绕消费者投诉信息填写不准确不规范、对问题产品难以精准定位等难题，在“全国12315平台”的移动应用端上增加扫条码功能，支持消费者在投诉过程中一键扫码轻松获取产品身份标识所关联的商品名称、品牌、分类等商品信息及企业信息，实现快速、便捷投诉，节省消费维权时间成本；同时，支持市场监管部门精准定位问题产品及关联企业，提高工作人员处理投诉举报的工作效能。

此外，积极服务国家卫生健康委食品标签数字化工作，基于商品条码和商品二维码国家标准，帮助食品企业完成从传统标签向数字标签的迭代升级，支持在手机端放大查看、语音识读和视频观看食品信息，提升消费者阅读食品标签时的体验感，满足消费者对便捷性的需求，兼顾产业生产经营和食品安全监管需要，实现食品标签管理智慧化。

（二）工业品监管领域应用情况

为落实《国务院办公厅关于加快推进重要产品追溯体系建设的意见》和《工业产品生产单位落实质量安全主体责任监督管理规定》，有效破解工业产品种类杂、环节多和质量监管量大线长面广难题，强化全过程质量安全管理与风险控制的有效措施，编码中心充分运用物品编码标识、物联网等信息技术创新开展工业品数字监管技术研究工作，并在多个工业品领域进行了产品质量安全追溯试点应用工作，提升检验技术方案的可行性和有效性，为更加高效地实现工业品数字监管提供助力。

在儿童玩具、家用电器、健身器材等重点工业消费品领域，编码中心提出了基于商品条码结合生产批次信息的唯一编码追溯方案，实现产品从生产到销售全过程追溯。目前，已在浙江、山东等 10 个省份的 57 家生产经营企业开展试点，1000 余批次产品实现全程可追溯。

在建材、汽车零部件等工业品领域，编码中心通过“立标准、赋编码”落实统一编码标准在产品出口、检验检测、产品数字护照、质量追溯、全生命周期管理等业务中的实施应用，推进产品唯一标识、商品二维码、可信数据等技术应用，助力企业精细化管理和创新发展，促进产品畅销全球，辅助政府数字监管。先后组织起草和参与《汽车后市场配件流通信息管理要求》《建材产品追溯 追溯体系通用要求》《产品数字护照 动力蓄电池唯一编码》等 101 项国家标准及团体标准，为支撑数字化监管和企业大范围应用奠定理论和工作基础。

在电线电缆、燃气器具、电动自行车等社会关注度高、涉及人身安全的高风险工业产品领域，采用物联网标识技术，将 Ecode 编码以二维码等形式激光蚀刻或喷涂至产品本体作为产品数字身份证，实现“一物一码”赋码，推动产品生产、安装、检验、流通、使用全过程追溯管理。目前，已在河北等 13 个省份的 50 家线缆企业、广东省电动自行车行业、上海为民办实事项目的燃气器具上开展试点应用，积累数据 2388 万条，形成可复制推广的试点经验。

此外，编码中心还致力于开展重点产品质量评估分析系统的建设工作。创新研发了“可识别、可预测、可评估”的产品质量分析模型，通过绘制产品质量知识图谱对产品的质量标准、原料成分、检测数据等信息进行深入分析，从而全面掌握产品质量的全貌，为产品质量精准评估提供科学、准确的信息依据。同时运用“产品标签监测”和“同类产品比较”等技术方式，及时发现产品质量安全隐患并进行风险预测。不仅能够显著提升产品质量管理的预见性和精准度、有效避免质量问题的发生，还能推动产品质量的持续提升，为政府和企业的决策提供有力支撑，促进产品质量监管体系的不断完善和发展。

（三）医疗器械监管领域应用情况

医疗器械唯一标识工作是国家药监局近年来组织开展的一项重要工作。为确保相关政策顺利实施，进一步推广和普及商品条码统一标识系统在医疗器械领域的应用，帮助医疗器械相关企业更好地了解医疗器械监管要求，中国物品编码中心作为符合要求的主要发码机构一直积极配合相关工作，开展了医疗器械唯一标识公益培训、专著及指南文件编写、宣传视频制作、技术咨询等工作。

自 2019 年 12 月以来，中国物品编码中心联合地方监管部门和行业协会共组织了 52 场 UDI 公益培训，覆盖 31 个省级行政区，总参训人次达 58 万；编写《医疗器械唯一标识实施教程》《UDI 实施指南》等；联合制作宣传视频，制作“产品召回”等相关主题短视频 6 个，强化宣传指导；设立了 UDI 专项工作组，通过 UDI 答疑邮箱、微信群、QQ 群等为企业实时答疑。截至 2024 年 4 月底，医疗器械唯一标识数据库中，使用商品条码的企业已达 8227 家（占比 93.52%），涉及产品数据 3292163 条（占比 89.85%）。

此外，中国物品编码中心深圳分中心配合深圳市市场监督管理局开展了“医疗器械产品全生命周期监管及可视化平台建设”项目，搭建“深圳市医疗器械唯一标识（UDI）追溯平台”。通过多种举措，深圳市形成“一个平台支撑，两个端口发力，三个部门联动”的工作模式。“一个平台支撑”，即搭建医疗器械唯一标识（UDI）追溯平台，提供标准支撑和信息化技术支撑，实现精准监管、智慧监管。“两个端口发力”，即抓住生产和使用两个端口，选取信息化建设完善的生产企业和医院作为试点，打造生产端到使用端的数据闭环。“三个部门联动”，即市市场监管局、市卫生健康委和市医保局联合，形成合力，共同推进深圳市医疗器械唯一标识（UDI）工作向纵深开展。

流通企业在推动全供应链的 UDI 应用中，充分发挥产业链枢纽的协同作用，对接国家药监局 UDI 数据库和发码机构，从上游生产企业规范 UDI 赋码，流通供应链管理到下游医疗机构落地使用，建立以 UDI 为基础的全程追溯，搭建 UDI 全产业链应用场景，探索基于商品条码统一标识系统的 UDI 在医疗器械全生命周期的应用效果。当医疗器械的生产厂家、流通企业和使用单位共同实施 UDI 后，将打通各环节信息孤岛，实现真正意义上的全程可追溯管理，同时 UDI 的应用必将助力医疗器械的监管更加科学、透明、高效。

医疗机构方面，郑州大学第一附属医院通过 GS1 解码的方式来获取医疗器械的相关信息，并对高值耗材实行全闭环管理，解决了目前医院的困难和问题，实现了证件审核智能预警、在线协同提升效率、集中采购流程规范、线上统一管理运行合规高效、高值扫码全程追溯、套包验收扫码计费。使用 GS1 全球统一标准的 UDI，可以很好地完成全程跟踪、高值耗材追溯、供应商准入、材料安全性准入、全流程线上管理，实现院内各科室信息共享及医院与供应商之间的耗材协同管理目标。

（四）特种设备监管领域应用情况

编码中心组织实施国家特种设备安全监管物联网应用示范工程。面向我国特种设备监管需求，利用商品条码统一标识系统和物联网技术，在北京、杭州、福州、南京、无锡、淄博等城市开展试点工作，依托物联网技术对 14 万部电梯、62 万个压力气瓶的生产、安装、检验、使用环节开展智能管理，探索了监管部门、检验机构、生产企业、使用单位、社会公众等多方参与、共同监督的特种设备管理新模式，实现特种设备质量信息追溯、运维动态管理与跟踪、事故应急救援。完成国家标准 5 项、地方标准 27 项、项目标准 20 项的制订工作，获得 53 项知识产权，促进特种设备物联网相关产业健康发展。

（五）国际数字化治理政策（DPP）研究及应用情况

中国物品编码中心作为我国统一产品身份标识管理机构及国际物品编码组织（GS1）在中国境内唯一的成员组织，一直以来积极跟踪国际贸易监管数字化政策，深入研究欧盟《可持续产品生态设计法规》（ESPR）“产品数字护照（DPP）”等监管新规。针对欧盟提出的基于国际通用产品身份标识，在供应链企业、监管机构和消费者之间以电子方式共享产品相关信息的要求，中国物品编码中心积极开展应对措施研究，对 DPP 政策中的“欧盟电池法案”开展企业实地调研，联合中创新航、宁德时代等企业就我国汽车动力蓄电池信息披露标准、ISO18006 标准草案、欧盟《新电池法》进行对比研讨，在标准层面帮助企业应对国际潜在监管风险。针对欧盟发布的可持续纺织品战略，中国物品编码中心研究解决方案，通过全球统一产品身份标识关联产品、企业、供应链、合规、ESG 等各类信息，以实现数据互联互通，提升信息可信度及贸易合规性，并在江苏纺织行业开展试点工作，为符合国际贸易数字化治理新规提前布局，保障我国商品顺利进入国际市场。

（六）海关跨境通关应用情况

近年来，中国进出口贸易持续增长，商品种类和贸易方式日趋多样化，对海关监管提出了更高的要求。中国物品编码中心积极为我国海关总署提供支持与服务，以产品身份标识为核心，以数据资源为支撑，助力海关智慧监管。2018 年 7 月，与海关总署关税征管司签署战略合作协议，共同建立商品条码基础信息的共享交互机制，研究建立商品条码与海关编码（HS）的对应规则，应用商品条码辅助我国进出口商品合规申报及海关税收风险防控。

在中国物品编码中心的数据支持下，海关总署自 2018 年起正式在“单一窗口”推出商品条码申报功能，并于 2022 年进一步对进口婴幼儿食品、面食、饼干、啤酒、洋酒、化妆品等重点品类增设商品条码必填要素。通关申报企业通过填报商品条码，即可获取来自中国物品编码中心的源头商品信息，实现部分申报要素智能返填，提升企业报关准确性，便利海关智慧监管。商品条码作为海关编码（HS）的一个有力补充，将进出口商品的管理由原来的“税号级”细化到“商品级”，为海关智能化前置信息采集、风险评估及大数据分析提供了有力支撑。

2022 年，在海关总署主导下，中国物品编码中心协助研究商品条码在税收风险防控中的应用。结果显示，在跨境电商监管中引入商品条码申报，有助于降低企业合规管理成本，提升精细化管理水平。2023 年 2 月，跨境电商零售进口商品的条码申报工作在全国 42 个关区全面推广，实现电商商城系统、仓库系统和清关申报系统数据的串联，极大提升了商品归类识别的效率。同时，海关可以运用商品条码更好地实现电商正面清单管理、食品安全、质量监测，也可与有关部门开展协作、综合治理，从而营造更加诚信、透明的电商生态，切实保障消费者权益。

截至 2024 年 5 月，累计为中国海关的 100 多万件商品提供条码验证服务并共享了 3.6 亿多条国际产品数据，为推动企业合规申报，提升海关风险防控能力，促进通关业务规范、有序、健康发展提供了重要帮助。

（七）商贸物流监管领域应用情况

多年以来，中国物品编码中心积极响应国家市场监督管理总局和商务部在我国物流供应链发展方面的政策方针，通过物品编码技术服务我国供应链体系建设与商贸物流高质量发展，提供基于商品条码统一标识系统的箱码、托盘编码、周转筐（箱）编码等供应链领域核心物流载具的编码手段和物流信息监管解决方案，为监管数字化在我国商贸物流领域的发展提供支撑。

中国物品编码中心的积极参与和推广应用，对行业应用商品条码的相关要求也被列入了国家近几年的政策文件，围绕由发改委、商务部、财政部、国家市场监督管理总局等部门发布的《关于开展供应链体系建设工作的通知》《关于开展 2018 年流通领域现代供应链体系建设的通知》《商贸物流高质量发展专项行动计划（2021－2025 年）》等文件，组织召开“GS1 标准供应链体系建设培训”“单元化物流标准化实施培训”等，指导并监督全国物品编码分支机构为各地政府开展供应链体系建设工作提供技术支持与试点项目协助，在全国范围内全面加大监管数字化服务力度。

此外，中国物品编码中心联合中国质量认证中心（CQC）建立标准托盘认证体系，共同制定《标准托盘认证规则（CQC16－317221－2023）》标准，填补了托盘领域缺少权威认证机构和产品身份标识的空缺，为托盘行业标准化规范发展、质量提升和监管数字化提供了重要保障。并在河北、山东、深圳、四川、河南等地区支持当地物流企业建立了区域性托盘循环共用的应用试点，并带动路凯、京东物流等我国托盘生产龙头企业重视基于商品条码统一标识系统的标准化托盘应用，为建立商贸物流数字化监管打下良好基础。

（八）公共采购监管领域应用情况

当前，编码中心已将商品条码应用推广至 10 家省级、央企试点采购平台，将商品条码嵌入商品价格监管。通过商品条码聚合商品，建立价格指标体系，实现商品信息校准与价格风控。同时开展价格评估，对商品成交价格进行监测，与上海、重庆在内的 74 个政府采购平台，以及京东、苏宁在内的 49 个电商平台的同类商品价格进行比较，建立采购价格联动预警机制，服务于采购监管，保证采购活动的清晰透明。

于政府采购平台方面，以上海市财政局采购平台为例，上海政府采购云平台网上超市已将商品条码作为改革中的一种新型辅助管理手段，网上超市商品“无条码不上架、无条码不采购、无条码不结算”。因为产品上架价格高于平均市场价格，供应商的定价需要合理的价格制度规范，将商品条码与商品市场价格指数相结合，让采购价格有据可依、审计对账有据可循，提高采购效率、降低采购成本。2023 年，累计为上海市财政局采购平台核验条码商品 469394 次，其中，拦截风险商品数据 148781 次，拦截风险商品价格 41537 次，每月价格拦截占每月拦截总量的比例基本保持在 15%～40%，平均拦截率为 28.07%。

央企、国企采购平台方面，中国物品编码中心为国家能源集团和国铁物资有限公司等大型央企、国企提供支撑。其中国家能源集团以商品条码为核心，建设国能 e 购商品池，锁定采购需求，供应商通过“报条码、报折扣、报服务、报库存”实现以需求为导向的采购策略，利用商品条码，通过数据运算、聚合，对商品品牌、名称、价格等商品属性信息进行甄别与管控，充分利用数字化技术进行采购铺货，减少人力甄别数据工作量，提高商品参数核实准确度，商品上架时长由原来的 90 天降低到 30 天以内，极大地提高了采购铺货效率；国铁物资有限公司则以商品条码为关键数据要素，搭建标准化、规范化的商品数据库，建设国铁通用物资采购平台（国铁商城）。通过商品条码，国铁商城能够精确地追踪商品情况，并对商品的品牌、参数、成分等关键要素进行深入分析，以形成更加精准高效的采购策略，让采购过程更加科学化和系统化，提升了采购的整体效率，有效保障了采购的商品质量和供应稳定性。

五 存在的问题和建议

（一）存在的问题

1. 产品身份标识尚未全面统一，阻碍了监管数字化深入推进

在国家市场监督管理总局领导下，中国物品编码中心推动了商品条码这一国际通用的产品身份标识的广泛应用，在支持国家监管数字化工作中发挥了积极作用。但调研结果发现，一些部门应用国际标准的意识不强，相关政府主管部门从自身工作出发，也制定了一些细分领域的自用编码标识，例如，医疗器械唯一标识有 MA 码和 AHM 编码等；工业产品编码有 VAA、Handle、OID 等；还有围绕农产品监管而产生的农产品编码、肉菜编码等。

产品身份标识不统一导致各部门监管相互独立，无法对同一监管对象进行统一管理，增加了信息获取、识别、应用障碍，同时也无法满足国际上陆续推出的产品数字护照（DPP）、《欧盟电池法案》、美国全球企业识别码(GBI)、俄罗斯诚信电子标签政策等数字化监管要求，影响了国内外商贸流通协同监管，阻碍了我国监管数字化深入推进。

2. 数据标准不统一，制约了监管效率提升

在当前的产品质量安全监管中，由于未执行统一的数据标准和规范，各机构、部门在收集、处理产品数据时面临着格式不统一、信息错漏频发等严峻挑战。这不仅使数据处理过程变得极其复杂，还极大增加了工作人员的工作量和压力。同时，这种数据处理的复杂性不仅拖慢了监管工作的进度，还因信息传递中的偏差而影响到整个监管工作的效率。另外，商品数据标准化不足还催生了信息孤岛现象。各机构、部门间产品数据标准各异，数据共享和交换变得异常困难，形成了一个个难以逾越的信息壁垒。这不仅是对宝贵数据资源的极大浪费，更使得市场监管机构在获取全面、准确的市场信息时面临很多阻碍，既增加了监管成本，还降低了监管效率。因此，加强数据标准化建设，推动数据共享和交换，已成为当前产品质量安全监管亟待解决的问题。

3. 商品条码在各地区应用不统一，导致地域发展不平衡

目前，我国各地区发展不平衡的情况在统一编码的应用上也有所体现。不同地区对于标准应用的规范程度不同，投入应用的广度和深度参差不齐，对统一标准在全国范围内应用的规范性和一致性造成了阻碍。例如，在我国，浙江最先开始大力开展 GM2D 推广工作，为其他地区提供了良好示范，但是存在部分地区的政策、地方标准未统一按照相关国家标准的要求进行贯彻的情况，浙江的成功经验在这些地区的复制存在困难。类似地区发展不平衡的情况不利于监管数字化在全国范围内的标准化发展。

不同地区编码应用不一致的现象也会带来诸多的问题。例如，部分地区非标准编码的出现，会影响供应链流转环节的自动化水平，在增加人力成本的同时，还形成信息孤岛，严重制约了供应链的高效流转，导致跨地域流动

性变差。同时，部分地区采用国际标准的程度不高，在产品出口时会受到限制，导致出口减少，不利于本地产品和生产企业的长久发展。

4. 服务监管数字化不全面，潜力发挥不充分

基于面向物品编码分支机构和行业用户的调研和交流，我们了解到数字化技术作为我国智慧监管的重要手段，在现有的应用基础上，还应进一步加深应用程度，发挥更大的服务潜力。应不断探索数字化技术与监管工作的结合，扩大数字应用涉及的领域，强化数字技术在各监管流程操作中的重要性，提升监管准确性、及时性、有效性并加大监管力度。同时，在监管数字化发展进程中，还应充分发挥商品条码的全球唯一标识作用，通过为食品、工业品、医疗器械、特种设备、物流等不同领域的监管对象赋予全球唯一的“身份证”，打造串联不同领域、信息联通的物联网，实现各领域信息全局协同和掌控，为服务我国监管工作提供有力抓手。

（二）建议

1. 积极推动统一产品身份标识在各领域的深入应用

我国作为制造业大国，产业链的复杂性和供应链的广度都极为显著，采用统一的产品身份标识，不仅是实现我国产业链、供应链数转智改的重要基础，也是推动我国产品顺利走出去、参与国际市场竞争的有效助力，更是支撑国家监管一体化的重要手段，有利于我国国内统一大市场建设，加快国内国际双循环。因此，中国物品编码中心建议工信部、农业农村部、商务部等部委积极采用国际通用标准，共同推动统一编码在工业品追溯、农产品追溯、商贸流通数字监管等领域的应用；同时，中国物品编码中心将进一步宣传、推广统一产品身份标识的重要性和优势，提高各行业对统一编码的认识和接受度。

2. 加强向数据主管部门汇报，推动数据规范化与标准化

面对产品数据共享困难的情况，建议数据主管部门从国家层面重视商品数据标准化规范化问题，加强数据标准化顶层设计，积极引导各行业采用国际通用的商品数据标准，推动统一数据规范与标准的制定与实施，确保数据

在收集、处理、存储和传递过程中遵循统一标准，以打破数据壁垒，促进数据高效共享。同时，中国物品编码中心作为商品数据标准化的关键力量，将在现有基础上继续深化工作，推动全球产品统一标识相关标准的普及，以支持国家数据工作的全面发展，进而提高产品质量安全监管效率。

3. 以坚持统一标准为原则，发挥地区特色应用和示范作用

为解决统一编码应用地域不平衡的问题，各地在制定本地区编码应用的政策和地方标准时，应按照国家相关政策的要求进行，并与相关国家标准的规定保持一致。在此前提下，应鼓励各地根据地方发展特点制定适合本地区的政策和应用标准，探索统一编码在更多领域的应用可行性，以更好地促进商品条码等数字化技术在全国范围内服务监管的普及。同时，应积极在监管数字化领域开展应用试点项目，展示本地区数字化技术亮点，发挥地区特色应用和示范的辐射效应，逐步带动全国各地区的标准化、数字化应用水平和监管力度提升。

4. 加强政务部门协同，丰富合作形式

从国家层面整体把控、做好顶层设计，鼓励各部门联合发文共推监管数字化应用，提倡各级企事业单位开展课题研究与项目申报，推动“产学研用”多单位协同合作，促进商品条码服务于对商品信息、流程、数据统计等方面的数字化监管，以编码为抓手为更多政务部门提供数据服务，帮助提升监管效率与力度。

六　结语

综上，30 多年来，中国物品编码中心作为统一组织、协调、管理我国商品条码、物品编码与自动识别技术的专门机构，建成了全球最大的商品信息数据库，形成了完善的编码标准体系，积极推动了商品条码在服务于产品出口、商品流通、信息化建设和数字化监管等领域的应用，在精准识别、数据采集、供应链管理、商品溯源等方面发挥了重要作用，为我国监管数字化发展提供了有力支持。未来，中国物品编码中心将继续发挥专业优势，进一

步推动物品编码与新技术的融合，探索新的应用场景和技术创新，为我国监管数字化的高质量发展发挥更大作用。

参考文献

中华人民共和国国家质量监督检验检疫总局、中国国家标准化管理委员会：《商品条码 零售商品编码与条码表示》（GB 12904-2008）。

《国务院办公厅关于加快推进重要产品追溯体系建设的意见》（国办发〔2015〕95 号）。

国家市场监督管理总局：《工业产品生产单位落实质量安全主体责任监督管理规定》。

《商务部等 8 单位关于开展全国供应链创新与应用示范创建工作的通知》，2021 年 3 月 30 日。

中华人民共和国财政部办公厅、商务部办公厅：《关于开展 2018 年流通领域现代供应链体系建设的通知》（财办建〔2018〕101 号）。

《商务部等 9 部门关于印发〈商贸物流高质量发展专项行动计划（2021-2025 年）〉的通知》，2021 年 8 月 6 日。

B.7
黑龙江省数字政府建设工作的实践

孙恒义*

摘 要： 黑龙江省数字政府建设是贯彻落实网络强国、数字中国、数字龙江建设的基础性工程，旨在通过数字政府建设驱动政府全域改革与集成创新，全面提升数字化技术运用能力与数字素养，增强全省数字化发展的动力和活力。这一举措对于转变政府职能、优化营商环境、建设服务型政府具有重要意义。近年来，黑龙江数字政府建设取得显著进展，统筹发展、创新引领、夯实基础、深化应用，为我国数字政府建设提供了有益的实践参考。

关键词： 数字政府 数智化 数跑龙江 治理现代化

习近平总书记强调，要全面贯彻网络强国战略，把数字技术广泛应用于政府管理服务，推动政府数字化、智能化运行，为推进国家治理体系和治理能力现代化提供有力支撑。加强数字政府建设是建设网络强国、数字中国的基础性和先导性工程，是适应新一轮科技革命和产业变革趋势、加快数字化发展的必然要求，是创新政府治理理念和方式、推进国家治理体系和治理能力现代化的重要举措，对于提高政府决策智能化水平和公共服务精准化水平，推动政府职能转变、更好地服务人民群众具有重要意义。

一 黑龙江省数字政府建设的主要成效

近年来，按照党中央、国务院关于加强数字政府建设的总体要求，黑龙

* 孙恒义，黑龙江省营商环境建设监督局党组书记、局长。

江省深入贯彻落实《国务院关于加强数字政府建设的指导意见》，坚持以实现政府治理体系和治理能力现代化为目标，以新一代信息技术为支撑，以完善基础设施、拓展应用场景为抓手，整合资源、重组架构，统一标准、再造流程，全面提升政府在经济调节、市场监管、社会治理、公共服务、生态环境保障等领域数字化管理服务能力，全省数字政府建设取得阶段性成效。黑龙江省数字政府自2022年9月正式启动，2023年11月，全省数字政府基础性、支撑性、保障性平台基本建成，基础设施整体达到全国先进水平，部分关键技术应用实现弯道超车，走出了一条既契合数字中国发展战略，又具有黑龙江特色的高标准、高效率、低成本、低风险的数字政府建设之路。第十二届全国政协副主席、国家电子政务专家委员会主任王钦敏同志在调研黑龙江数字政府建设时给予高度肯定。黑龙江的典型经验做法入选新华社《2024新华数字政府观察十大创新案例》。

（一）突出“新”的定位，坚持因地制宜科学推进

数字政府建设是一项复杂的系统工程，需要技术和业务高效协同来确保系统的整体性、前瞻性、实效性，因此，科学决策建什么、怎么建、建成后怎么用至关重要。黑龙江省委、省政府审时度势，在综合考量各方因素基础上，对项目内容、实施思路、技术路径、工作举措、建设模式等科学谋划、把关定向。

1. 创新建设思路

深入学习《国务院关于加强数字政府建设的指导意见》《国务院关于加快推进政务服务标准化规范化便利化的指导意见》等政策文件及相关技术规范，全面领会其核心要义，先后组织三次集中调研活动，形成2个综合报告、13个市（地）专项报告。始终问计于民、问需于民，征集汇聚了全省企业和群众在办事环节、办事材料、办理时限、办事成本、办事便利度和满意度六个方面的2000余项需求。同时，在学习借鉴福建、浙江、上海等地先进经验基础上，明确了以“数跑龙江”为引领，以打造环节最简、材料最少、时限最短、费用最小、便利度最优、满意度最高的“六最”特色品

牌为支撑，全面建成国内一流数字政府的建设思路。

2. 创新技术路径

坚持“标准同一、数据同源、技术同构、服务同标”实施原则，强化系统观念、标准引领、数据驱动和改革创新，统一规划全国一流的“一朵云、一张网、一体化政务大数据体系、统一共性应用支撑能力、一体化应用服务体系”和“标准体系、数字政府考核评价体系、一体化决策指挥体系、一体化运维服务体系、一体化安全运营体系”整体架构，夯实了“四梁八柱”支撑。

3. 创新建设模式

通过依法合规招标选取中国移动作为总集成商，有效形成了政府主导定向、总集成商提供支撑、生态企业积极参与数字政府建设的格局。采取“总集成商+开放生态”的模式，以总集成商为核心，汇聚行业一流合作伙伴，通过各方参与，整合先进技术与优秀产品服务，从而更加有效地保证项目建设效率和质量。采取开放共赢模式的优势是：中国移动具有云、网、区块链、大模型等广泛资源和技术能力，能够为数字政府建设提供有力的技术支撑；央企有强大的经济实力和责任担当，在项目建设资金上，政府分 7 年给付，这样既减轻了政府一次性投资压力，又推动了项目快速启动、快速建设、快速达效；通信运营商有遍布全省各市（地）、县区及乡镇街道的营业网点，各网点工作人员均具备一定的专业基础，能够为数字政府运营运维提供快速响应和可靠保障。

（二）发挥“统”的优势，强化协同联动高效推进

黑龙江省委、省政府坚持高位推动，强化全省“一盘棋”，成立由省政府主要领导担任组长的数字政府建设领导小组，领导小组下设办公室，办公室设在省营商环境局，办公室主任由主管副省长兼任，成员由 35 个省直部门主要负责同志担任，并抽调精干力量组建数字政府建设工作专班。13 个市（地）比照省级同步成立组织机构、建立工作机制，实现上下联动、协同运作。

1. 统一规划标准

针对顶层设计缺乏统一性、科学性、规范性、延展性等问题，在数字政府建设之初就规划了“五横五纵”整体架构，制发了四大类 95 项技术标准，坚持标准先行、标准引领，通过分层解耦、异构兼容的技术路线，确保了全省数字政府同标建设、同质推进、同频共振。

2. 统筹集约节约

针对重复建设造成资金浪费、难以形成合力问题，立足当下，适度超前，明确了“省级统筹、省建市用、市建特色、急用先行、充分利旧、集约节约”的建设原则，省级统一建设了 30 个数字政府共性支撑项目，其中有 23 个是“省建市用”项目。市（地）结合实际，自建 8 个本地化特色项目和 1 个县区建设的县区大厅与省市大厅管理平台的对接项目，共同构建起省市县三级一体协同的数字政府整体架构。省营商环境局通过集约化审核，指导省级各部门通过复用共性能力审减资金 8.91 亿元，平均审减率达 52.75%。

3. 统领平台贯通

针对平台贯通存在的难打通、难共享、难协同“三难”问题，制定了 30 项统一接口标准，采取接口式、嵌入式、库表式、外挂式等灵活多样的对接方式，仅用一年时间就对接业务和数据接口 28624 个，连通了省直厅局业务平台和市（地）、县区 900 余个业务系统，构建了“上联国家、下达村屯、横向到边、纵向到底”的一体化平台业务贯通体系。

（三）侧重“基”的夯实，全面整合资源、一体推进

在数字政府建设过程中，我们牢牢把握数字化转型的内在规律，立足满足经营主体和人民群众对数字政府的现实需求，在夯实云网数基础支撑、丰富场景应用和特色创新建设等方面精准发力，努力让数字政府真正实用、管用、好用。

1. 提升云网支撑能力

双平面、高带宽的电子政务外网“一张网”实现省市县乡村 5 级全覆

盖，率先推进全省5G网络接入，拓展移动应用，积极推进IPv6+技术，相关经验在“IPv6专网产业论坛”上发布。聚焦“一云通管”，对省、市（地）23朵政务云实行统一纳管，初步实现资源集中监控，为大平台、大系统、大数据建设提供算力支撑。

2. 深化数据共享应用

依托全省一体化政务数据共享服务枢纽，提供“一站式”展示、申请、调度服务。编制《政务数据目录梳理与数据资源汇聚规范》，推动各地各部门按照“目录之外无数据”原则，完善全省数据“一本账”，截至目前，累计发布数据目录23615条。采用“物理汇聚+逻辑汇聚”方式持续推进全省政务数据“按需汇聚、应汇尽汇”，目前，省级政务数据资源中心数据总量突破2300亿条，汇聚总量居全国领先水平。建成纵横贯通、功能完备、安全高效的政务数据共享应用体系，推动全省数据资源高效率配置和高质量供给，2024年初至今全省累计交换数据37亿条，同比增加223%。累计发布数据产品和服务431个，已经为46个部门81个业务系统提供数据服务。搭建政务数据创新应用成果网上交流展示平台，推动各地各部门积极探索政务数据创新应用，形成49项应用成果。

3. 加强网络安全保障

建成智能化、一体化安全运营体系，开展安全监测、通报预警、安全演练、数据分级分类保护等安全运营工作，建立7×24小时安全监测响应机制。系统试运行至今，累计阻断网络攻击844万次，在全国“护网2023”网络攻防演习中获“地方政府防护组优秀奖”，在中国信通院第二届“鼎新杯”数字化转型应用大赛中被评为“数字政府赛道典型案例”。

（四）注重“用”的实效，深化数字赋能、务实推进

我们始终坚持“始于群众需求、终于群众满意”工作理念，聚焦提升经营主体和人民群众获得感、满意度，致力特色场景开发利用，截至目前，累计打造特色应用1616个、迭代升级平台300余个，有力推动全省营商环境优化提升。

1. 坚持数字赋能，优化营商环境

聚焦“一网通办”，率先打造从省到村五级“六统一”政务服务架构、实施“五级六十同”政务服务事项治理，实现办事材料、环节、时限、跑动4个环节平均减少80%，经营主体和群众办事的便利度和获得感得到全面提升。聚焦“一键通达”，在全省推行12345政务服务便民热线一体化“民诉即办”工作机制，并在全国率先建设12345政务服务便民热线话务溢出功能，运用有向超图生成树算法构建大数据分析模型，对全省热线数据进行定向分析、深度挖掘，及时发现热点突出、规律性高、关联性强的问题。经验做法入选全国“优秀案例典范”，热线平台荣获“专业精进典范”奖。聚焦“一表通考”，打造全国领先的数字化营商环境考评系统，营商环境评价方式由传统的数据集中填报转变为数据无感监测，无感监测比例达100%。

2. 坚持数字赋能，发展壮大企业

围绕全产业链政策供给，加强政府合同履约监管，建成全国一流的从省到乡五级政府合同履约监管平台，将全省21226家行政事业单位71.41万份合同信息纳入政府合同履约监督管理平台，有效防范各级政府违约风险，实现了对合同事前、事中、事后全链条跟踪监督；建成全国一流惠企政策服务平台，通过统一发布政策事项、精准匹配推送、线上便利兑现，实现了全省惠企政策“一键直达”“免申即享”；着力打造全国一流融资信用征信综合服务平台，助力缓解中小微企业融资难题。目前，已融资放款19619笔，融资放款金额647.31亿元。

3. 坚持数字赋能，提升政务服务效能

黑龙江省作为国家首批“高效办成一件事”集中攻关和创新示范省份之一，在全国率先出台“高效办成一件事”实施意见，采用“省级统筹、省建市用”模式，依托数字政府资源建设“高效办成一件事”系统，大力优化集成线上线下流程、整合平台资源，推动跨层级、跨地域、跨系统、跨部门、跨业务协同，有效支撑“一次申请、一窗（网）受理、一链办理、一窗（网）出件、一次办好、一体监督、一键评价”的“七个一”服务模式。截至2024年6月底，黑龙江省仅用5个月时间，全面完成国务院部署的13个“高效办成一件事”改革任务。根据国务院办公厅政务办公室评估，黑龙江省整体工作质效处于全国第一梯队。在完成国家要求基础上，建立实施“承接国家一批、省级统筹一批、市（地）创新一批”机制，创新推出具有黑龙江特色的450个“高效办成一件事”事项，使“高效办成一件事”含金量更高、增值服务更优。

二　黑龙江省数字政府建设的实践启示

回顾黑龙江数字政府建设的工作历程和取得的工作成果，根本在于以习近平同志为核心的党中央的科学指引，得益于国务院的决策部署及相关部委的指导支持，是黑龙江省委、省政府坚持高站位、审时度势、高位推动的结果，集聚着全省上下联动、通力合作、步调一致的智慧力量。更让我们在充满挑战与机遇、艰辛与喜悦中见证了政府管理和服务模式的深刻变革、新兴技术的广泛应用和创新创造能力的显著提升。黑龙江省数字政府建设的探索实践给我们以下重要启示。

（一）坚持科学指引导向，理论夯基是前提

黑龙江省全面理解把握党中央、国务院总体部署要求，坚持正确政治方向，从理论层面深刻学习领会、准确把握数字政府建设目标任务、核心要义、基本遵循，全面学习国内先进建设理念和管理模式。从实践层面为黑龙江省数字政府建设的高起点起步、高水平建设找准了模式参考、路径选择。在科学理论指引下，黑龙江省有效防止了建设中的“三种倾向”：即重建设轻应用的倾向、只想共享不愿分享的倾向、强个性弱共性的倾向；有效处理了“四个关系”：即开放与安全的关系、当前与长远的关系、整体与局部的关系、共性与个性的关系。对标国内最前沿，坚持理论指导实践，使我们奋力走出了一条以“数跑龙江”为统领、以“六最”品牌为目标、具有黑龙江特色的数字政府建设之路。

（二）坚持加强顶层设计，高位推动是核心

黑龙江省成立数字政府建设领导小组，组建省级专班和专家委员会，强化顶层设计，明确了建设原则、实施原则、技术架构。先后多次组织召开领导小组办公室会议和专题会议，及时解决问题，高效推进工作。第十二届全国政协副主席、国家电子政务专家委员会主任王钦敏在听取黑龙江省数字政府建设情况汇报时指出，“黑龙江省数字政府坚持高位推动、整体统筹推进，有效避免重复建设，形成每周汇报、会商的机制，工作落实到清单、落实到责任人的管理体制非常好；坚持学习先进经验、坚持标准先行，一体化推进省、市、县、乡、村五级建设的有效做法非常好；坚持把优化营商环境作为重要切入点和抓手，推动数据共享，提高公共服务效能，建设一体化政务服务平台的路径选择非常好；坚持依托企业和第三方人才，让技术人员充分发挥作用，创建一体化平台竞争模式，有助于政府人员练兵，建立自己人才队伍的成功实践非常好”。

（三）坚持锚定一流水准，创新引领是目标

黑龙江省锚定全国一流目标，把创新引领放到突出位置，针对建设管理瓶颈、找准切入点和突破口，瞄准最前沿、注重开创性，在学习先进地区经验基础上，立足黑龙江省实际，科学规划了全国一流的“五横五纵”整体架构，统筹推进技术融合、业务融合、数据融合，融入人工智能和大模型应用，有效解决黑龙江省数字政府建设起步晚、标准低、难度大等难题，实现了黑龙江省数字政府建设由“跟跑”向“并跑”，乃至重点创新领域“领跑”的根本性转变。

（四）坚持注重标准先行，统筹推进是关键

按照《国务院关于加强数字政府建设的指导意见》相关要求，在项目建设之初，学习借鉴国家 100 余个涉及数字政府建设的技术标准和业务规范，结合黑龙江实际，制定了 95 项标准规范，形成了黑龙江省数字政府

建设标准体系。按照国家《全国一体化政务服务平台 政务服务事项基本目录及实施清单》标准，结合黑龙江省实际，制定了全国领先的“五级六十同”事项标准，仅用4个月时间就完成了对全省59万个政务服务事项的流程再造。全省坚持“一盘棋”强力推进，56个部门、13个市（地）勠力同心、倾力实为，克服了疫情等不利影响，全面完成了既定任务目标，彰显了黑龙江速度、黑龙江担当。

（五）坚持完善制度机制，精准高效是基础

面对数字政府建设千头万绪、系统庞大复杂的实际挑战，我们建立了会商、督导工作机制和“日例会、周会商、月调度”运行机制，统筹省直部门、市（地）、集成商等各方面，形成了“一项目一文本、一部门一策略、一市（地）一方案”，省级建立了市（地）问题24小时“码上响应”机制，市（地）团队扫码提问，省级团队答疑解惑。突出市建特色，累计打造市（地）特色应用1616个，创新应用500余个，孵化了一批以佳木斯市汤原县“小汤圆”为代表的切口小、应用广、价值大的应用场景，构筑起了丰富多样的数字政府应用生态。

（六）坚持集约节约原则，共建共赢是目的

我们在项目建设中，坚持集约节约原则，集中有限财力办大事、实现多方共赢。依法合规选取中国移动作为项目“总集成商”，建立了“总集成商+开放生态”的模式，做到政府全面主导、中移提供支撑、各方积极参与的共建模式，以业务引领技术，用技术保障业务，实现业务与技术高度契合、深度融合。全省大量政府工作人员亲身参与了建设、应用全过程各环节，培养了数字思维、提升了数字素养，为未来发展做好了管理和技术人才储备。

（七）坚持党的全面领导，安全发展是保证

黑龙江省委、省政府始终坚持党对数字政府建设的全面领导，确保了

数字政府建设方向不偏、力度不减、标准不降、干劲不松。省委书记、省长高度重视数字政府建设，先后多次现场调研指导，并明确要求加快数字赋能，深化共享运用。始终坚持安全发展、健康运行，构建省级一体化安全运营体系，建成智能化安全运营平台，综合运用“技防+人防”的方式，不断提升数字政府的外部风险感知能力、攻击检测分析能力、违规行为发现能力、应急事件响应能力和态势感知预警能力，筑牢安全防线、守住安全底线。

三　黑龙江省数字政府建设的工作展望

党的二十届三中全会科学擘画了进一步全面深化改革、推进中国式现代化的宏伟蓝图，全会审议通过的决定，对“加快构建促进数字经济发展体制机制、完善促进数字产业化和产业数字化政策体系”作出一系列重大部署，为我们进一步加强数字政府建设提供了重要遵循。从黑龙江省数字政府建设实践看，对标对表上级部署要求、先进地区经验，黑龙江省数字政府建设仍然任重而道远。一些干部的数字思维、数字意识还有待提升，在推动业务数据化、数据业务化方面能力本领还有欠缺，数据壁垒问题仍然存在。省营商环境建设监督局作为推进全省数字政府建设的牵头部门，要进一步发挥职能作用，在积极推动干部队伍数字素养提升、加大数据共享开放力度、激发数据应用活力等方面主动作为、积极工作，尽快补齐短板弱项，更好地满足各类市场主体和广大群众的需求和期待。

站在新的起点，黑龙江省数字政府建设将坚持以习近平新时代中国特色社会主义思想为指导，深入贯彻习近平总书记关于网络强国和建设数字中国的重要论述、视察黑龙江省期间的重要讲话重要指示精神，全面落实党的二十大及其二中、三中全会精神，按照省委、省政府关于加快数字赋能、深化共享运用的决策部署，深入推进数字领域和关键环节重点改革，着力推进数字政府建设不断实现新突破。

（一）着力在建设平台型政府上实现新突破

在已构建的较为丰富的平台间基本实现了交叉耦合、互联互通、良性互动的基础上，深入践行以人民为中心的发展理念，以政务平台的协同性、互动性和共享性为重点，围绕大面积深入推进“高效办成一件事”，持续优化政务服务流程，打造政府、企业、群众三者共治共享的结构合理、流程平顺、参与平等的平台型政府，让部门协同更有效、场景应用更充分、群众办事更方便。

（二）着力在建设数字型政府上实现新突破

继续巩固完善当前数字政府数字化履职能力、安全保障、制度规则、数据资源、平台支撑等数字政府体系框架，建立健全与政府治理能力现代化相适应的统筹协调工作机制，以人工智能、区块链、云计算、大数据、边缘计算等数字技术为支撑，建设整体协同、敏捷高效、智能精准、开放透明、公平普惠的数字政府，形成决策科学化、社会治理精准化、公共服务高效化的现代化治理模式的新型政府管理形态。

（三）着力在建设智能型政府上实现新突破

依托数字政府共性支撑能力，联合人工智能头部企业、高校共同组建数字政府人工智能联合实验室，制定政务大模型标准体系与建设规范，开展政务大模型技术验证和应用研究，在经济监测、公共服务、市场监管、民生保障、社会管理等领域训练、应用各类垂直模型，通过全面深化“人工智能+”应用，让数字政府插上数智化翅膀，推动“数跑龙江”向“数说龙江”转变，为助力新质生产力发展提供有力支撑。

总之，我们将坚决贯彻落实党中央、国务院的战略决策部署，进一步将数字技术广泛应用于政府管理服务，推进政府治理流程优化、模式创新和履职能力提升，构建数字化、智能化的政府运行新形态，充分发挥数字政府建设对数字经济、数字社会、数字生态的引领作用，促进经济社会高质量发展，不断增强人民群众的获得感、幸福感、安全感，以数字政府数智化水平持续提升新成效，推动黑龙江高质量发展、可持续振兴，为奋力谱写中国式现代化黑龙江新篇章贡献数字力量。

参考文献

《国务院关于加强数字政府建设的指导意见》（国发〔2022〕14号）。

《国务院关于加快推进政务服务标准化规范化便利化的指导意见》（国发〔2022〕5号）。

B.8
加快实施“三大转变”“四大工程”，深入推行数字安徽建设新模式

安徽省数据资源管理局

摘　要： 随着经济社会数字化进程全面加速，各地各部门持续增长的数字化建设需求与财政资金紧张、资源浪费严重、公共数据有效供给不足的矛盾日益凸显，传统的碎片化、封闭式建设模式已难以为继。为此，安徽省在总结先发省市经验的基础上进一步改革创新，围绕数字安徽建设总体目标任务，以数字政府建设全面引领数字化发展，聚焦政务信息化项目，推动“三大转变”，即系统形态、开发模式和资金支持方式转变，整体重塑政务信息化建设新范式；通过实施“四大工程”，即一体化数据基础平台迭代工程、三端能力提升工程、场景创新工程、数据治理工程，实现项目集约化、服务便利化、数据要素化，形成理念创新、资金节约、方法科学的数字安徽建设新模式。

关键词： 数字安徽　“四大工程”　“三大转变”　政务服务　数据要素

一　工作开展情况

安徽省数据资源管理局成立以来，坚持以习近平新时代中国特色社会主义思想为指导，全面贯彻落实党中央、国务院及安徽省委、省政府工作部署，深入推行数字安徽建设新模式，加快实施“三大转变”“四大工程”，服务于创优营商环境，各项工作取得了新成效。数字安徽建设进入高质量发展期，省级政府一体化政务服务能力连续6年保持“非常高”水平，数字经济规模快速壮大，数字社会服务更加普惠便捷。《数字中国发展报告（2022年）》

显示，安徽省数字化综合发展水平在全国居于第 11 位，14 个二级指标中有 7 个居全国前 10 位，其中组织领导居第 1 位，数字生态文明发展水平居第 2 位，数字社会发展水平居第 6 位，数字经济、数字政务发展水平均居第 7 位，示范引领居第 8 位，资金政策支持居第 10 位。就数字安徽建设新模式在首次全国数据工作会议上作经验交流。数字基础设施建设取得重大进展，芜湖数据中心集群建设迈出新步伐，起步区累计招引重点数据中心项目 15 个，预计总投资 2700 亿元，其中华为云华东（芜湖）数据中心于 2024 年 6 月全球开服。推动长三角枢纽芜湖集群算力公共服务平台建成投运，承担全省算力统筹调度平台职能，率先打造全国首个通智超量“四算合一”的省级统筹调度平台，并入选首批全国一体化算力网应用优秀案例。截至目前，全省智能算力超 12000P。全省一体化数据基础平台基本建成，初步形成省市一体、协同联动的基础设施统筹纳管、数据资源规范治用、业务应用高效开发的平台支撑体系。数据工程成效显著，发布全省首批数据架构，形成统一数据标准，推进数据治理入湖，数据有力赋能政务服务、普惠金融等领域。场景创新成为示范，在全国首创开展省级部门数字化整体设计，打造场景创新全生命周期服务体系，场景创新空间的词向量语义事项推荐算法获国家发明专利，根治欠薪、“药安溯源”等场景入选国家试点示范。“三端”应用持续拓展，“皖事通”不断丰富个人高频应用，“皖企通”实现一站式为企服务，“皖政通”已注册 38 万名公务人员。就“高效办成一件事”经验做法在国务院办公厅高效办成一件事工作推进会上作经验交流。建立“免申即享”惠企政策兑现闭环管理机制、“换位走流程”、人工在线实时帮办、长三角跨省通办“远程虚拟窗口”、开展农民工欠薪数字化治理试点 5 项工作，作为全国政务服务效能提升典型经验案例，被写入国务院办公厅文件。数据要素市场活力不断激发，数据基础制度不断健全，安徽省在全国率先开展省级大数据企业培育工作，累计认定 1247 家省级大数据企业和 6 家省级大数据产业园；建立“赛道+合伙人+场景+数商”机制，赋能实体经济发展。

二　主要做法与成效

（一）统筹数字安徽建设，加快推进数字化新发展

一是加强顶层设计。印发《数字安徽建设总体方案》，提出“1133X”的总体架构，建设全省一体化数据基础平台和新一代数字基础设施，统筹推进数字政府、数字经济、数字社会三大领域数字化建设，完善安全防护、标准规范、统筹协调三大支撑体系，构建 X 个场景应用，对数字安徽建设作出了全面部署（见图 1）。加强专家智库建设，组建以吴曼青院士为主任的数字安徽专家委员会，着力提升数字安徽建设科学化、专业化水平。

图 1　数字安徽“1133X”总体架构

二是整体部署推进。充分发挥数字安徽建设领导小组办公室统筹协调作用，每年印发数字安徽建设工作要点并推进落实。制定全国省级首个数字化发展指标体系，建设数字安徽监测运行平台，加强监测预警分析研判。

三是加强项目统筹管理。设立数字安徽专项资金，保障省级政务信息化系统建设、运行维护及数字安徽重点场景应用。出台《安徽省政务信息化项目建设管理办法》及其实施细则，从省本级项目审批拓展到市、县项目审核，将所有政府投资的及企事业单位投资供政务部门使用的政务信息化项目均纳入管理，实行全省政务信息化项目平台支撑、规划计划、资金管理、专家把关、立项审批、项目验收“六统一”，建立健全项目审批一套管理制度、一套联审机制、一套审批规范、一支专业队伍、一套固定场所、一套管理系统的“六个一”工作体系。推行省级预算单位网络安全等级保护测评服务集采，每年节约资金700余万元。

四是深化数字法治建设。推动出台《安徽省政务数据资源管理办法》和《安徽省大数据发展条例》，立法工作获得安徽省“十大法治事件”年度提名奖，法治建设考核连续5年位于省直部门第一方阵。成立省数字化发展标准化技术委员会，获批加入国家信标委大数据标准工作组，制定数字化发展标准工作框架体系和三年计划，累计制定地方标准21个。

（二）实施“四大工程”，全面落实政务信息化建设新范式

“四大工程”如图2所示。

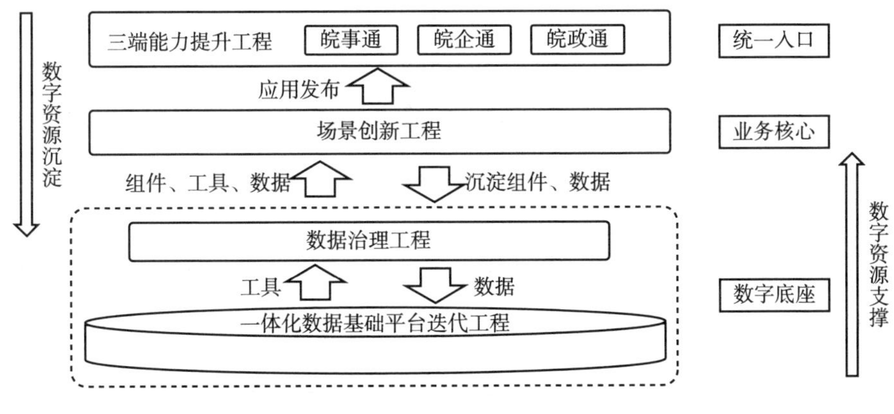

图2 四大工程

一是基本建成一体化数据基础平台（见图3）。上线数字资源门户，实现项目审批、资源申请、应用开发等全流程在线使用。纳管67个省市政务云节点，提供85类云资源、5款国产数据库、3款中间件等和5类低代码开发工具，上线141类组件，已有29家省直部门82个系统、16个市59个系统在平台上建设。印发《安徽省政务信息系统整合迁移至一体化数据基础平台工作方案》，正在有序推进政务信息系统迁移工作。

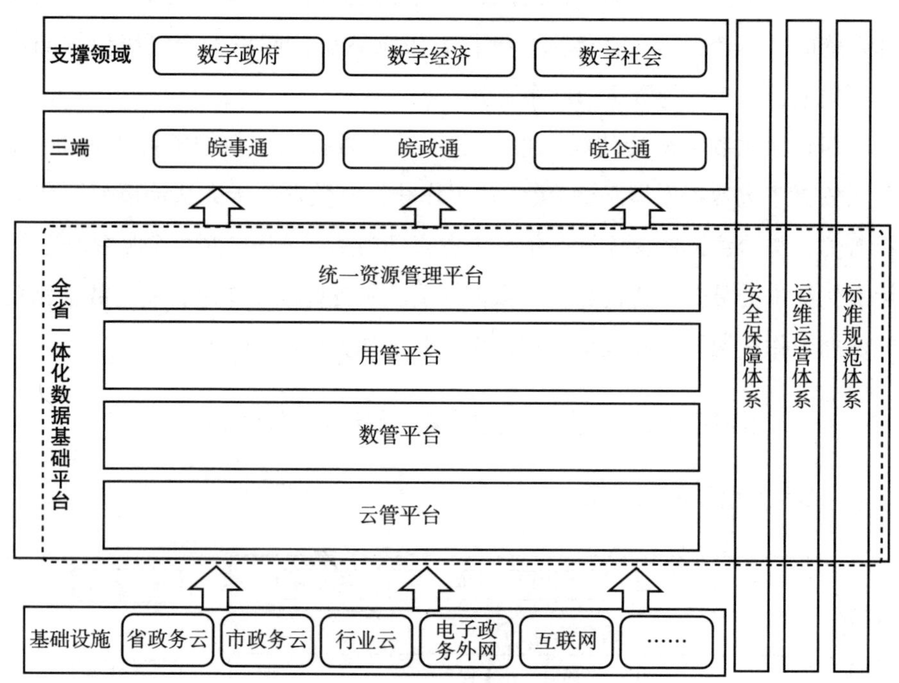

图3　一体化数据基础平台功能架构

二是数据工程不断激活数据应用潜能。编制工程标准规范15个，收集标准规范620个，梳理应用系统540个，制定《安徽省公共数据元标准规范》。构建全省数据架构，涵盖L1业务域27个、L2主题域292个、L3业务对象4434个、L4逻辑实体15668个、L5属性352009个。高标准建成安徽省大数据平台，构建全省跨部门跨层级数据交换“总枢纽”、数据共享“总调度”和数据服务“总门户”，全省累计汇聚数据2957亿条。深化数据资源开发利用，建成人口、法人、空间地理、电子证照四大基础数据库和金融服务、营商环境、公证便民等主题数据库，累计提供数据服务1970亿次。开展政务数据直达基层国家试点，申请国家部委各类数据493次，涵盖171个数据资源，赋能场景应用200余个，作为试点地区代表在数据直达基层全国培训会上交流分享。上线安徽省公共数据开放平台，开放科技创新、教育文化、生态环境、交通运输等23个领域的1.59万个数据集，企业群众可无条件调用。统筹省委宣传部、省教育厅等部门参与大语言模型语料库建设。

三是场景创新工程成为数字安徽建设生动实践（见图4）。创新“梳理十清单、推导三张图、形成一报告”工作路径，组织109家省级单位开展部门数字化整体设计，形成《安徽省场景创新计划清单（2023—2025年）》；构建场景创新全生命周期服务体系，案例库上线发布479个典型案例；建立健全场景论证排序机制，2023年95个场景、2024年79个场景被纳入当年省级场景建设计划。从示范性、创新性、协同性、实效性等维度，面向全省遴选了42个优秀数字政府场景，打造一批服务企业群众、支撑政府治理的标杆性、引领性的优秀场景应用。印发《安徽省数字政府大模型场景应用清单（第一批）》，开展数字政府大模型场景试点应用。

四是三端能力提升工程做优整体政府服务窗口。“皖事通”“皖企通”前端受理、“皖政通”后端办理的“前店后厂”模式成为亮点。“皖事通”聚焦为民服务体系建设，持续完善功能支撑、丰富场景应用，覆盖医保社保、健康医疗、教育考试、交通出行等领域，服务超过9800万名用户。“皖企通”聚焦为企服务体系建设，汇聚政务服务、政策服务、公共服务和信息服务等260余项涉企服务，成为企业“找政策、办业务、谋发展、提诉求”的综合性服务平台，用户达320万名。“皖政通”聚焦数字机关建设，汇聚办公、审批、监管等150个数字化应用。

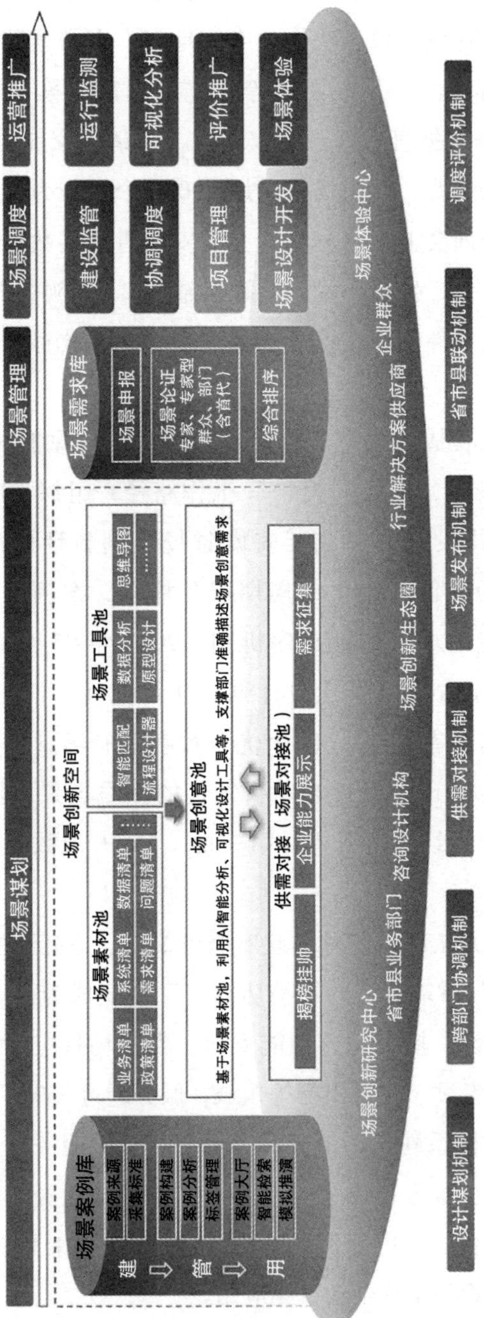
场景谋划
场景管理
场景调度
运营推广
场景案例库
建
管
用
案例来源
采集标准
案例构建
案例分析
标签管理
案例大厅
智能检索
模拟推演
场景创新空间
场景素材池
业务清单
系统清单
数据清单
政策清单
需求清单
问题清单
……
场景工具池
智能匹配
数据分析
思维导图
流程设计器
原型设计
……
场景创意池
基于场景素材池，利用AI智能分析、可视化设计工具等，支撑部门准确描述场景创意需求
供需对接（场景对接池）
揭榜挂帅
企业能力展示
需求征集
场景需求库
场景申报
场景论证
专家、专家型群众、部门（含首代）
综合排序
建设监管
协调调度
项目管理
场景设计开发
运行监测
可视化分析
评价推广
场景体验
场景创新研究中心
省市县业务部门
咨询设计机构
场景创新生态圈
行业解决方案供应商
企业群众
场景体验中心
设计谋划机制
跨部门协调机制
供需对接机制
场景发布机制
省市县联动机制
调度评价机制

图4 场景创新体系

（三）对标优化营商环境，打造智能高效政务服务新模式

一是推动“高效办成一件事”。出台《安徽省人民政府关于印发进一步优化政务服务提升行政效能推动“高效办成一件事”实施方案的通知》，在全省一体化数据基础平台上建设统一的政务服务业务中枢，按照梳理事项、统一标准、互联互通“三部曲”，推动系统对接模式由原来的“离散式”对接向“中枢式”对接转变，“一件事”开发时间平均节约60%、开发费用平均节省50%。承接了开办运输企业、企业上市合法合规信息核查、企业破产信息核查、社会保障卡居民服务等4个“一件事”国家集中攻关和创新示范工作，与沪苏浙并列全国第一。目前上述4个“一件事”和教育入学、自然人无违法违规信息核查2个“一件事”已在全省范围实现。安徽省在国务院部署的13个“一件事”基础上，拓展7个“一件事”，年底前将在全省范围内高效办成不少于20个“一件事”。扎实推进“只进一门”、综合窗口改革、“全省一单”“免提交”事项等重点工作，1800多个事项受理条件、申请材料、承诺时限等核心要素在同一层级同标准办理，在全省范围内推出首批120个政务服务事项“免提交”清单，通过电子证照和数据共享创新应用实现申请材料免于提交，“零材料”办成事，持续提升数字化政务服务效能。推进国家政务服务码利企便民应用试点，“安徽码”申领量突破193万个，已在政务服务、医疗健康、身份认证、交通出行、文化旅游、金融信贷、便民生活等10多个重点领域8万多个事项中使用。

二是深化电子证照电子印章应用。推动电子证照在政务服务和社会化等多领域应用，省市县乡村共84.57万个事项支持使用电子证照代替实体证照办理，在政务服务和水电气暖、金融服务等社会化领域累计调用电子证照4744.94万次。建成全省统一的电子印章公共服务平台“皖信签”，实现“一次领章，全省通用”，得到中央办公厅和国务院办公厅认可。

三是持续深化政务服务跨区域办理。已实现213项政务服务事项“跨省通办”，173项场景应用长三角地区“一网通办”，40类高频电子证照在长三角地区互认应用。2021年以来，在长三角地区主要领导座谈会上，三

省一市先后联合发布“长三角政务地图”“政务服务赋能银行自助终端”“跨省通办远程虚拟窗口”等应用场景，签署《长三角航运贸易数字化合作框架协议》，不断推动长三角政务服务一体化。

四是推深做实“免申即享”。依托“皖企通”搭建全省统一政策服务应用，实现惠企政策集成化制定、一体化发布、颗粒化匹配、智能化兑付，累计发布“免申即享”类政策服务9598项、“即申即享”类2590项，兑现财政资金119.5亿元，减税降费521亿元，惠及企业211万家次。

五是强化政务服务监督。开展“业务能力提升年”和“换位走流程”活动，完善全省政务服务监督机制，连续聘任两届政务服务监督员，按季度明确主题、开展政务服务监督。深化政务服务“好差评”活动，梳理推出政务服务“好差评”典型案例清单，深入剖析，建章立制，督促整改，差评按时整改率100%，推动以“差评一件事”解决“服务一类事”。与省直效能办联合开展办件“回头看”“一改两为五做到五提升”和政务服务百优案例评选活动，2023年选树67个政务服务典型案例加以推广。依托各级政务服务中心涉企服务窗口设立企业诉求“挂号”窗口，持续深化“一制度两窗口”举措，全省周末服务期间共受理办件咨询148.1万件，涉企服务窗口受理办件咨询46.3万件，“办不成事”反映窗口受理办件咨询2.1万件。

（四）推进数据要素市场化配置改革，不断激活数据要素新价值

一是加快培育数据要素型企业。在全国率先开展省级大数据企业培育认定，印发《安徽省大数据企业培育认定实施细则（试行）》。印发《安徽省大数据产业园认定管理办法（试行）》，认定省级大数据产业园，促进大数据产业集聚发展。推进“一企一园四库”建设（一企：一批优秀大数据企业；一园：大数据产业园；四库：省级大数据企业库、上市后备库、融资需求库、创新案例库），累计认定省级大数据企业1247家和省级大数据产业园6家，87家企业进入融资需求库并有46家已获融资授信3.8亿元，56家进入上市后备库，38个优秀案例进入创新案例库。

二是积极探索数据要素市场化配置改革。承办全国“数据要素×”大赛

启动仪式及安徽分赛，得到了国家数据局和省委、省政府的充分肯定。推动出台《构建数据基础制度更好发挥数据要素作用若干举措》，安徽省数据交易所已经挂牌运营，首批拟上线新能源和智能网联汽车、人工智能、低空经济、公共数据等专区。上线公共数据运营平台，发布数据产品和服务 48 个。开展公共数据授权运营试点，在普惠金融方面，融合法人、社保等 10 大类 400 多项公共数据，全省累计服务市场主体超 266 万户、授信金额 6.87 万亿元；在新兴产业方面，推进家电企业数字化预诊断等高价值场景落地，支持羚羊工业互联网平台应用数据服务企业 99 家；在科技创新方面，合肥市探索为科研机构 27 项课题提供政务数据支持，赋能综合性国家科学中心建设；组织亳州、淮南、芜湖等市开展试点。探索数据资产融资，实现安徽省数据资产评估融资第一单。合肥市大数据公司就公共交通轨迹数据开具了全省第一张数据资源入表会计凭证，相关数据产品已在合肥市数据要素流通平台实现市场化流通。

三是助力构建数字经济生态。制定“双招双引”重点工作指引，推动华为区域总部等一批大项目落地和开工建设，“2023 年双招双引”工作统计监测结果显示，安徽省数据资源管理局位列省十大产业专班其他成员单位第 3 位。认真落实省委、省政府主要领导批示精神，研究提出空间信息新型大数据增值服务有关论证意见及落实举措，印发《以数字化推动生产流通消费融合贯通工作方案》，推动省政府与华为公司商签深化数字经济全面战略合作协议。指导推动数字安徽公司在数据要素市场化、政务信息化建设、四大工程支撑服务等领域发挥重要作用。培育数据要素型企业等举措被中共中央、国务院印发的“数据二十条”文件采纳。

（五）推动数字基础设施建设，夯实数字安徽发展新基础

一是加快芜湖数据中心集群建设。围绕“合肥先进计算中心、全国一体化算力网络芜湖数据中心集群建设情况”形成调研材料并报省政府办公厅。以省政府办公厅名义印发《推进长三角枢纽节点芜湖数据中心集群建设若干举措》，强化芜湖数据中心集群建设与用网、用地、用能等配套政策

同步落实。印发《芜湖数据中心集群起步区建设补助资金管理办法》，2023~2025年省级每年统筹安排1亿元支持集群建设。推进长三角枢纽芜湖集群算力公共服务平台建设，并赋予其省级算力统筹调度平台职能，率先打造全国首个通算、智算、超算、量算“四算合一”的统筹调度平台。指导芜湖市举行“东数西算”芜湖集群创新大会暨华为云华东（芜湖）数据中心全球开服活动，华为云华东数据中心节点、三大运营商数据中心等项目陆续落户起步区。协调省发展改革委，由省级层面配置芜湖数据中心集群内大型和超大型数据中心项目能耗指标。联合印发《关于统筹推进全省算力资源调度与发展的通知》，进一步优化算力资源配置。

二是印发《安徽省数字基础设施建设发展三年行动方案（2023—2025年）》，优化全省数字基础设施空间布局和供给结构，协调推进网络、算力、应用三类设施规模化部署和体系化发展，全面构建制度、管理和技术衔接配套的数字基础设施安全防护体系。省级政务云承载77家单位572个系统，完成30家单位非涉密数据中心整合和15张业务专网向电子政务外网整合，基本实现一云承载、一网通达、一池共享。

三是强化数字安全保障。有序推进市级安全监测平台建设和省市两级平台安全对接，构建省市协同的网络安全监测、预警和处置体系。组织全系统网络攻防演练、开展数据安全评估和监督检查等，提高网络安全综合应对能力，持续做好重要时期网络安全保障，确保信息基础设施和重要信息系统安全稳定运行。省级政务外网建设运维5项工作获得国家电子政务外网管理中心表彰。

三　小结与展望

坚持以习近平新时代中国特色社会主义思想为指导，深入学习贯彻党的二十大和二十届二中、三中全会精神，认真落实习近平总书记关于安徽工作的重要讲话重要指示批示精神，按照省委、省政府和国家数据局要求，紧扣“三地一区”战略定位和“七个强省”奋斗目标，坚持以人民为中心的发展思想，围绕高质量发展，进一步拉升工作标杆，锐意改革进取，全面提质增效，把党的政治建设摆在首位，驰而不息推进全面从严治党，深化数字安徽建设新模式，让政务服务更加便民利企，数据要素活力更加澎湃释放，在奋力谱写中国式现代化安徽篇章中展现新作为、作出新贡献。一是持续推进“四大工程”，不断提升政务信息化建设质效。推广应用全省一体化数据基础平台，提升平台能力，加强平台应用赋能。结合信创改造，积极稳妥做好存量系统向一体化数据基础平台迁移工作，2027 年底前完成存量系统向一体化平台“应迁尽迁”。全面推开数据工程，完善省市两级数据治理体系，强化数据治理全过程管理，建立用数反哺机制，提升数据工程实施质效。持续深化场景创新工程，打造一批“三融五跨”标杆性场景。持续健全三端服务体系，推动“皖事通”上线一批优质服务，发布“皖企通”移动端，持续提升“皖政通”支撑能力。二是打造更加便民利企的政务服务体系，助力创建一流营商环境。拓展推进“高效办成一件事”，按照走在全国前列的目标，着力推动一批政务服务事项深度办、一批高频事项极简办、一批关联事项高效办、一批异地事项跨域办、一批政策服务免申办、一批便民服务亮码办、一批监管事项深化办。推进事项清单“一源统管”、线下“一门办理”、增值服务“一数赋能”、兜底服务“即需即办”、服务体系“一体联动”。强化“区块链+数据共享”“区块链+电子证照”“区块链+电子印章”“区块链+电子档案”应用。三是推动数据要素市场化配置改革，着力培育发展新质生产力。实施数据基础制度建设探索行动，构建公共数据授权运营体系，探索开展数据产权登记，争创国家数据基础制度建设试点。实施数据流通交易提升行动，推动省数据交易所高质量运营，建设数据交易平台，完善数据交易流通管理规范。实施数据赋能产业发展创新行动，完善“赛道+合伙人+场景+数商”工作机制，实施“数据要素×”行动，积极主动做好大赛成果在安徽的落地转化工作。实施数商等市场主体培育行动，培育认定省级大数据企业 300 家以上和 5 家省级大数据产业园，培育 10 家左右标杆型数商，成立安徽省数商联盟，打造“数据徽商”。实施数据要素改革试点示范行动，开展省级数据要素改革试点，加快推进合肥数据标注基地建设，争创数据要素综合试验区、数字经济创新发展城市等一批国家试点。四是统筹数字基础设施发展和安全，打通可信可控的数据大动脉。完善全省集约安全一体的政务信息基础设施体系，全面推进“安徽政务链”节点部署，构建多领域、多场景、标准统一的“安徽政务链”服务体系。探索量子保密通信在政务信息化领域应用。系统优化算力基础设施布局，加快芜湖数据中心集群建设，进一步完善提升全省算力统筹调度平台功能，全面加强网络和数据安全建设。

参考文献

国家互联网信息办公室：《数字中国发展报告（2022年）》，2023年4月。

《安徽省数字安徽建设领导小组关于印发安徽省政务信息化项目建设管理办法的通知》（皖数安〔2022〕2号），2022年10月8日。

安徽省人民政府办公厅：《安徽省政务数据资源管理办法》（安徽省人民政府令第299号），2020年12月30日 。

安徽省人民代表大会常务委员会：《安徽省大数据发展条例》，2021年。

《安徽省人民政府关于印发进一步优化政务服务提升行政效能推动“高效办成一件事”实施方案的通知》（皖政〔2024〕21号），2024年4月18日。

《安徽省人民政府办公厅关于印发推进长三角枢纽节点芜湖数据中心集群建设若干举措的通知》（皖政办秘〔2023〕52号），2023年11月30日。

B.9

数字政府福建实践：强化数字赋能，让新型政务服务“触手可及”

吴宏武*

摘　要： 福建省委、省政府坚持传承弘扬习近平总书记在福建工作期间开创的重要理念，深入践行以人民为中心的发展思想，注重改革引领和数字赋能双轮驱动，高位推进“高效办成一件事”“数据最多采一次”“无证明省份建设”“闽政通优化提升”等改革工作，持续提升企业和群众办事满意度、获得感，全力打造“便利福建”服务品牌，推进数字政务新质生产力发展。

关键词： 高效办成一件事　数据最多采一次　无证明省份　闽政通

党的十八大以来，党中央、国务院高度重视数字中国建设，着力推动政府职能转变，创新政府管理和服务方式，建设人民满意的服务型政府。党的二十届三中全会提出，要“推进政府机构、职能、权限、程序、责任法定化，促进政务服务标准化、规范化、便利化”。福建省委、省政府坚持传承弘扬习近平总书记在福建工作期间开创的重要理念，深入践行以人民为中心的发展思想，注重改革引领和数字赋能双轮驱动，2024 年以来，深入推进“高效办成一件事”“数据最多采一次”“无证明省份建设”“闽政通优化提升”等改革工作，积极构建泛在可及、智慧便捷、公平普惠的数字化政务服务体系，不断提升企业和群众的满意度、获得感。

* 吴宏武，福建省数据管理局局长、福建省数字福建建设领导小组办公室主任。

一　坚持高位推进，强化体制机制建设

（一）加强统筹谋划

福建省高度重视政务服务改革创新，省委、省政府主要领导多次专题研究这个议题。2024 年福建省政府工作报告指出，要全面深化政务服务模式创新。2024 年以来，福建省以“高效办成一件事”为牵引，组建由省政府办公厅、省发改委、省数据管理局牵头的“高效办成一件事”“数据最多采一次”“无证明省份建设”“闽政通优化提升”工作专班，全省上下形成合力一体推进，实现线上线下政务服务能力整体提升。

（二）强化改革思维

福建省深入推进数字政府改革和建设，着力优化升级数字政府“1131+N”总体架构、业务模型和数据资源体系，以数字政府建设助力政务服务效能提升。坚持问题导向和目标导向相结合，加强政务服务整体设计，推动模式创新，注重改革引领和数字赋能双轮驱动，推动全省政务服务整体水平实现从“优”到“精”的全面跃升。

（三）创新体制机制

建立健全上下联动、横向协同的工作体系。纵向上，省级业务主管部门负责本条线的政务服务改革业务指导，明确政务服务的基础业务标准规范。横向上，各级政务服务管理机构负责推动本辖区政务服务改革工作落实，并积极探索创新，在全省统一的业务标准基础上提升本辖区服务水平。通过制定政务服务标准动态管理机制，规范统一政务服务标准，实现全省政务服务事项无差别受理、同标准办理。

二　加强整体设计，推动政务服务高效办理

福建省认真落实国务院关于进一步优化政务服务、提升行政效能、推动“高效办成一件事”的决策部署，将“高效办成一件事”作为优化政务服务、提升行政效能的重要抓手，按照“线上线下协同、多端申请、统一受理”思路，从系统互通、服务渠道、标准统一、服务模式四方面，扎实推进出生、婚育、入学、企业开办、企业信息变更等26项“高效办成一件事”落地实施，让企业和群众办每“一件事”都轻松便利。截至2024年8月底，第一批13项“高效办成一件事”已全部上线运行，累计办件量达到1781.56万件，为企业群众办事减免材料73%，压缩时间81%，精简环节99%，减少跑动99%，申请表单中57%的字段实现数据智能回填。

（一）坚持统建共享，推动业务办理规范高效

系统不互联互通、数据不高效共享是“高效办成一件事”改革需重点突破的问题。为提高业务协同效率，依托省政务服务平台统一建设13项“高效办成一件事”业务受理系统，对接打通了32个省级业务部门、40套业务系统，集成90余项政务服务事项，有效统一服务入口、服务标准、业务流程和公共能力支撑。建设全省统一收件系统，对办件全生命周期进行实时精准监控，有效解决业务系统堵点、服务效率低下、数据汇聚不全等隐性问题。建设“高效办成一件事”改革成效动态总览图，从界面友好度、标准准确度、方式完备度、事项覆盖度、服务成效度五个维度统一设置评估指标，实现对省级业务部门和各设区市“高效办成一件事”改革推进情况进行综合评估。

（二）优化服务渠道，实现“一网、一门、一线”升级

“高效办成一件事”改革注重推动全渠道服务畅通，着力推动线上线下融合，提升“一网、一门、一线”服务质量。“一网”方面，在省网上办事

大厅、闽政通 App 开通了“高效办成一件事”专区，同步入驻微信、支付宝小程序。专区页面上，为每个事项设置了“主题页面”，并通过小视频展示服务内容、服务特点、服务方式、政策解读、常见问题；办事页面上，提供操作视频、简版办事指南、政务地图、情形引导等服务；在传统单事项办理时，设置了“高效办成一件事”链接入口，引导企业群众通过集成化方式办理关联事项。“一门”方面，依托线下“综窗”系统，推动入驻市、县政务服务中心“高效办成一件事”综合窗口，通过线下“综窗”人员业务培训，掌握重点事项服务内容、办理方式和常见问题处置方法，集中提供直接受理、帮办代办、业务咨询、办件查询、投诉处理等服务，实现业务“前台综合受理、后台分类审批”。“一线”方面，通过“12345”热线中心视频调度会、线上话务员培训、优化智能客服，提升热线接办效率，做到“咨询类精准解答、投诉类高效办理”；由省大数据集团成立智慧客服中心，建立“高效办成一件事”政务专席，实现与“12345”热线业务联动，提高了服务办理一线应答和问题处置能力。

（三）聚焦社会期盼，全面梳理关联服务

“高效办成一件事”改革强调业务梳理的全事项、全区域、全场景，支持办理涉及的所有业务事项。企业信息变更“一件事”、企业注销登记“一件事”，通过梳理公司（分公司）企业法人、个人独资企业（合伙企业）、农民专业合作社（联合社）、个体工商户等 11 类市场主体的 69 类办理情形，满足不同类型市场主体的办事需求。退休“一件事”，针对机关事业单位、企业、灵活就业等三类群体，梳理完善了退休业务办理情形。企业破产信息核查“一件事”，细分了法院核查、企业自查、破产管理人核查等三种业务办理情形。企业上市合法合规信息核查“一件事”，依托省市场主体专项信用报告查询系统出具《企业上市合法合规信息核查综合报告》，替代了企业无违法记录证明，实现 37 个行业领域信用信息的核查，超出国家要求的 20 类。企业注销登记“一件事”，通过配置简易注销和普通注销两种情形，为企业提供最便捷合规的业务办理方式。

（四）创新服务模式，推动“四办”服务融合

“高效办成一件事”改革在原有“一件事一次办”集成化办理模式基础上，积极融合免申办、跨域办、智能办、承诺办服务模式，实现办事方式多元化、办事材料最简化。企业破产信息核查“一件事”，通过建立完善破产管理人身份核验机制，以业务部门数据接口核验替代传统人工线下核查，以《福建省企业破产信息核查综合报告》替代各业务部门分别出具核查报告，将原先9份报告压缩为1份综合报告，简化了办事材料、办事流程。社会保障卡居民服务“一件事”，通过“免申即享”方式，为闽政通用户直接开通“交通出行”“文化体验”“就医购药”等公共服务。残疾人服务“一件事”，通过关联核对分析“城镇居民基本养老保险补助”事项数据，以“免申即享”方式直接发放补助。新生儿出生“一件事”中的产妇授权环节、企业信息变更“一件事”中的“企业印章刻制”事项，均采用了告知承诺模式，大幅降低了办事成本。

三　夯实数据底座，提升数据共享质量

福建省积极推进“数据最多采一次”改革，以“材料”“数据”为核心，通过采集端、使用端联动，推动职能配置、业务运行、业务流程、服务效能全面优化再造，以“一人一档”“一企一档”数据共享回填代替企业群众重复填报数据，让群众少跑腿、数据多跑路。

（一）深化数据赋能，简化办事表单填报

“数据最多采一次”改革核心目标是运用数字技术，通过完善事项标准、夯实数据底座、健全业务流程，助力简化办事流程、提高办事效率。事项标准方面，重点开展事项表单数据梳理，编制事项数据采集清单和数据共享清单，数据采集清单内数据允许受理部门向企业、群众采集一次，采集后的数据汇聚至省公共数据汇聚共享平台；数据共享清单内数据要求受理部门

必须从省公共数据汇聚共享平台共享获取，不得向企业、群众采集。建立“一数一源”数据采集机制，明确各数据项对应的责任部门，负责在办理政务服务事项过程中向企业、群众采集数据。数据支撑方面，基于省市公共数据汇聚共享平台已汇聚的1600亿条公共数据，建立“一企一档”“一人一档”对象库，为企业、群众政务服务办事提供一体化数据共享支撑。通过智能整合，“一企一档”覆盖204万企业主体和564万个体工商户，包含9个方面共1100多个数据项；“一人一档”覆盖5400万自然人，包含12个方面共1000多个数据项。业务流程方面，全力打通了省网上办事大厅、设区市行政审批系统、各部门自建政务服务系统与“一企一档”“一人一档”对象库之间的数据共享，支持通过数据共享回填申报表单，避免企业、群众在办事过程中重复填报数据。

（二）加强源头管理，提升政务数据质量

“数据最多采一次”改革着重提升数据质量，转变数据治理模式，依托省市公共数据汇聚共享平台，实现数据从全量汇聚向高质量汇聚转变提升，提高数据的准确性和利用效率。通过构建省市一体化、标准化公共数据目录，统一规范全省数据目录名称、数据项名称、数据类型格式等目录属性，实现全省公共数据“一本账”，并按照标准化数据目录推进数据治理，目前累计完成30多个部门共62亿条数据治理，提升了数据规范性。通过优化提升部门业务系统与汇聚共享平台数据接口，建立数据每日双向对账和“一小时”汇聚机制，提升数据汇聚的完整性和及时性，目前已完成148个数据目录自动对账改造和145个数据目录实时汇聚改造。

（三）推动数据下沉，实现数据服务基层化

“数据最多采一次”改革是落实全国数据直达基层试点工作的探索实践，是数据要素助力提升基层治理能力、服务企业群众等方面的价值体现。开展“还数于民”行动，推动数据的自主化和普惠化，通过闽政通“个人档案”服务，分步提供电子证照、基本情况、家庭情况、教育经历、工作

情况、社会属性、经济属性等信息，在“易企办”专区提供企业基本信息、经营信息和信用信息，为群众和企业查询使用信息、开展数据纠错提供便利。“数据最多采一次”改革为13项“高效办成一件事”省内通办提供了必要条件，通过“云帮办”远程身份核验、音视频交互、屏幕共享等技术，福建为企业和群众提供远程帮办服务，突破政务服务的空间限制。通过“一人一档、一企一档”数据分析匹配，对“社会保障卡居民服务一件事”中的“就医购药”“交通出行”和“残疾人服务一件事”中的“城镇居民基本养老保险补助”等服务实行“免申即享”。

截至2024年8月底，已完成对第一阶段300个政务服务高频事项表单的重新梳理，第二阶段200个高频事项改造正稳步推进，现在已覆盖全省68.36%的政务服务办件量，年底将覆盖全省90%以上的政务服务办件量。共完成714万件办件，已实现表单回填1.31亿次字段，大幅减少了企业和民众跑动次数，提升了办事效率和客户满意度。这一改革不仅提高了政务服务的智能化水平，也为优化营商环境、推动高质量发展提供了有力支撑。

四　建设无证明省份，深化电子证照应用

聚焦企业和群众办事“证明多、难出具、来回跑、多头跑”等堵点难点问题，2024年，福建省积极推动“无证明省份”建设，通过直接取消、数据共享、业务协调、优化服务、扫码亮证、智能办理等方式，优化完善证明材料生成、归集、纠错、共享流程，拓展电子证明、可信材料的“免证办”渠道，进一步提升办事效率。

（一）清理证明事项

依法统筹规范全省范围内的证明事项，减少不必要的证明材料，持续推进“减证便民”。在“五级十五同”标准化目录基础上，组织对省内各级、各部门没有法律法规或国务院决定的证明事项进行集中清理，形成全省统一保留的证明事项清单，明确保留2056项并向社会公布；建立清单动态调整

机制，省级业务主管部门根据法律法规要求，及时更新调整证明事项，同步对“五级十五同”标准化目录事项进行修正。组织对“五级十五同”标准化目录中的材料来源进行核查纠治，细化明确申请材料的来源属性。其中，凡是“申请人提供”的材料，明确材料基本格式或空表以及相关样本；凡是“政府部门核发”的材料，明确出具部门（含事业单位）和获取对应政务服务事项的相关材料；凡是“其他”类材料，应明确出具证明的公共服务行业类别和需要办理的公共服务事项。

（二）丰富证明材料获取路径

推出一批“告知承诺”证明事项清单，推动以承诺书替代证明材料。在电子证照系统基础上，建设可信电子文件系统，明确可信电子文件生成和归集标准，将未纳入电子证照管理的证明材料，纳入可信电子文件管理，建立完善共享调取机制。优化在线证明开具服务，依托“一人一档、一企一档”即可生成的电子证明，支持由系统自动出具；对需要部门协同出具的证明，在容缺受理的基础上，建立 1 个工作日内协同出具证明工作机制。拓展扫码亮证应用场景，通过“福建码”归集个人、企业名下电子证照、可信电子文件、电子证明，在政务服务领域推行“扫码授权”“扫码亮证”服务模式，在社会领域探索“扫码借书”“扫码入园”“扫码住酒店”等免证办社会化应用。探索“免申即享”模式，对行政给付、行政奖励和公共服务事项，推出一批“免申即享”事项清单，让企业群众办事可以免于申报，直接享受相关待遇；对需要依申请办理的事项，通过政务大数据模型，对符合条件的企业群众提供“主动提醒办”服务，减免收取证明材料。

（三）提升公共支撑能力

强化数据共享、业务协同公共能力支撑。开展存量电子证照治理，发动企业群众依托闽政通反馈名下电子证照问题，推动证照生成部门对错证缺证进行集中治理，完善电子证照与纸质证照同步生成、变更、注销管理机制。建设福建省电子印章公共管理平台，出台《福建省电子印章暂行管理办法》，完善电子印章对电子证明材料真实性、有效性的辅助支撑。制定《福建省电子文件归档与电子档案管理办法》，完善电子档案生成机制，推动电子档案在数据共享、业务协同中的应用。

（四）开展“无证明城市”试点

2024 年 4 月，印发《福建省推动建设“无证明城市”工作方案》，正式推动福州、泉州开展“无证明城市”建设试点，推广采取“直接取消”“数据共享”“部门协同”等方式，实现企业群众办事免提交政府部门核发和公共服务行业出具的证明。试点城市建设优先以“五级十五同”标准目录为基础，全面审查证明事项设定依据，清理无法定依据的证明事项，经梳理，福州、泉州分别保留 1752 项、1629 项证明事项。通过开展电子证照常态化治理，制定可信电子文件管理标准和技术规范，完善政务服务系统与“电子证照库”“可信电子文件库”数据共享对接，完成 10.4 万份电子证照的集中治理，实现办事过程自动获取证明材料。同时，推动建设业务协同平台，使企业和群众无须亲自前往各部门获取证明材料，而是由审批部门依托业务协同平台在线直接与相关证明材料出具部门进行信息协同提供。

目前，福州市已建成“无证明服务”应用系统，实现与省市场监管智慧应用一体化平台、省住房公积金网上办事大厅等 6 个省垂审批系统的 1086 个事项对接，支持 151 类证明材料由审批部门向证明出具部门在线发起协查，通过建立协查反馈机制，实现申请人证明材料免于提交，证明日均在线开具量达 200 件以上。泉州市开设的“业务协同及帮办代办”，协同业务办理量达 1192 件；通过电子证照共享调用，已实现企业群众办理政务服务高频事项免提交证明材料比例达 70%以上。

五　坚持需求导向，创新掌上服务

为推动政务服务事项“掌上办、指尖办”，2017 年，福建省建成全省一体化掌上服务平台闽政通 App，整合了全省政务服务资源。为积极回应企业发展和群众生活中不断增长的数字化需求，进一步提升闽政通掌上服务能力，按照省委、省政府工作部署，福建省以“创新思维”助推“高质量服务”，以“数字化”赋能“掌上办”，以“小切口”服务“大民生”，对闽政通 App 进行全面升级，打造更有温度、更有速度、更有力度的掌上服务平台，让群众办事像“网购”一样方便快捷，推动“数字福建”更好贴近社会、贴近群众、贴近生活。目前闽政通 App 已具备“查、看、约、办、缴、学”六大功能，用户日活跃数持续增长，2024 年 8 月闽政通 App 用户平均日活跃数超 67 万人，比上线初期的 28 万人增长 139%，峰值达到 85 万人，服务访问量超 1.3 亿次。

（一）聚合高频服务

将医社保、公积金、户政、教育、不动产、公交地铁、水电气缴纳等 21 类超 1080 项涉及群众切身利益、办事频率高的服务事项优先上线，用 20%的高频服务解决 80%的办事需求问题。同时，适配改造网上办事大厅 35.55 万项政务服务事项入驻闽政通，实现掌上可办率达 85.79%。

（二）打造关联事项集成办

建设“高效办成一件事”专区，提供新生儿出生、教育入学、企业开办等 13 个一件事，实现“一表申请、一套材料、一次提交、一次办结”。建设生活缴费、中高考查询、交通出行等特色服务专区，方便群众一类事集中办。

（三）建设福建省特色服务专区

聚焦企业全生命周期，建设“福建易企办”专区，提供掌上办事、查政策、找融资、拓人才、提诉求等专题服务，面向全省 700 万商事主体提供一站式服务。发挥福建区位优势，建设“台胞专区”，助力打造台胞台企登录的“第一家园”。

（四）强化公共平台能力

采用微服务架构，建设可支撑高并发计算的支撑体系，确保闽政通平台具备快速开发部署、弹性伸缩、多平台支持、实时监控和分析等能力。升级实名身份认证系统，引入电子签章服务，完成 30 类超 700 万本高频电子证照治理，为全省提供 2.3 亿本电子证照服务，有力支撑企业和群众“免证办”“材料免提交”，推动“无证明省份”建设。

（五）提升服务体验

全面优化闽政通用户操作界面，整体设计采用群众更易接受的暖色调，图标图片采用群众喜闻乐见的具象化形式，为群众带来全新的视觉体验。同时，闽政通首页设立金刚区、高频服务区、公告区、热门服务区等 10 个不同功能区位，进一步提升群众操作的便捷性。将智能客服和人工客服有机融合，打造全新智能客服 IP 形象“福晓宝”，为用户提供全场景、交互式、更精准的智能服务新体验。

（六）开展运营推广

持续开展微信公众号、支付宝生活号、头条号、澎湃号、App 资讯宣传，2024 年 1 月以来，共发布文章 295 篇、新闻资讯 1066 篇，微信公众号涨粉约 5.6 万个，粉丝数已达 233.6 万个，支付宝生活号粉丝数达 211 万个。通过数字电视、户外大屏、手机彩铃等渠道进行广泛宣传。

参考文献

赵龙：《政府工作报告——2024 年 1 月 23 日在福建省第十四届人民代表大会第二次会议上》，2024 年 1 月 23 日。

《国务院关于进一步优化政务服务提升行政效能推动“高效办成一件事”的指导意见》（国发〔2024〕3 号），2024 年 1 月 16 日。

B.10

数字政府河南实践：以“高效办成一件事”牵引数字政府建设

于　燕*

摘　要：　近年来，河南省聚焦加强数字政府建设主题主线，将“高效办成一件事”作为优化政务服务、提升行政效能的重要抓手，以国家首批13项“一件事”高效办理为牵引，全面深化行政审批制度改革，持续夯实数字政府基础底座，建设“1+3+N”共性支撑平台体系，拓展“一门一网一线”数字政府服务渠道，创新推进关联事项集成办、容缺事项承诺办、异地事项跨域办、政策服务免申办，加大数字政府制度供给，推动政务信息化项目一体统筹建设，着力建设泛在可及、智慧便捷、公平普惠的高效政务服务体系，加快构建“用数据说话、用数据决策、用数据管理、用数据创新”的现代化治理模式，更好地助力新质生产力发展、服务中国式现代化建设河南实践。

关键词：　高效办成一件事　数字赋能　政务环境　河南省

党的十八大以来，以习近平同志为核心的党中央站在统筹“两个大局”的高度，围绕数字政府建设、优化政务服务等作出一系列重大部署，先后出台《国务院关于加强数字政府建设的指导意见》《国务院关于进一步优化政务服务提升行政效能推动“高效办成一件事”的指导意见》等政策文件，系统谋篇布局，精准落子成势，为我们推进政府数字化转型、提质增效政务

* 于燕，河南省行政审批和政务信息管理局党组书记、局长。

服务、打造一流营商环境指明了努力方向，提供了工作依据。河南省委、省政府全面贯彻党中央决策部署，时任省委书记楼阳生先后5次召开省委财经委会议研究数字政府建设等相关工作，省长王凯将“高效办成一件事”列入省政府工作报告重点工作进行部署，常务副省长孙守刚多次调度安排，要求扎实推进工作。省行政审批和政务信息管理局坚持靶向发力，聚焦加强数字政府建设主题主线，将“高效办成一件事”作为优化政务服务、提升行政效能的重要抓手，着力建设泛在可及、智慧便捷、公平普惠的高效政务服务体系，更好助力新质生产力发展、服务中国式现代化建设河南实践。

一　以“高效办成一件事”为牵引，夯实数字政府基础底座

“云网墙”是数字政府建设的重要基础设施，是承载“高效办成一件事”等业务应用的重要支撑。河南省坚持省市一体、融通共建，推动形成以“一朵云”为载体、“一张网”为链接、“一道墙”为防线的数字政府基础底座。一是整合构建全省政务“一朵云”。2024年4月上线省政务云综合管理平台，按照“同城双中心”模式建成投用信创政务云主中心，基本实现省级云资源统一纳管，省直部门近77.6%的政务信息系统云上部署，以“统采分签”模式推动市县政务云整合对接，目前，安阳、周口、鹤壁3地市与省级云资源实现“一云纳管”，年底前完成全省85%以上政务信息系统迁移上云。同步实施政务云管理效能提升行动，通过弹性分配、异地调度等方式实现动态调优，目前已经初见成效，全省政务云使用效率较2023年初提升14个百分点。二是融通形成政务网络“一张网”。整体搬迁省电子政务外网中心由省政府综合楼至中原大数据中心，新旧机房5分钟内无感切换，实现与省级信创政务云物理集中，形成全省云网管理一体化管控体系，云网基础承载环境和运维保障、防灾减灾应急响应能力全面提升。整合归并业务专网，年底前完成省级59条专网整合任务，届时省政府办公厅、交通运输厅、人力资源和社会保障厅等省政府组成部门、直属机构业务专网将全

部迁移至电子政务外网。开展电子政务外网升级改造，建设统一的 VPN 接入能力，启动实施视频线路建设，全面完成骨干网络 IPv4/IPv6 双栈部署，各级各部门实现与省网 IPv6 对接，全省接入单位达到 1.8 万个，深度覆盖省市县乡四级，到 2025 年将建成高速承载、泛在互联的一体化智慧政务网络，全面实现“一网通达”。三是协同筑牢安全防护“一道墙”。启动建设省市两级数字政府“一道墙”安全运营支撑平台，汇聚云、网、数、用、端安全监测数据，运用大数据、人工智能等综合分析手段，支撑数字政府网络安全风险主动发现、态势感知，精准预警、协同处置安全威胁，构建安全事件闭环管理机制。健全省市两级安全运营协同联动机制，打造省市两级专业安全运营团队，组织 2024 年全省数字政府“一道墙”网络安全实战攻防演练，开展重要政务信息系统专项检查、数字政府网络安全合规检查，常态开展监测预警、风险处置等工作，加快实现“一墙防护”，确保全省政务系统安全稳定运行。

二　以“高效办成一件事”为引领，强化数字政府数字赋能

数据是数字政府建设的核心要素，是赋能行政审批制度改革和提升数治能力的关键所在。河南以保障实现“高效办成一件事”为切入点，坚持省级统建、市县复用、一体联通，强力推进“1+3+N”共性支撑平台体系建设，全面推进数据汇聚、治理、共享、应用，以“强共性”“数据通”为跨部门跨地区跨层级业务应用开发部署提供统一高效支撑能力。一是打造“1”个全省一体化政务大数据平台。该平台定位为全省公共数据汇聚总仓库、共享交换总通道、治理清洗总平台、安全保障总闸门，对接国家政务大数据平台和省辖市公共数据平台，面向数字政府接入公共数据，实现公共数据汇聚更新、治理管理、共享应用、开放开发、流通服务，提升数据共享和数据服务能力，为公共数据开放应用和授权运营提供统一出口。平台于 2024 年 3 月底上线试运行，已接入国家政务数据共享平台，完成与郑州、

开封等9市政务数据平台级联，新增数据治理、人工智能等功能，初步形成政务数据目录“一本账”，累计归集政务数据1800亿条。聚焦“高效办成一件事”数据需求，试点推行数据直采，实现重点部门相关数据实时采集，变“被动等待推送”为“主动实时抽取”；在全省范围内推行政务数据直达基层，打通基层单位使用国家和省平台数据壁垒，为各级各部门提供数据共享交换日均1.7亿条，有效支撑“高效办成一件事”、社保参保、公积金、不动产登记等工作开展。比如，服务惠民惠农财政补贴资金“一卡通”，开展补贴对象信息查询核验，支持资金精准发放。平顶山市依托省政务大数据平台，建设人口、法人等六大主题库和防汛、森林防火专题库，支撑实现政务服务、城市治理、应急救援“一网调度”。新乡市数据赋能中原农谷建设，构建“空天地”三位一体农业数据监测收集体系，打通汇集100万亩高标准农田示范区相关数据，汇集1.5亿条农情数据，开展农业公共数据开发和运营服务，用数字技术调控节能节肥、稳产增产，入选全国公共数据运营发展报告。二是统筹建设“3”大一体化公共应用系统。即在政务服务、综合监管、政务运行3个政府履职重点领域，通过升级改造原有平台，构建支撑全省“一网通办”“一网智管”“一网协同”的三大公共应用系统，并推动各部门业务系统内部整合融通及与三大平台互联互通。河南省一体化政务服务平台已完成主体功能重构，依托新上线的“统一受理”模块打造了全省线上线下事项办理总入口，推动实现了群众办事“一口受理、一网通办”，并依托平台推动综合自助服务终端向社区（村）铺设延伸，赋能基层实现医保、人社、公积金等高频便民服务事项自助申报、自助办理；省一体化监管平台完成主体功能升级，具备了保障跨部门“一网智管”共性能力，现已与省行政执法平台联通，加强监管数据和行政执法信息运用，在19个重点领域、6个地市试点推进跨部门综合监管；省一体化协同办公平台形成“一网协同”工作门户，赋能实现移动办公，已在省司法厅、省信访局、省机关事务管理局等8个省直部门试用，正在与三门峡、商丘、安阳等市级平台开展对接。三门峡市对接省一体化协同办公平台，打造扁平化、透明移动的“甘棠政务”办公新模式，推动机关内部非涉密事项全程网办，支撑实现市、县、乡三级政府部门高效协同。商丘市依托协同办公平台加强审批部门内部协作，积极探索“高效办成一件事”模式创新，针对“一件事”多个事项跨部门、跨系统“二次录入”问题，搭建审批业务中台，集成第三方插件、网络爬虫等辅助技术，实现申报信息智能填表、身份信息自动校验、电子材料自动分发、审批结果自动获取，降低“一件事”多个事项系统的对接难度，节省了系统对接时间和成本。三是构建“N”个应用支撑平台。2024 年重点打造“一链一码”，5 月底已经投用“河南链”省级链，实现电子证照链、交通链上链应用；6 月“豫事码”启动建设，年底前建成投用，在便民惠企、医疗文旅等领域探索创新示范应用，着力推动“多码合一、一码通省”。信阳市率先在政务服务领域部署区块链平台，实现“链上数据留存、线下无须提交”，在国办经验交流视频会上作典型发言。济源城乡一体化示范区推出营商环境“码上服务”平台，推行扫码反映政务服务诉求、入企执法“两扫码、一登记”服务模式，有效提升涉企服务质效。

三　以“高效办成一件事”为重点，提升数字政府审批效能

“高效办成一件事”是政务服务改革的提档升级，是数字化、常态化牵引行政审批制度重塑的重要抓手。河南秉持“高效办成一件事”服务理念，持续深化行政审批制度改革，深度嵌入数字技术，努力实现审批环节最简、流程最优、材料最少、时限最短，减少制度性交易成本。一是全力推进国定“一件事”落地办理。在系统谋划上，构建了“1+13”方案体系，印发《河南省人民政府关于进一步优化政务服务提升行政效能推动“高效办成一件事”的实施意见》，对国家部署的 13 项“一件事”逐一制定操作方案，明确目标任务、改革举措和职责分工。在推进方式上，建立“省级统筹、市县联动、部门协同”工作体系，实施“一个事项、一个牵头部门、一个工作专班”攻坚机制，形成事项牵头单位跨前一步、统筹负责，联办单位主动配合、通力协作，行政审批政务信息管理部门统筹协调、全程提供事项

梳理、流程再造、系统对接、数据共享等服务保障，一体推动市县部署的工作格局。截至 2024 年 8 月底，“新生儿出生”“开办运输企业”“企业上市合法合规信息核查”“教育入学”“残疾人服务”“企业破产信息核查”“开办餐饮店”“退休”“社保卡居民服务”“信用修复”等 10 项“一件事”实现线上线下落地办理；企业注销登记、水电气网联合报装、企业信息变更 3 项“一件事”于 2024 年 10 月底前上线运行，同时压茬推进新一批 8 项“一件事”，确保 2024 年年底前上线运行。在流程优化上，深入开展“四减一优”，打造了全省“一件事”统一申报入口，完成 4988 个事项要素梳理，300 多项数据字段互通共享，推行“多表合一、一口受理、一网（窗）办理”，总体实现 50%以上表单信息自动生成、60%以上申请材料免提交、时限压减 70%以上、环节压减 80%以上的改革目标。国家试点新生儿出生“一件事”上线后，办理时限由 32 个工作日压减为 5 个、材料由 9 份减少为 2 份、环节由 16 个压减至 3 个，得到群众好评，经验做法获国办推广。在推广应用上，按照“只有使用中才能最优反馈持续提升”工作理念，政务侧采取“业务培训+演练实操”方式提升使用率，公众侧全面开展“新产品”上线推广，通过支付宝小程序、微信公众号等渠道有效推送，增加“黏性”无感引流，让企业群众“愿用多用”，不断扩大覆盖面；畅通专栏、“12345”等意见反馈渠道，动态优化流程，提升办事体验。目前，全省累计完成 6759 人次的业务培训，接收申请办件 3.65 万件、办结 2.46 万件，办结率为 67.4%。二是着力夯实事项管理基础。编制发布行政许可实施清单，制定省市县三级行政许可实施规范，进一步明晰权力边界，规范行政许可实施依据和行政许可事项名称、主管部门、审批层级等事项要素。创新事项管理，针对“高效办成一件事”联办事项不在政务服务事项基本目录的问题，建设便民应用事项库，推动省市县三级统一清单管理、动态调整，实现更多事项标准化管理。发布省市县行政许可办事指南，推广白话版、图解版、视频版办事指南，开展办事指南“两张皮”专项治理，让企业和群众找得到事项、看得懂指南、办得成事情。焦作市推出“白话版”办事指南，实现群众“一听就懂、一看就会、一填就对、一次办好”。三是创新推行进门"一件事"。"门"不仅指政务大厅看得见的门，而且包括网络端、自助端、移动端等各类政务服务入口，通过加快建设"一企一档、一人一档"，实现信息"一次申报、多次复用"，让企业和群众"进一扇门、上一个网"快速便捷办成所有事，实现线上线下同标、服务同质，办事过程顺畅、结果满意。

四　以"高效办成一件事"为载体，拓展数字政府服务渠道

泛在可及、渠道多元，为企业和群众提供24小时全天候便捷政务服务，是"高效办成一件事"的重点任务，也是数字政府建设的题中应有之义。河南依托"一门一网一线"，全面加强线上线下渠道建设，推动政务服务由点到面、由局部到整体，有效满足办事方式多元化需求，让"不打烊"政务服务便捷触达每个角落、每类人群。一是推进线下办事"只进一门"。以组建的省级政务服务中心规范运行为标尺，推进审批服务"三集中三到位"（部门行政审批职能向一个内设机构集中、该内设机构向同级政务服务大厅集中、审批服务事项向河南政务服务网集中，做到事项进驻到位、审批授权到位、监督管理到位）改革向市县延伸，加快各级政务服务窗口、事项、人员、环节、系统"应进必进"，深入开展综合窗口统一受理改革。目前县级以上政务服务部门、事项进驻率分别提升到96.1%、94.7%，让企业群众"进一扇门能办所有事"；组织开展政务服务中心进驻事项负面清单落实情况专项检查，解决"明进暗不进"等问题。二是推进线上办事"一网通办"。以省一体化政务服务平台为枢纽，着力推进其与各级部门审批业务系统、市级政务服务平台融合互通，促进电脑端、移动端、大厅端、自助端、热线端等"一体五端"融合，推动线上线下业务一个平台受理、一个系统办理。目前累计联通38个省直审批业务系统、涉及1729项政务服务事项的各级政务业务系统，联通率52.05%、事项覆盖率74.07%，加快实现"上一张网可办所有事"。三是推进企业群众诉求"一线应答"。以集中整治全

省政务服务窗口群众身边不正之风和腐败问题为抓手，出台“12345”便民热线运行管理办法，加强与督查、纪检监察联动，深化与政务服务“好差评”“有诉即办”窗口业务协作，建立受理、办理、反馈、回访、评价闭环工作机制，挖掘分析企业群众诉求数据，分析研判诉求演变趋势，采取“点办理、批处理”模式破解共性堵点问题，形成“诉求归集—趋势感知—主动发现—高效解决”的办事堵点疏解闭环，实现解决一个诉求带动破解一类问题、优化一类服务，推动高频诉求“未诉先办”。驻马店市创新“互联网+热线+督查”模式，推动群众诉求“一线应答”。

五 以“高效办成一件事”为支点，深化数字政府服务创新

以模式创新优化办事体验，是迭代升级政务服务能力的关键之举，也是广大市场主体和群众的所想所盼。河南顺应企业群众办事便捷化、个性化服务需求，推进关联事项集成办、容缺事项承诺办、异地事项跨域办、政策服务免申办，加快政务服务从政府供给向群众需求转变、从事项供给到场景服务转变。一是深化“承诺办”。推行“告知承诺+容缺办理”审批服务模式，“公路工程乙级监理企业资质许可”“医疗器械信息服务核发”等76项省级行政许可事项实行告知承诺制，各地在投资审批、涉企经营许可等领域，积极开展“标准地+承诺制”、预审、联合验收等，实现拿地即开工、即批即投产，助力“三个一批”项目快见效。开封自贸区通过“承诺+容缺办”，简化项目审批等服务流程，降低制度性交易成本做法入选国办“高效办成一件事”典型案例。郑州航空港经济综合实验区推出企业定制“告知承诺+容缺审批”，助力“三个一批”项目建设。二是做精“跨域办”。聚焦企业跨区经营和群众异地办事需求，完善“全豫通办”“跨省通办”服务模式，组织各市、县梳理本地特色“跨省通办”事项，将高频事项向全省其他市、县复制推广，逐步实现全省范围与外省市“跨省通办”，全省累计1391项事项实现“跨省通办”。推动各级政务服务场所按需开设远程虚拟窗口，运

用远程身份核验、音视频交互、屏幕共享等技术，为企业和群众提供远程帮办服务。郑州航空港经济综合实验区和上海市浦东新区探索运用音视频交互、屏幕共享等技术为企业群众提供跨省通办服务。三是推行“免证办”。河南上线省“四电”系统，加快普及应用，支持行政执法证等22类电子证照与实体证照同步制作更新，累计制发电子证照558类2.7亿个、电子印章2.8万枚，日均调用印章2万余次，支持市场监管、商务等部门开展食品经营许可证等事项办理，赋能实现197项高频事项“免证可办”。濮阳市、南阳市创新“四电”应用，在公共资源交易、公积金办理、不动产登记等领域免提交纸质材料。四是实施“帮代办”。融入“万人助万企”，提供全量帮办、全程代办服务，开展重点项目、重点企业、困难人群上门办、兜底办，变“企业群众跑”为“政府帮您办”。漯河市组建“黄马甲”“蓝马甲”“红马甲”帮办代办服务队伍，升级帮办服务，唱响了“漯政帮”服务品牌。五是支撑“免申办”。建设惠企政策“免申即享”平台，完成省级首批14项政策平台录入、54项数据对接，推进11个已建平台地市与省平台数据对接，培训指导8个未建平台地市依托省平台上线惠企政策，推动全省变“企找政策”为“政策找企”。郑州市对接联通财政资金支付系统，通过政策集中展示、在线申请、审批、资金兑付“全链条”线上办理，实现政策申报兑付“一站式购物”体验，目前，206个政策已直接兑付资金达90.28亿元。洛阳市梳理归集科技、工信、发改等13个部门60万余条企业数据，通过“免申即享”平台累计为企业免申兑现奖补资金1816万元。依托“豫事办”，推动实现高龄补贴、助残、惠农等惠民政策“免申即享”。六是支撑“一网智管”。加强监管数据和行政执法信息运用，支撑跨部门综合监管，努力将主要依靠现场检查的传统监管模式转变为24小时智能非现场监管。如在“双随机、一公开”监管中，加强信用数据归集应用，建立模型、计算生成市场主体监管风险等级，据此确定监管重点、抽查比例和频次，初步实现既“无事不扰”又“无处不在”。依托省金融服务共享平台，强化涉企数据共享，累计为105006家企业放款，放款总额2193.60亿元。

六　以“高效办成一件事”为动力，统筹数字政府一体化建设

一体化推进数字政府建设既是提高资金使用效益的需要，也是实现数字政府集约建设、整体协同的内在要求。河南以优先推进“一件事”高频事项系统建设对接为驱动，加强全省政务信息化项目的集约建设和统筹管理，从源头拔掉数据烟囱、打破信息孤岛。一是创新一体化统筹建设运营模式。以统筹建设为原则、自行建设为例外，统筹省市两级政务信息化规划方案、年度计划编制，强化内容审核衔接，指导各市加大统筹力度，加强一体化集约化建设和管理，推动全省政务信息系统集约建设、互联互通、协同联动。二是规范新增统建项目建设。坚持集约节约，印发了省级统建政务信息化项目建设工作流程和示范文本，重点审查共性能力重复建设，严把互联互通、数据共享、安全防护等技术要求，完善交付评价机制，以此提高项目建设质效。经测算，通过一体化统筹建设，资金节约率接近40%。以洛阳市为试点，全面梳理市级在用政务信息化项目，变“分”为“统”，改“散”为“聚”，将原有57家企业分散运维整合为1家市属国有企业统一运维，统一做好技术服务保障工作，既全面盘活数字政府资金池、提高财政资金集约利用质效，也有效推动政务数据有效归集、同标准治理、最大限度共享利用，实现了政务信息化项目的集约建设、一体运维。三是推动存量系统整合融通。依托“高效办成一件事”，逐一打通部门审批业务系统，仅上半年，新打通社保、医保、公积金等13个省直部门17个审批业务系统，累计对接包括民政、残联等国垂业务系统在内的43个业务系统，实现300多项数据字段互通共享，部门审批业务系统与省一体化政务服务平台联通率提升10个百分点。推动省卫生健康委、市场监管局、机关事务局3家试点单位存量系统融通，完成工作门户改造和多系统用户统一管理，清理停用“僵尸”系统11个，联通内部系统94个，加快数据资源归集等工作，初步实现“一个系统履职”，为全面开展系统整合融通探索了路子、积累了经验。

七　以“高效办成一件事”为标尺，加大数字政府制度供给

当前，政务服务能力建设已经从“重有无”向“重标准、重规范”转变。河南突出强基固本，强化“高效办成一件事”的高标牵引，着力破解体制机制障碍，夯实政务服务工作基础。一是健全标准规范体系。注重发挥标准规范引导作用，梳理大数据领域标准821项，制定实施《河南省大数据标准体系框架》，重点推动数据、技术、行业应用安全和隐私等9类标准建设。推动政务数据标准化构建，制定实施市场主体信息库、人口综合库等数据规范，推动数据同源发布、同步更新。推进事项标准化管理，最小颗粒度拆分政务服务事项，实现省市县三级同一事项申请条件、办理流程等32个要素全省统一。开展服务标准化建设，制定出台《乡（镇、街道）便民服务中心、村（社区）便民服务站建设规范》等标准，推行“进门有引导、办事有辅导、全程有帮办、进度随时查、服务可评价、结果免费寄”等服务标准，为实现“全省办事一个样”打下基础。二是强化政策法规制度保障。推动《河南省优化政务服务条例》等立法进程，制定《河南省政务数据管理办法》，推动修订和清理河南省法规规章、行政规范性文件中与数字政府建设、政务服务改革不相适应的内容。三是健全工作推进机制。按照国家优化调整议事协调机构相关要求，整合设立省推进政府职能转变和数字政府建设领导小组，由省政府主要领导同志任组长，统筹负责研究政府职能转变、数字政府建设等工作。充分发挥领导小组办公室作用，建立调度、通报、交办督办等制度，清单化、项目化推进重点任务，推动各项工作落实见效、全面出彩，以数治能力不断提升、政务服务整体优化带动全省形成一流营商环境。

下一步，河南将深入学习贯彻习近平总书记关于网络强国的重要论述，全面落实党的二十届三中全会精神，按照党中央、国务院决策部署，落实省委数字化转型战略，加力推进“高效办成一件事”，高水平建设数字政府，

全流程提升行政审批效能、整体性优化政务服务，全面推动营商环境综合配套改革取得新成效。

一是常态化推进“高效办成一件事”。总结首批经验，优化办事体验，尽快形成可复制可推广的工作规范和典型做法，为“高效办成一件事”常态化组织实施提供借鉴。全面加强“一门一网一线”建设，深化关联事项集成办、容缺事项承诺办、政策服务免申办等政务服务模式创新，实现全省“线上一个平台、线下一个窗口、申报一个端口”一体化政务服务全覆盖。同步指导市县做好业务承接、系统使用、人员培训等改革举措落地工作，助推重大项目快速落地、高频事项便捷办理。

二是巩固夯实“三个一”数字基础设施。完善全省政务“一朵云”、电子政务“一张网”，建成省市两级“一道墙”安全运营支撑平台，加快实现“一云纳管、一网通达、一墙防护”。

三是全面强化“1+3+N”共性支撑能力。以省一体化政务服务平台为依托，全面开展数据治理工作，推进数据直达直采，完善人口、法人、电子证照、空间地理信息等基础数据库，实现数据全量归集、一库管理、一网享数，加快构建全省数据资源“一本账”。深化省一体化政务服务平台、监管平台、协同办公平台建设应用，拓展更多“河南链”应用场景，上线“豫事码”，提升“一网通办、一网智管、一网协同、一链可信、一码通行”能力。

四是强化五大数字化履职能力体系。围绕提升经济运行监测、市场监管、社会治理、公共服务、生态环境保护等政府数字化履职能力和机关数字化能力，加强厅局联动，创新人工智能、大模型等技术应用，再谋划一批全省性、标志性政务信息化项目，提升政府治理现代化水平。

五是建立健全三大制度规范保障体系。落实一体统建要求，完善一整套与数字政府建设、政务服务优化相匹配的法规制度体系、标准规范体系和一体建设运维管理体系，构建全省统一体系框架，明确建设路线图，强化对市县的统筹管理、一体协同，以“规则同”“标准同”“统筹建”带动“系统通”“数据通”“业务通”。

参考文献

《国务院关于加快推进政务服务标准化规范化便利化的指导意见》（国发〔2022〕5号），2022年3月1日。

《国务院关于加强数字政府建设的指导意见》（国发〔2022〕14号），2022年6月23日。

《国务院关于进一步优化政务服务提升行政效能推动“高效办成一件事”的指导意见》（国发〔2024〕3号），2024年1月16日。

《国务院办公厅关于加快推进电子证照扩大应用领域和全国互通互认的意见》（国办发〔2022〕3号），2022年1月20日。

《河南省人民政府关于印发河南省加强数字政府建设实施方案（2023—2025年）的通知》（豫政〔2023〕17号），2023年5月9日。

《河南省人民政府办公厅关于印发河南省系统性重塑行政审批制度整体性优化政务服务环境改革方案的通知》（豫政办〔2022〕78号），2022年8月24日。

B.11
湖北省数字政府建设实践探索

湖北省数据局

摘　要：　加强数字政府建设，是建设数字中国的基础性和先导性工程，是政府治理理念和模式革新的探索，也是推动国家治理体系和治理能力现代化的重要举措。湖北省委、省政府高度重视数字政府建设，深入贯彻习近平总书记关于网络强国的重要观点和数字中国的重要论述，坚持以人民为中心的发展理念，围绕城市数字公共基础设施体系建设、数字化政务服务体系建设、数据资源共享和应用体系建设、数字政府一体化智能化平台建设，进行了一系列体制机制创新和实践探索，打造了数字政府从设施到服务的全链条集约体系，数字政府建设取得显著成效，推动了湖北智能化治理、智慧化服务和“智慧政府”建设，为治理体系和治理能力现代化提供了重要支撑。

关键词：　数字公共基础设施　智能化治理　智慧化服务　智慧政府　湖北

引　言

当前，数字政府建设作为数字中国建设的重要组成部分，是新时代全面推进国家治理体系和治理能力现代化、建设人民满意的服务型政府的必然要求，也是发挥数字化驱动引领作用、推进中国式现代化的必然选择。湖北省认真贯彻落实党中央、国务院关于加强数字政府建设的一系列决策部署，坚持以人民为中心的发展理念，按照“基础设施集约化支撑，政务服务一体化建设，协同办公智能化融合，政府治理科学化决策，工作机制系统化保障”五个维度，统筹谋划、整体布局、聚焦城市数字公共基础设施体系建设、数字化政务服务体系建设、数据资源共享和应用体系建设、数字政府一体化智能化平台建设，不断进行体制机制创新和实践探索，打造了一个数字政府从设施到服务的全链条集约体系，推动了湖北智能化治理、智慧化服务和“智慧政府”建设。数字政府建设成效显著。2023 年，中央网信办发布的《数字中国发展报告（2022 年）》中，湖北省已连续第三年入列数字化综合发展水平全国前十名，居第一梯队，是中部唯一入围省份。① 湖北省数字政府服务能力被评为优秀档次，一体化政务服务能力评分连续两年进入全国“非常高”行列。② 政务环境在全国工商联“万家民企评营商环境”中由第 7 位升至第 1 位。

一　城市数字公共基础设施体系建设的创新举措与实践探索

为加快建设全国构建新发展格局先行区，湖北聚焦以信息化赋能推进四化同步发展，以落实“数化湖北行动计划”为先导，夯实数字基础底座，提升城市数字公共平台能力和数据资源规模质量，以深化数字化、网络化、智能化为方向，推动政府职能转变，创新数据应用场景，加快推进中国式现代化湖北实践工作进程。

（一）城市数字公共基础设施体系建设的创新举措

城市数字公共基础设施建设是推动城市高质量发展的基础，是大力发展数字经济、增强经济发展新动能的重要支撑。通过城市数字公共基础设施建设，可加速软硬件设施全面升级，推动“经济、社会、政府”数字化、网络化、智能化转型发展，构建数化湖北的数据资源体系，实现“基础公共

① 国家互联网信息办公室：《数字中国发展报告（2022 年）》，2023 年 4 月 27 日。

② 《2022 省级政府和重点城市一体化政务服务能力调查评估报告》，2022 年 9 月，http：//www.ciia-c.org.cn/upload/file/2022-09/6379831201287087774027095.pdf，最后检索时间：2024 年 5 月 29 日。

化、应用体系化、数据资产化、产业生态化”的战略要求。[①]

1. 全面推进城市数字公共基础设施基础平台建设

印发《湖北省城市数字公共基础设施建设工作指南（第二版）》，更好地指导各地推进基础平台建设。截至目前，全省16个城市信息模型（CIM）平台均已上线运行，16个地方已颁发含有统一标准地址的不动产权证书，神农架林区正在全力推进整体建设工作，全省各市州基础平台2024年6月30日前均能上线运行。

2. 积极开展数据治理上图

截至2024年4月底，在建筑物白模生产治理上图方面，武汉、鄂州完成全市域建筑物白模生产；襄阳、宜昌、十堰、荆门、孝感、荆州、潜江完成中心城区治理上图，黄石、恩施州中心城区治理上图率超过90%。在“一标三实”数据治理上图方面，武汉完成全市域数据上图；襄阳、宜昌、十堰、孝感中心城区上图率超过90%，荆门、黄石、鄂州、荆州均超过70%，其他地方正在有序推进。

3. 有序开展市县一体化扩面建设

印发《城市数字公共基础设施建设阶段性评价指标（试行）》，增加市县一体化内容，指导各地推进市县一体化扩面建设。截至目前，全省103个县级行政单位（按照行政区划统计），除39个市辖区、3个直管市、1个林区外，按照统一平台、统一标准、统一管理、统一运维的原则，60个县市全部被纳入扩面建设，均成立专班、制定方案，市县捆绑作业。宜昌和襄阳各县市、黄石大冶市已完成中心区域建筑物白模生产治理上图，宜昌各县市“一标三实”数据治理上图整体完成80%，45个县市已启动建筑物白模生产治理和“一标三实”数据治理上图工作，15个县市正在积极开展培训和建设准备工作。襄阳、孝感采取“统招分签”模式，市级统一数据生产、治理上图的招标，县级负责数据核采、维护、更新；其他市州依托市级平台，按照统一数据标准，采用县级自建方式开展数据采集、更新、维护、上图工作。

---

① 《数化湖北行动计划》，2023年。

4. 统筹谋划省级平台建设

组织召开5次专题会，深入研讨省级平台规划设计、立项可研、环境搭建，按照“总汇聚、总关联、总索引、总监管、总服务”功能定位，进一步细化建设内容，编制建设方案，构建省市县三级一体化联动机制。

5. 加强软硬件支撑能力

截至2024年第一季度，全省5G基站累计达13.5万个，新建5G基站5888个。具备千兆网络服务能力的10G-PON及以上端口数达99万个。全省数据中心机架规模超过17万架，先进算力达3032PFlops，其中智算能力达2982PFlops，超算能力达50PFlops。省经信厅组织开展5G宏基站建设奖补兑现工作，按数字经济15条规定，拟对三家基础电信企业实施奖补1.5亿元。省通管局积极申报国家（武汉）新型互联网交换中心试点，推动中国电信、中国移动中部智算中心项目建设，研究制定全省算网协同高质量发展行动计划。

6. 构建运维运营长效机制

按照“管运分责”和“运管用协同”的原则，指导全省各市州依托国资平台，组建专业技术团队，负责基础平台运维运营工作。目前，除神农架林区拟由襄阳国资平台帮助运维运营，其余各地均安排本地国资平台参与建设和运维运营。

7. 强化安全管理

制定《城市数字公共基础设施建设阶段性评价指标（试行）》，设置基础软件、安全管理制度和安全管理技术规范三个二级指标，压实市州城市数字公共基础设施建设国产化替代、网络安全和数据安全管理责任。省数据局按照数据分类分级国家标准，正在组织各地对基础数据进行分类分级的研究，拟定分类分级清单和授权使用的规范。

8. 健全完善标准规范

积极向国家相关部委汇报，推进国家标准、行业标准建设。2024年4月15日，住建部正式发布行业标准《城市数字公共基础设施统一识别代码编码规则》。编制城市数字公共基础设施建设数据集成、编码赋码系统、统一标准地址管理系统、数字模型数据建设、“一标三实”数据建设等规范。

（二）城市数字公共基础设施体系建设的实践探索

湖北充分考虑城市发展特色，各地积极探索数字公共基础设施各类应用场景和实现路径，在优化政务服务、提高基层治理能力方面取得了良好的建设成效。

1. 武汉市——智慧街道基层治理应用

武汉市智慧街道数字化平台以舆情、警情、火情、访情、事件为主线，驱动街道治理。通过数字公共基础设施平台集成智慧街道基层治理数据集，建立基层数据资产库。基于城市模型、城市道路等数据，实现可视化的街道一屏统览；基于“一标三实”，完善居民底数库，为居民提供精细化的社会服务打下基础；基于城市监控、物联感知等数据，叠加运用 AI 目标识别算法，推动安全秩序、火情警情等事件的预测预警预防。

2. 襄阳市——精准助力义务教育划片招生

运用数字公共基础设施平台提供实有人口、房屋和标准地址数据，提升教育划片招生质效，辖区热点学校全面消除大班额，冷门学校招生数提升，为廉洁阳光招生赋能助力。针对学校划片招生人员与学位匹配不准、资格审查程序复杂、人工核验效率低下、信访投诉多发等问题，根据适龄人员居住地址情况，运用实有人口、房屋和标准地址成果，确定入学资格，精准匹配学位，辖区热点学校全面消除大班额。2023 年，襄阳市义务教育阶段学位共计 119146 个，录取率为 92.29%，招生录取工作质量相比往年有了显著提高。

3. 宜昌市——网上金融服务大厅应用

宜昌建成上线全省首个金融综合服务平台，并在国内率先实现政府金融服务平台与多家银行信贷系统打通直连。通过对接数字公共基础设施平台，融合全市城市数字公共基础设施的底座数据，打通全省社保、就业登记信息库，与银行系统直连直通，打造创业担保贷款“1300”（1 分钟申请、3 分钟审核、人工 0 干预、群众 0 跑腿）模式，创业者只需手机实名注册提交贷款申请，其他信息由 17 个部门 51 项政务数据自动关联补充，填写内容比线下办理减少 95%以上，解决信息难收集导致的融资难问题成效明显。同时将贷款用户所显示的数据，与“一标三实”数据关联，结合数字公共基础设施的 CIM 系统图层，建成金融热点分布图，实现了借款单位主体分布的可视化和“一张图”管理，为助企政策片区规划提供精准指引。

4. 十堰市——惠民一站式平台应用

十堰市惠民一站式平台建设目标是整合政府公共服务、社会服务等相关资源，通过多个渠道为市民群众提供“一站式”城市服务。前期已上线智慧城市移动端服务门户“i 武当”App，可提供 13 大类 403 项便民服务，并积累了一定量的用户群体。利用数字公共基础设施平台建设成果和数据资源，深化全市“一个停车场”建设，升级停车管理系统，整合汇聚全市公共、路内、单位、小区等停车场动态运行信息，建设全市统一的智慧停车平台，形成全市停车“一张网”。

5. 黄石大冶市——智慧农房全过程数字化平台

黄石大冶市智慧农房全过程数字化平台通过与数字公共基础设施平台对接，建立起数据共享机制，将数字公共基础设施平台中的全域影像、三区三线、行政区（乡/镇、村）、宅基地宗地、自然幢等图层信息对接到平台“一张图”中，将整合后的空间信息在平台上进行可视化展示，促进建设申报流程化、协同建造规范化、监督检查网格化、问题溯源精准化、农房管理档案化，实现农村建房从申请到建设的全生命周期安全监管，提升农房建设质量和管理效率。

二　数字化政务服务体系建设的创新举措与实践探索

湖北省大力推进数字政府建设工作，并明确将建立高效便捷的政务服务体系作为建设目标之一。按照“基础设施一云共享，政务服务一网通办，协同办公一体融合，政府治理一键触达”的基本思路，以建立集约完善的基础支撑体系、高效便捷的政务服务体系、科学精准的治理应用体系为主攻方向。[①] 在这一总体部署下，湖北省以“互联网+政务服务”为突破口，以企业和群众的服务需求为导向，倒逼省、市、县、乡、村五级全面提高数字化水平，通过抓好顶层设计、整合优化平台，深化数据集约共享，开发应用场景，积极运用数字技术探索公共治理升级新路径，为新形势下“数字湖北”“数字政府”建设奠定了坚实基础。

（一）数字化政务服务体系建设创新举措

1. 强化顶层设计，组建高规格架构

湖北省近几年陆续出台《湖北省人民政府关于推进数字政府建设的指导意见》[②]《湖北省推进数字政府建设实施方案》[③] 等一系列政策文件，并确立一个总体要求（进入全国第一方阵）、两个重要抓手（“互联网+政务服务”和“互联网+监管”）、三个重大目标（政府决策科学化、社会治理精准化、公共服务高效化）及44项建设项目的工作任务。高位组建湖北省数字政府建设领导小组，负责数字政府建设的组织领导、顶层设计和统筹协调，组长由省长担任，形成了“一把手”省长亲自抓、常务副省长具体抓、相关部门整体联动的工作格局。

2. 统一公共支撑，建设服务一张网

全省按照“十统一”原则，面向全省提供统一政务服务门户、统一政务服务事项管理、统一身份认证、统一电子印章、统一电子证照、统一数据共享等公共支撑服务，最终实现政务服务“规范化、协同化、移动化、融合化”。

---

① 《用大数据技术提升治理能力 湖北推进政府“数字化”转型》，湖北省人民政府网站，https：//www. hubei. gov. cn/zwgk/hbyw/hbywqb/201912/t20191211_ 1753027. shtml，最后检索时间：2024年5月29日。

② 《湖北省人民政府关于推进数字政府建设的指导意见》（鄂政发〔2019〕4号）。

③ 《省人民政府办公厅关于印发湖北省推进数字政府建设实施方案的通知》（鄂政办发〔2019〕6号），2019年1月15日。

2019 年 8 月底，全省政务服务“一张网”“五级联通”已基本实现。政务服务平台向乡、村两级延伸，各地各部门统一使用湖北政务服务网，全面实现企业群众办事“只进一网、认证一次、全省通办并最多跑一次”。此外，湖北积极推进覆盖范围广、应用频率高的政务服务事项向移动端“鄂汇办”延伸，推动实现更多政务服务事项“掌上办”“指尖办”，在服务质效提升方面取得了初步成效。2023 年 10 月，在中国·井冈山政务服务合作研讨会上，“鄂汇办”App 获得“指争朝夕”奖，与浙江、上海等五省（市）移动政务服务平台一同被评为“掌上好办”标杆。

3. 线上线下融合，实现一窗通办模式

在全省政务服务“一张网”“五级联通”的基础上，形成线上线下功能互补、合一通办的政务服务模式，发挥政务服务大厅的基础作用，推进与政务服务平台深度融合，实时同源发布网上申报、预约叫号、事项受理、审批结果、服务评价等信息。湖北重点聚焦三件事。一是建立事项动态调整机制，制定全省政务服务事项标准规范，通过颗粒化、集成化和场景化梳理，厘清底数，确定责权。二是建设全省“一窗通办”统一受理平台，制定集成接入规范和数据标准，实现业务对接。三是基于政务服务网及“鄂汇办”，融合线下实体大厅，建立“一人一档、一企一档”，打造用户专属空间。

4. 规范制度标准，服务同源无差别

为确保湖北省内各区域、各层级、各渠道发布的政务服务事项数据同源、同步更新，形成以《政务信息资源共享管理办法》《湖北电子证照管理办法》为基础的管理制度。以行政许可为切入点，发布湖北省《行政许可事项编码规则》《行政许可事项服务指南编写规范》《行政许可事项审查细则编写规范》三个地方标准，出台《湖北省“一窗通办、一事联办”工作指南》，对线上线下融合、一事联办提出了明确的要求，推动实现同一事项无差别受理、办理流程和评价标准统一。

（二）数字化政务服务体系建设的实践探索

1. 推进政务服务改革

习近平总书记强调“营商环境没有最好，只有更好”①。近年来，湖北以“高效办成一件事”为抓手，重点推进“一网通办”“一事联办”“一窗通办”“跨域通办”，构建标准化、规范化、便利化政务服务体系，实现网上办、掌上办、就近办。

一网通办方面，建成以一个门户（湖北政务服务网门户）、一个系统（政务服务事项管理系统）、三个支撑（统一身份认证平台、统一电子证照平台、政务信息资源共享平台）为主体的全省一体化在线政务服务平台，各地各部门统一使用湖北政务服务网提供政务服务，按照“可网办是原则，不可网办是例外”，全面推行网上办事，全省政务服务事项可网办率达99.8%。开发政务服务移动端“鄂汇办”App，大力推动交通、民政、人社、医疗、教育、水电气等重点领域高频民生服务事项“指尖办”，鼓励各地各部门开展特色服务创新，探索将行政权力关联辅助环节和流程转化为移动应用，实现更多政务服务事项“掌上办”，目前已上线政务服务事项95792项，便民服务应用4276项。

一事联办方面，针对涉及多部门的关联事项存在办理环节多、申请材料多、审批周期长的问题，推动改革。以用户为中心，以“四减”（减环节、减时限、减材料、减跑动）为标尺，围绕企业和群众生产生活的小切口高频事项，推动业务流程再造。按照“拟订方案、市州试点、省级定标、全省推广”的模式，先由市州试运行，优化完善后制定全省统一的标准规范；以开饭店为例，以往老百姓需要分别跑市场监管、生态环境和消防部门办理相关证照后才能开业，而进行联办优化后，老百姓只需按湖北政务服务网的指引，填写一张表单，即可完成相关证照的申报，一共可减少6次跑动，减

---

① 《习近平在首届中国国际进口博览会开幕式上的主旨演讲（全文）》，半月谈网站，2018年11月5日，http：//www.banyuetan.org/dyp/detail/20181105/1000200033135231541 400378809644403_ 1.html，最后检索时间：2024年5月29日。

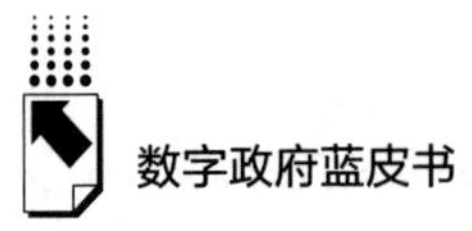

少23份材料，减少41个工作日，减少3个办理环节。目前，湖北围绕企业群众高频办事场景，已上线542项主题套餐服务。

一窗通办方面，针对企业和群众跑多次、跑多门、跑多窗等难点，推动“一门”“一窗”改革。加强与统一受理平台的对接，深入推动国省垂和各地各部门业务办理系统与统一受理平台对接，进一步加强数据开放、系统对接，实现省市县乡四级网络贯通。大力推动“综窗”建设，在省市县三级全面实现“前台综合受理，后台分类审批，统一窗口出件”的基础上，进一步优化综合窗口受理模式，推动高频事项综窗办，联办事项专区办，跨域事项专窗办，逐步实现窗口无差别业务办理。①

跨域通办方面，针对企业和群众异地办事“多地跑”“折返跑”等痛点，实现政务服务跨域通办。推动政务服务事项在全省范围同标准受理、无差别办理，围绕民生领域高频政务服务事项，大力推进“全省通办”，积极探索推进与外省市开展“跨域通办”合作。完善省一体化政务服务平台“跨域通办”服务专区，引导已上线事项实现跨域办理。

2. 探索“一业一证”服务模式

印发《湖北省“一业一证”改革实施方案》，确定首批“一业一证”改革事项，涵盖饭店、网吧、电影院、美容美发店、宠物店、旅馆等19个领域。

整合审批要件，实行“一次告知”。简并申报材料，实行“一表申请”，将一个行业市场准入许可涉及的多张申请表归并为一张申请表，优化受理流程，实行“一网通办”“一窗受理”。各地政务管理部门设立“一业一证”综合服务窗口，实行线上“一网通办”“一事联办”，线下“一窗受理”“统一出件”。推行在线申请、在线受理、不见面审批。合并核查程序，实行“一次核查”。实行多个事项一次核查、整改意见一口告知、整改情况一趟复审，各有关部门依法定职权并联审批、限时办结。创新准营方式，实现“一证准营”。制发“行业综合许可证”，行业综合许可证在全省范围互认、

---

① 《国务院关于加快推进政务服务标准化规范化便利化的指导意见》（国发〔2022〕5号），2022年3月1日。

通用。目前，湖北“一业一证”改革行业已增至25个，经营主体可在线申请、一网办结，办理时限平均缩短86%，最高达94%。

3. “免证办”“容缺受理”，政务服务再升级

实现“免证办”“减证办”，提升群众和企业办事便利度。扩大个人电子证照证明应用领域，重点围绕婚姻登记、生育登记、住房公积金异地转移接续、教育、就业创业、职业资格认定、不动产登记等高频事项，加快推进结（离）婚证、出生医学证明、身份证、学历学位证书等个人常用证照的电子化应用，实现高频事项免证明办理。扩大企业电子证照应用领域，深化营业执照、生产经营许可证等电子证照证明及批文在企业等高频政务服务事项中的应用。通过电子营业执照进行关联和应用，不再要求市场主体提供实体证照或纸质材料，切实为市场主体降成本、增便利。

以市州为试点，组织行政审批部门围绕市场主体和群众办事的高频事项，梳理发布事项清单。将告知承诺制划分为承诺即许可、证明材料告知承诺、备案管理等类型，将容缺受理划分为容缺后补、容缺预审等类型，分级分类，多审变快批。统一编制告知书、承诺书、终止办理通知单等格式文本，并在线上线下渠道向社会公布。例如，宜昌市全面推行食品药品、小餐饮、医疗器械等经营许可告知承诺制，实现市场准营承诺即入。审批流程由原来的5个环节优化为“承诺即发证”“证后监管”模式，审批时限压减至1个工作日，“一叠申请”简化为“一纸承诺”，审批时限平均压缩了80%。

三　数据资源共享和应用体系建设的创新举措与实践探索

（一）数据资源共享和应用体系建设创新举措

政务数据共享是加快建设数字政府、提升数字治理能力的关键举措，对引领驱动数字经济发展、加快转变政府职能、推进治理体系和治理能力现代化意义重大。[①] 近年来，湖北省政务数据基础设施基本建成、共享开放程度

① 马晓白：《加快推进政务数据有效共享》，《中国经济时报》2023年7月19日。

不断加深、数据应用场景不断拓展，政务数据在调节经济运行、提升政务服务、优化营商环境等方面发挥了重要作用。

1. 建设高质量的人口库、法人库

在基础数据方面：通过收集湖北省“鄂汇办”App、省政务服务网一人一档、一企一档数据需求，同时结合湖北省政务数据共享责任清单内人口、法人相关数据资源，建设高质量的人口库、法人库，为全省政务服务提供数据支撑。

2. 构建跨层级、跨地域、跨系统、跨部门、跨业务数据的公共数据管理共享体系

以统筹协调、管理考核、督促落实推动部门数据共享。一是考核省直部门数据共享责任清单挂接完成率，督促省直部门保质保量完成公共数据资源的共享。二是考核公共数据服务的有效性。通过对省直部门、地市州发布的数据资源的可用性和更新频率的监测，督促省直部门、地市州提升公共数据服务质量。三是考核数据提供方对数据需求的响应及时性，要求数据提供方需在 3 个工作日内完成对数据申请的审批工作。四是考核省直部门、地市州公共数据资源目录编制的规范性，提升公共数据资源查询及使用效率。五是考核数据资源的应用成效。对申请数据资源但从未使用的省直部门、地市州在考核中予以通报，促进提升公共数据应用成效。

（二）数据资源共享和应用体系建设的实践探索

1. 抗疫神器“健康码”

2020 年 10 月 15 日，在“人民至上生命至上——抗击新冠肺炎疫情专题展览”上，展出了几行特殊的代码，这是湖北省抗疫期间攻坚克难，紧急开发出的湖北健康码源代码，目前已被湖北省博物馆收藏。

面对突如其来的新冠疫情，湖北省组建“健康码攻关突击队”，紧急研发上线健康码平台。依托湖北省大数据能力平台，实现全省疫情数据高效共享、便捷应用，完成六类人员、密接及次密接人员、入境人员、核酸检测、隔离信息等数据的融合比对，支撑全省约 6000 万健康码信息的实时查询、

核验，精准识别出存在潜在感染风险的人群，以最快速度、最有力措施在最短时间内把疫情控制和解决在最小范围，助力湖北省防控与复工“双战双赢”。此外，建设了湖北疫情防控管理平台，实现全省涉疫数据整合，打通与国家平台数据交互通道，支撑开展疫情分布、传播及态势分析，着力实现“人数清、人头清、位置清、状态清”，打造全省疫情防控“一屏全览”，在促进常态化疫情防控工作等方面发挥了重要作用。

2. 数字赋能“惠民惠农政策落实监督检查”

湖北纪委监委连续8年运用大数据监察系统先后对179个乡村振兴、巩固拓展脱贫攻坚成果和民生领域政策项目（含重复）开展精准监督，查处了大量违规违纪问题，有效遏制了群众身边的腐败和作风问题，取得了良好的社会效果。湖北省出现了信访举报明显减少、问题线索明显减少、违规资金明显减少的可喜变化。[①] 系统集数据比对、线索发现、监督检查、智能分析于一体，累计汇聚湖北省30余个厅局委办的超过百亿条数据，开发设置1600余条监督比对规则，支撑全省17个市州和100多个县（市、区）党委政府对脱贫攻坚、乡村振兴和民生领域资金开展常态化事前、事中、事后监督检查工作，实现了惠民惠农政策资金落实从粗放型向精细化转变。2023年，中纪委调研组两次到湖北调研“惠民惠农政策落实大数据监察系统”情况并给予高度评价，湖北作为典型案例入选中纪委宣传短片。

3. 人大工作驶入数字化“快车道”

2021年，湖北省人大开发建设了“湖北省选民登记信息系统”，利用网络化手段开展选民登记工作，保证人民依法行使选举权利。系统通过汇聚公安、民政、卫健、政务办、监狱局、残联6个部门的户籍、死亡、剥权、精神病、健康码、行政区划6类数据，形成全省选民基础库（5082万条数据），各类标记数据92万条，支撑起湖北省103个县（市、区）、922个乡镇进行人大换届选举，登记选民4930万余人，登记率达97%。系统解决了以往

① 《湖北专项治理扶贫领域腐败和作风问题》，“中国新闻网”百家号，2019年12月12日，https://baijiahao.baidu.com/s?id=1652699 649745607397&wfr=spider&for=pc，最后检索时间：2024年5月29日。

选民登记过程中容易出现的重登、错登、漏登问题，选民登记实现全程可查可追溯，为扎实推进县乡两级人大换届选举工作打下了坚实基础，有力地保障了选民民主权利，推动全过程人民民主，取得了良好的政治效果和社会效果。各选区普遍反映，该系统的应用提升了选民登记工作质效，保障了流动人口的选举权，减轻了基层工作负担，强化了对基层换届选举工作的指导。

4. 绘制长江流域治理的“一张图”

按照习近平总书记2018年视察湖北、考察长江的重要指示精神，湖北省构建全省统一的生态环境保护智慧平台，通过整合共建部门、其他部门和相邻省市约49亿条数据资源，建立涵盖长江大保护全要素的数据库，为公安、环保、能源、交通、水利、气象等21个部门提供数据资源，加强生态环境质量、污染源、污染物等数据的关联分析和综合研判，实现对全省主要环境质量要素、污染排放要素和环境风险要素的全面感知、动态监控和科学解析，“一张图”全景展示湖北省长江大保护十大标志性战役、湖北长江高水平保护十大攻坚提升行动成果。

此外，开发建设河湖长制管理信息系统，统筹管理全省6989条河流、841个湖泊、6749个水库的基础数据及涉河湖相关监测数据，为省市县乡村五级共3.2万名河湖长以及各级联系单位协同提供必要的业务支撑，实现涉河湖事件的发现、派遣、处置、结案全过程闭环追踪。通过将各级河湖长以及公众最关注的水资源、水环境、水生态等信息进行可视化展示，为各级管理部门开展智慧管理、智慧决策提供了量化依据，实现河湖的智慧管理和长效管护。

四　数字政府一体化智能化平台建设的创新探索

（一）总体架构

遵循《数字中国建设整体布局规划》《数化湖北行动计划》，学习贯彻国务院关于加强数字政府建设的指导意见，借鉴广东、浙江、安徽、上海等地先进经验，通过召开专家研讨会及组织梳理现状（问题）、项目建议清单等方式，对湖北省全面深化“数字政府 2.0”建设进行了研究，提出打造具有湖北特色的数字政府一体化智能化平台，构建湖北省数字政府“四横三纵”“12411”总体架构，实施湖北省数字政府建设“12411”行动计划，即 1 个统一制度规则体系、2 个平台、4 网联动建设、1 个技术与安全管控体系、1 个全生命周期管理体系，为全省数字化改革提供支持，助力推动体制机制、组织架构、方式流程、手段工具全方位系统性重塑。

图 1　湖北省数字政府一体化智能化平台架构

（二）数字政府一体化智能化平台建设的创新探索

1. 构筑集约高效的基础支撑底座

在基础设施层，通过一云、一网以及安全设施实现基础设施泛在化。

在安全设施方面，建设国产密码基础设施，建立省一体化安全运营服务平台，做好安全威胁态势感知，安全应急处置、终端管理、密码管理及边界安全，做好安全设施保障。在一张网方面，优化政务外网、物联网、视联网、卫星互联网、互联网相互融通的网络结构。在一朵云方面，建有智算中心以及运管平台。智算中心通过硬件设施、池化、算法库、App POD（应用服务最小单元）以及应用程序池，实现智能化能力支撑。在运管平台方面，以“1+17+N”的脉络主线，覆盖多个行业，同时为政府、企业提供智算能力。

2. 建设开放共享的数字共治体系

首先，建设大数据能力平台。一是全面建立全省的公共数据一体化体系。“用数据治理、用数据服务、用数据创新”的能力全面形成，将数字资源纳入目录高效管理，实现全省数字资源“一本账”管理。二是提升数据供给能力。全面摸清省直和市州数据资源底数，深入推进省市、省直标准化数据治理，形成数据治理“一数一源、多源校核”长效机制，数据质量显著提升。三是增强数据服务能力。建立健全共享协调机制，有效满足数据共享开放需求，进一步提升数据开发利用水平，有序流通、高效配置数据要素。四是支撑保障能力持续提升。数据标准规范、云网调度、安全管理体系更加健全。政企数据融合分析和场景应用水平显著提升，推动经济社会可持续高质量发展。

其次，夯实城市数字公共基础设施。以数字化发展为核心，按照“两级建设、三网部署”模式，建设湖北省城市数字公共基础设施。以城市数字模型为基座，对建筑物构筑物进行编码赋码，集成“一标三实”数据，依托数字基础设施，打造数据统一管理、系统统一融合、服务统一发布的公共数字底座。以市（州）为单位，全面推进市县一体化建设，由市级负责平台建设，县（区）级只负责数据采集、更新、维护，确保功能一致、数据标准一致、用户体系一致。省级搭建统一平台并实现与各市州城市数字模型平台数据的总关联、总索引、总监督。

3. 打造协同创新的政务应用体系

按照应用体系化标准化、一体化、智能化要求，推进应用系统建设，加快政府数字化转型，构建协同高效的政府数字化履职能力体系。基于湖北省数字政府“12411”总体指导思路，推进政务服务“一网通办”、省域治理“一网统管”、政府运行“一网协同”、数据资源“一网共享”联动建设；围绕经济调节、市场监管、社会管理、公共服务、生态环保、政务运行、政务公开七大履职领域，健全完善相关行业应用。

首先，按照一网通办、一网统管、一网协同、一网共享划分应用，推动四网联动建设。

优化政务服务“一网通办”。一是持续优化省一体化政务服务平台。二是加强“一人（企）一档”建设。三是全面探索大模型+政务服务应用场景，优化服务供给，打造智能政务服务“新范式”，助力政务服务提“智”增效，优化服务体验。四是探索公共服务新场景。

推进省域治理“一网统管”。一是加快建立“一网统管”工作推进机制，建成全省数字政府省域治理“一网统管”一体化大平台。二是按照“省级统筹、省市分建、五级应用”模式，建设省、市、县三级“一网统管”平台，形成“省市县乡村”五级互联互通、协同联动应用体系。三是运用大模型挖掘和分析社会、经济、环境等方面海量数据。

推进政府运行“一网协同”。一是完善集约化、规范化、智能化、个性化的“一网协同”平台功能。二是持续提升协同平台工具输出能力。三是推进电子文件在重点领域范围应用。四是升级优化政务公开平台，推进全省政府网站集约化和政务新媒体矩阵建设。五是依托政务外网，采用云架构、高清编解码技术打造“纵向贯通、横向互联、资源共享”的全省统一云视频会议系统。

推进数据资源“一网共享”。一是深入推进“聚数赋能”，深化数据“汇、通、用、管”，形成一批具有创新性的数据服务、数据标准和数据规范。二是推进政务数据分类分级管理，完善公共数据脱敏规范，开展数据治理专项工作，提升数据质量。三是建设完善省市一体化“一网共享”技术体系，推动全省公共数据资源汇聚共享。

其次，按照政府七大职能，推进应用体系化建设。

加强经济调节能力体系建设。一是强化经济数据感知。二是加强经济数据整合。三是提升经济治理能力。加强市场监管能力体系建设，建设全省一体化在线监管平台，持续深化“互联网+监管”。加强社会管理体系建设，建立“一网统管”工作推进机制。加强公共服务体系建设，优化省一体化政务服务平台，建设政务统一工作台，建设政务服务业务中台，推进人工智能应用，建设政务服务大模型，推进数字化应用向公共服务领域延伸。加强生态环保体系建设，推进长江生态环境保护，推动林业数字化发展。打造“一网协同”政务运行模式。一是优化省一体化协同办公平台，构建政府内部业务流程集约高效、安全可靠的办公新模式。二是整合移动办公应用。依托“鄂政通”App 构建全省统一“横到边、纵到底”的省市县乡村五级移动政务总入口，实现各类移动应用互联互通。三是推进数字机关建设，形成覆盖数字机关应用的业务协同体系。优化全省政府网站集约化平台和省政府门户网站，打造高效透明的政务公开体系。一是做好重点领域信息公开，深入推进公共企事业单位信息公开。二是提高政策公开质量，依托“12345”政务服务便民热线等提供政策咨询服务。三是加强政务信息管理，深化全省政府网站集约化平台及统一信息资源库的应用，推动政务公开数据共享共用。

五　结语

湖北将持续以公众需求为出发点，不断优化政务服务，推进标准化、规范化、便利化改革，力求以政务环境的整体性提升，打造一流的营商环境，切实增强企业和群众的获得感。同时，制定实施多跨协同的信息共享战略规划，打破数据壁垒，实现政府部门间数据的纵横向共享，显著提升政府履职数字化、智能化水平，全面推动政府治理数字化转型，建成智能化治理、智慧化服务的“智慧政府”。

B.12

数字政府湖南实践：以数字化转型推动政府治理水平和服务能力现代化

湖南省数据局课题组*

摘　要：　在新一代信息技术的推动下，湖南省数字政府建设取得显著成效。通过打牢基础底座、构建支撑体系、加强数字监管、深耕业务流程等具体举措，结合数字化手段提升政府服务效率和质量，提升政府决策的科学性和透明度，促进政府治理体系和治理能力的现代化。湖南省致力于在政务服务、协同治理、决策运行、共享开放、基础设施建设五个方面实现全国领先，实现从“跟跑”“并跑”向“领跑”的转变。

关键词：　政府治理　政务服务　智慧决策　湖南

随着数字化浪潮的席卷而来，政府治理正迎来一场深刻变革。湖南省积极面对新形势新挑战，以前瞻性的视野和坚定的决心，加速推进数字政府建设，全面升级政府治理能力和服务体系，开启现代化政府治理的新篇章。

一　实施数字政务提质增效惠民工程，全面提升一体化政务服务能力

坚持以人民为中心是数字政府建设的出发点和落脚点。湖南省通过实施

* 课题组成员：周述东，湖南省数据局党组成员、副局长；刘光颖，湖南省数据局综合规划处处长；文峰，湖南省数据局数字政务处处长；裴尧，湖南省数据局行政审批制度改革处副处长；邓军，湖南省数据局综合规划处四级调研员。

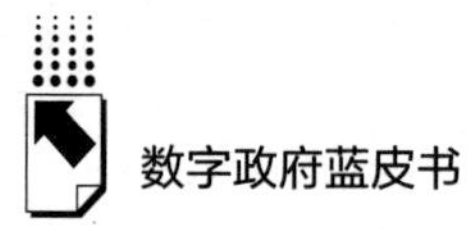

“17169工程”，以数字化理念、技术和手段破解企业群众“急难愁盼”问题，打造泛在可及、智慧便捷、公平普惠的数字化服务体系，提升了政务服务的数字化、网络化、智能化水平。一是完善触手可及的政务服务体系。充分发挥湖南省“一网通办”平台作用，以事项标准化、规范化、便利化为基础，构建线上线下全面融合的政务服务体系，推动电脑端、大厅端、移动端、自助端的“四端”联动及功能升级，实现线上线下无差别受理、同标准办理，让政务服务触手可达。二是打造“湘易办”超级服务端。统筹建设全省统一的移动端“湘易办”，将全省现有政务App相关功能和服务整合到“湘易办”，推进技术融合、业务融合、数据融合，将“湘易办”打造成全省统一的“掌上办事”总入口、优化营商环境总平台、数字政府建设总引擎。目前，上线政务服务、便民服务事项超17000项，用户数突破3400万人，努力提升企业群众办事的便捷度和获得感。依托“湘易办”政务版建设综合指挥调度平台，集成防汛、地灾、防火、环保、铁塔哨兵等5个专题，服务于领导“随时看数、随即决策、随行指挥”需求。三是全力推进“高效办成一件事”。坚持以应用场景为驱动，以技术赋能为引擎，不断优化重构申请条件、申报方式、受理模式、审核程序、发证方式，全面推动“高效办成一件事”落实落地。目前，新生儿出生“一件事”累计办理超过7.1万件，涉及单一事项超20万件，群众通过“湘易办”申请率达到99.5%，入学“一件事”实现县级以上地区全覆盖；社保卡居民服务“一件事”在多领域实现全省覆盖。企业开办网办率达92%，设立登记、税务登记、公章刻制准时率分别达到99.9%、98.5%和90.88%。

二　优化基层政务服务供给，打通服务企业群众最后一百米

针对基层企业群众办事难、办事慢、办事繁问题，通过数据共享、人工智能等手段，以“自助办、掌上办”等方式提供便捷服务，把服务延伸至基层，让企业群众“足不出户”享受政务服务。一是优化提升自助服

务。加强省、市、县三级政务服务中心自助服务终端建设，实现简单事项大厅自助办理；在人口集中区合理规划自助服务网点，打造15分钟自助办理服务圈；在大型商圈、大型小区设置楼宇自助设施，让企业群众办事不出楼。同时，在“湘易办”上线100项高频服务，让便捷服务随时随地指尖可享。二是开展“减证便民”行动。实施数字赋能提档、线上线下融合、应用场景拓展和群众体验优化四个专题行动，全方位提质“无证明城市”线上服务专区，拓展线下服务模式，推动“湘易办”超级服务端建设与打造“无证明城市”升级版双向赋能。以长沙为例，2023年已有26类证明可在线开具，160类电子证照可共享复用，5088项政务服务“减证办”“免证办”，为经营主体、群众线上开具证明16万件，“减证办”事项共产生办件63.2万件。该项工作获评全国数字政府创新成果与实践案例。三是推行“智能审批”“秒批秒办”。创新智能AI审批场景，推动“一摞材料”向“一键申报”转变，“人工审批”向“智能审批”转变，“纸质证照”向“电子证照”转变，提升网上政务服务质效，让更多高频事项实现智能化审批和“无形认证”“零跑腿办理”。以办理“经营性道路旅客货物运输驾驶员从业资格证换发”为例，原需提交3份材料，法定办结时限10个工作日，现申请人在“湘易办”上“零材料”一键申报，20秒左右拿证。

三　构建平台支撑体系，全面夯实数字政府建设底座

积极整合构建结构合理、智能集约的平台支撑体系，强化政务云平台、通办平台、基础数据库及重点共性应用支撑能力，全面夯实数字政府建设底座。一是全力打造“一网通办”平台。将原湖南省“互联网+政务服务”一体化平台，迭代升级成省“一网通办”平台，纵向连接14个市州，横向连接42个省直单位，梳理政务服务事项近3700个，对接高频事项252个，有效实现了跨层级、跨地域、跨系统、跨部门、跨业务协同管理和服务，全面推动线上线下深度融合，为加快数字政府建设，实现“高

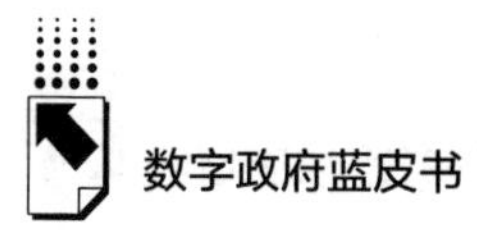

效办成一件事”和“一网通办”“跨省通办”提供基础支撑。二是强化政务云统筹管理。根据“存量有序整合、增量购买服务”的原则，通过“统采统签统付”方式，建立物理分离、逻辑集中、一体管理的运行机制和资源调度体系，构建“1+14+N”总体架构的全省政务“一朵云”。推进政务云平台集约化建设管理，按照全省“多云统管”思路，建设省级政务云管理平台，持续推进各级各部门政务信息系统和数据储存迁移上云。推动电子政务外网 IPv6 改造，提升其服务支撑保障能力，形成互联互通、安全规范、资源共享、高效利用的省级政务外网网络体系。三是建设完善基础数据库。建成自然人、法人、自然资源与地理空间、宏观经济四大基础数据库，不断丰富公共数据资源供给。自然人库整合了公安、卫健、人社、民政、教育等 23 个部门的 300 项自然人数据，约 31 亿条；法人库对接 15 个厅局，归集了 964 万法人主体数据和 1 亿多条法人相关数据，共约 60 类 5 亿多条；自然资源与地理空间库拥有覆盖全省的多比例尺基础地理信息、多分辨率遥感影像数据和规划、土地、矿产、地质等 30 大类，约 2 亿条空间数据；宏观经济库包含地区生产总值、企业生产情况、居民生活消费等宏观经济信息数据。目前，四大数据库已累计为 70 多个部门 280 余个业务系统提供数据支撑服务，打造了湘易办、健康码、湘就业、湘消费、湘融汇等重点应用。

四　加强数字化监管，营造“三化一流”营商政务环境

运用数字技术构建新型监管机制，建立全方位、多层次、立体化智慧监管体系，实现事前、事中、事后全链条全领域监管，以精准有效监管打造市场化、法治化、国际化一流营商环境。一要强化“互联网+监管”。积极推动“互联网+监管”系统建设，构建统一规范、信息共享、协同联动的“互联网+监管”体系，全量汇聚各类事中事后监管数据，开展监管数据深度挖掘，实现监管信息全程可溯、监管部门协同化办公和智能化决策。按照“谁主管、谁监管”原则，对重点领域、重点行业、重点企业开展全程动态

监管；对涉及监管领域多、检查频次高的行业领域，建立部门联合监管机制，统一组织实施“双随机、一公开”监管。2023 年，部门联合抽查任务占比达 42.93%，平均每家企业接受检查频次由 5.91%下降到了 4.98%，有效减轻了企业负担，优化了营商环境。二要强化行政效能电子监察。建立“红黄蓝”三级预警纠错机制，对法定办理时限和承诺办理时限实行全过程动态监管，将省市县乡村五级和省级以上园区、自贸片区依申请类政务服务事项全部纳入行政效能电子监察，坚决查处推诿扯皮、敷衍塞责、懒政怠政等不作为、慢作为、乱作为现象，倒逼各级各有关部门持续提升政务服务效能。2023 年，全省即办件占比达 84.62%，承诺时限压缩率为 82.61%，法定时限提速率达 99.21%，“红黄牌”发生率降到 0.04%以下。三要强化网上中介服务超市监管。有序推进湖南省网上中介服务超市建设，依法整治与行政机关暗中挂钩、靠山吃山的“红顶中介”，严厉打击串通操纵服务价格甚至欺诈勒索的各类“灰中介”“黑中介”，着力打造公平竞争、服务高效、监管有力的行政审批中介服务市场，降低制度交易成本，更好地优化营商环境。截至 2024 年 7 月，全省各级项目业主通过省中介超市累计发布中介采购公告 70429 宗，中选公告 62677 宗，签约项目 40264 个，累计服务金额 57635.15 万元，实际成交金额为 46627.52 万元，节约资金共 11007.63 万元，资金综合节约率达到 19.1%。

五　构建一体化政务大数据体系，打造数据开放共享利用新生态

系统性谋划政务大数据体系建设工作，依法依规推动数据高效共享和有序开发利用，充分释放数据要素价值，为提升政府行政效能和优化营商环境提供有力支撑。一是建设一体化政务大数据体系。高标准建设省大数据总枢纽，纵向连通国家平台与 14 个市州共享平台，横向连通 81 个省直单位的 665 个政务信息系统，形成了以省大数据总枢纽为核心、市州数据共享平台为节点、“纵向贯通、横向连通”的一体化政务大数据体系，推动政务数据

直达基层。二是出台制度规范，激发数据共享动能。完善湖南省政务数据共享工作规则，规范数据编目、资源挂接、共享申请、供需对接和异议处理等流程，明确共享申请审核压缩至6个工作日，供需对接压缩至5个工作日，创新建立“白名单”和数据回流机制，推动公共数据精准、高效、权威共享。三是丰富公共数据开发利用场景。聚焦习近平总书记考察湖南时重点关切的先进制造业、科技创新、文化与科技融合、现代农业、城市治理等领域，开展“数据要素×”典型案例征集活动，向国家遴选推荐30多个优秀案例，其中湖南省博物院“推动文物数据跨领域融合创新”，入选全国首批20个“数据要素×”应用典型案例，并在“数字中国”建设峰会上发布。推动省直部门开放共享80余项数据，赋能省自然资源保护地管理系统在南洞庭湖自然保护区实战化应用。

六　推进跨省（域）通办，助力区域一体化发展

打破地域界限，实现政务服务互联互通，为区域内的企业和群众提供更加便捷、高效的服务，助力区域一体化发展迈向更高水平。一是推进泛珠三角、湘赣边、湘鄂跨省通办。广东等9省份签订《泛珠三角区域政务服务“跨省通办”合作框架协议》，梳理发布“跨省通办”事项165项，建成泛珠三角区域“跨省通办”服务专区。与江西“赣服通”建立“跨省App联盟”，开设“跨省App联盟”专区，实现一次登录、无感使用、跨省服务。湘鄂两省社保和住房公积金等53个事项实现互联互通，开设线上服务专区，设立线下服务专窗，实现低风险高频业务“跨省办理”，高风险业务“跨省受理”，增强区域内人民群众的获得感、幸福感。二是推进长株潭政务服务一体化。支持长沙市、株洲市、湘潭市一体化发展，赋予长沙市、株洲市、湘潭市省级经济社会管理权限22项。推进长株潭三市政务服务一体化，从协同机制、办事渠道、政务数据互通等方面共同发力，实现三地企业和群众异地办事“不出圈”。

七　强化民情民意分析研判，推动政府治理能力现代化

建立健全民情民意大数据辅助决策机制，应用大数据、云计算、人工智能等辅助决策新技术，有效提升政府决策预警能力、预测能力和社会治理能力。一是整合多元诉求渠道，通过一体化办理为基层减负。统筹推进全省各级各部门将中国政府网“@ 国务院，我来说”、国家政务服务平台投诉建议、“省长信箱”等网上群众诉求办理渠道全部整合到“12345”政务服务热线，实现电话和网络诉求“统一受理、集中研判、分类转办、一体回复”，通过诉源治理，减少企业群众多头重复投诉，为基层释放了压力、减轻了负担。整合后，全省办理时效提速 20%以上，群众满意度达 84.48%。二是借助民情民意大数据分析，为领导和部门决策提供支撑。充分运用大数据、云计算、人工智能等新技术、新手段，对群众诉求地域、类别、热点难点问题进行梳理分析，找准群众的“急难愁盼”问题，查找政府治理中的差距与不足，为领导决策施政提供参考。在低温雨雪冰冻等极端天气期间，省“12345”综合监管平台及时就交通出行、供电服务等方面的高频诉求开展大数据分析，为省政府领导精准决策提供第一手资料，为抗灾救灾工作取得胜利发挥了重要作用。三是以类案办理推动制度修订和政策出台，提升社会治理能力和水平。针对企业群众集中反映的热点难点问题，以类案办理为切入点，深入研究分析一系列具有代表性的案例，从中挖掘出普遍存在的问题和潜在的制度漏洞，准确识别社会治理中的薄弱环节，推动消费者权益保护、环境保护、劳动关系管理等领域出台针对性强、操作性强的新政策，有效解决了以往存在的法律盲区和执行难题，全面提升了社会治理的整体效能和水平，增强了企业群众的获得感、安全感和满意度。

下一步，湖南省将以“数惠三湘”为引领，持续深化数字政府建设，强化政务数据融合共享，拓展多元智慧应用场景，不断提升政务服务效能，深入推进政府治理体系和治理能力现代化，为经济社会高质量发展注入澎湃的数字动能，奋力谱写中国式现代化湖南篇章。

参考文献

广东、福建、江西、湖南、广西、海南、四川、贵州、云南：《泛珠三角区域内地九省区"跨省通办"合作框架协议》，2021 年。

《国务院关于进一步优化政务服务提升行政效能推动"高效办成一件事"的指导意见》（国发〔2024〕3 号），2024 年 1 月 16 日。

B.13

数字政府深圳实践：以“高效办成一件事”为牵引打造主动、精准、整体式、智能化的政务服务

深圳市政务服务和数据管理局

摘　要： 深圳作为首批数字政府改革建设试点城市，近年来以企业群众需求为导向，通过不断健全完善政务服务渠道建设、统筹推进政务服务改革创新、扩大政务服务“鹏友圈”等政务服务举措，以“高效办成一件事”为牵引，打造主动、精准、整体式、智能化的政务服务，努力建设人民满意的服务型政府，助力营造市场化、法治化、国际化一流营商环境。

关键词： 数字政府　高效办成一件事　“i 深圳”　民生诉求　深圳

一　改革背景

近年来，党中央、国务院围绕数字中国建设作出了一系列重大部署。2021 年，《中华人民共和国国民经济和社会发展第十四个五年规划和 2035 年远景目标纲要》出台，提出要“加快建设数字经济、数字社会、数字政府”。2022 年 6 月，《国务院关于加强数字政府建设的指导意见》（国发〔2022〕14 号）印发，提出充分发挥数字政府建设对数字经济、数字社会、数字生态的引领作用。2023 年，中共中央、国务院印发了《数字中国建设整体布局规划》，明确数字中国建设按照“2522”的整体框架进行布局。

依托新技术应用推进政务服务数字化改革，是数字政府建设的重要内

容，对营造市场化、法治化、国际化一流营商环境，推动经济社会高质量发展，实现中国式现代化具有重要作用。2022 年 3 月，《国务院关于加快推进政务服务标准化规范化便利化的指导意见》（国发〔2022〕5 号）印发，要求进一步推进政务服务运行标准化、服务供给规范化、企业和群众办事便利化。2024 年 1 月，《国务院关于进一步优化政务服务提升行政效能推动“高效办成一件事”的指导意见》（国发〔2024〕3 号，以下简称《指导意见》）发布，对深入推动政务服务提质增效，在更多领域更大范围实现“高效办成一件事”作出部署。

深圳作为首批“数字政府”改革建设试点城市，高度重视数字政府建设推动政务服务数字化改革。在制度建设上，陆续出台《深圳市推进互联网+政务服务暨一门式一网式政府服务模式改革实施方案》《深圳市人民政府关于加快智慧城市和数字政府建设的若干意见》《深圳市数字政府和智慧城市“十四五”发展规划》《深圳市数字孪生先锋城市建设行动计划（2023）》《深圳市优化政务服务 深化“高效办成一件事”助力高质量发展行动方案（2024—2026 年）》等系列政策文件，建立着眼长远、一脉相承的发展规划体系，通过出政策、定标准、建机制，为推进数字政府建设和政务服务改革提供制度保障，实现“一盘棋”全面统筹、“一贯到底”高效联动。在系统建设上，紧密衔接国家“2522”数字化发展整体布局，深圳结合自身实际，形成“1314+N”数字化发展体系，即打造“1”个数字孪生底座、打造“3”大智能中枢体系、打造“1”个统一门户体系、深化“4”个“一网”融合、建设 N 个城市级数字孪生先锋应用。其中在提升企业群众的参与感、获得感和幸福感方面，深圳依托以“i 深圳”为统揽的统一门户体系，以“一网通办”打造了数字化城市服务，推动政务服务改革从供给侧向需求侧转变，先后推出了一系列基于数据驱动的政务服务改革，提供更加主动、精准、整体式、智能化的政务服务，让企业群众办事更便利，推动营商环境优化。

2024 年深圳政府工作报告提出，要“多为企业和市民办实事、解难题、优服务，努力做到每件诉求真办结、真满意。围绕‘高效办成一件事’，推动更多事项‘一次办’‘集成办’‘免申办’‘不见面办’。多在精准服务上做加法、在办事审批上做减法，让企业办事像‘一键导航’一样高效便捷”。聚焦“惠民、兴业、优政”，深圳正在有序建设全自主可控的数字孪生城市和鹏城自进化智能体，让城市能感知、会思考、可进化、有温度，努力以政府的“辛苦指数”、数据的“效率指数”，提升市民和企业的“幸福指数”，以推进政务服务数字化改革助力经济社会高质量发展。

二 改革举措及成效

近年来，深圳通过不断健全完善政务服务渠道建设、统筹推进政务服务改革创新、扩大政务服务“鹏友圈”等举措，全力提升服务效率与服务品质，努力让市民办事像网购一样方便快捷，让惠企政策像快递一样精准直达，以优良的政务环境和数治环境助力营商环境优化，取得了较好的成绩。在“中国智慧城市发展水平评估”中连续多年位居全国第一，在一体化政务服务能力评估中连续五年位列全国重点城市第一名。

（一）健全政务服务渠道，提供泛在可及的政府服务

近年来，深圳全力推进全市一体化政务服务体系建设，推行“一门一网”政府服务改革，形成了以“i 深圳”为统揽的线上线下融合一体化服务渠道，全方位汇聚政务服务、公共服务和便民服务资源，全方位构建城市服务生态体系，为企业群众提供全天候、无差别、一站式政府服务。

一是实现政务服务“一站式”办理。一方面，建立 1 个市级政务服务中心、11 个区级政务服务中心、74 个街道便民服务中心、668 个社区便民服务站，实现社区全覆盖，不断丰富大厅服务功能、完善服务设施、提升服务水平。另一方面，全面实现“一门进驻集中办理、综合窗口一口受理”，目前全市政务服务事项按“应进必进”的要求全面进驻各级政务服务中心，实现任一窗口分类无差别受理，找政府办事就去政务服务中心成为一种常态。另外，推进政务服务地图建设，汇聚全市各级政务服务中心及各类政务

服务设施，方便市民实现一图查找、一键导航。

二是大力推进各类服务“掌上办”。积极构建以“i 系列”“深系列”“@ 系列”为主，线上线下融合的一体化服务渠道，实现“一屏智享生活、一号走遍深圳”。“i 深圳”App 作为深圳城市移动综合服务总门户，按照“线下能办的线上能办、线上能办的掌上能办”原则，持续接入教育、医疗、住房、交通、文体、社保等各类高频公共服务，“一站式”提供自然人生、老、病、养全方位整体式服务，以及企业准入、经营、退出全流程主题式服务，目前已汇聚 8600 余项政务服务和公共服务。截至目前，“i 深圳”App 累计注册用户数超 2000 万，“i 深圳”公众号订阅人数近千万，各项指标稳居全国同类移动政务应用前列。

三是不断升级政务服务“自助办”。推进全市各类自助服务终端整合，将已在各类服务终端自助办理的事项统一接入政务服务一体机，提供包括公安、社保、住房保障、不动产、公积金等业务在内的高频事项全流程自助办理，并对全市自助服务终端统一规划部署，让群众在家门口便可自助办理各类政务服务。同时，积极拓展外部服务资源，通过政企合作把政务服务送进园区，通过政银合作将政务自助服务事项接入银行 STM 终端机，企业群众可在银行网点办理涵盖公安、社保等多个部门的高频服务事项。

（二）以需求为导向，统筹推进政务服务改革创新

以改革求突破，以创新谋发展。深圳积极开展政务服务改革探索和创新实践，坚持改革引领、需求导向、数字赋能、系统集成，持续推动秒报秒批、免证办、免申办、视频办等服务模式改革，有效助力营商环境优化。

一是首创“秒报”“秒批”模式。2018 年，深圳在全国率先推出政务服务“秒批”改革，依托统一身份认证、统一支付、统一电子证照库等基础支撑，借助刷脸认证、信息授权互认等技术，基于数据自动比对即时获得审批结果，实现全程无人干预自动审批。在“秒批”基础上，深圳于 2019 年在全国首创无感申报，即“秒报”模式。利用大数据、人工智能等技术进行流程再造、制度创新，推进部门业务系统交互，与基础库、主题库等可

信数据源对接，通过信息共享自动比对、核验申请信息，实现基于标准化规则的系统自动填充、自动推送、自动审批，实行“无填报、无材料、无跑腿”三无模式，实现企业群众办事一键申报、即报即批、即批即得，推动政务服务从申办到审批的全过程主动、精准、智能服务。

二是推进政务服务“免证办”改革。深圳以电子证照应用为契机，着手打造“无实体卡证城市”，率先推出政务服务“免证办”，为企业和群众提供更便捷、更友好的办事体验。市民群众可自主选择通过身份证、“粤信签”小程序（微信）或“i 深圳” App 授权调取本人或本单位名下的各类电子证照。同时，基于区块链技术，深圳已实现电子证照调取使用及授权全过程记录、可追溯、防篡改、不可抵赖，真正实现覆盖面广、高效便捷、安全可靠、灵活方便。目前，深圳市电子证照系统已实现 400 余项电子证照替代实体证照，包括身份证、户口簿、社会保障卡、不动产权证、营业执照等高频应用的证照。

三是推进利民惠企政策“免申即享”。在“i 深圳” App 上线政策补贴直通车平台，依托一体化政务服务平台支撑，通过数据自动比对，主动匹配符合补贴条件的企业，推动从“人找服务”向“服务找人”转变，实现政策补贴精准直达、免申即享、高效兑现。目前，“深 i 企”和“i 深圳” App 均已开设政策补贴服务专区，分别上线 500 余项企业政策兑现事项、700 余项个人政策兑现事项。

四是推广政务服务“视频办”办事服务。针对传统申报材料不可见、人员身份难确认、办事仍要跑大厅、线上线下融合有壁垒等政务服务提能增效瓶颈问题，深圳创新性推出“5G 视频办”，将 5G 高效传输、人脸识别、屏幕共享、云存储、CA 签名等技术应用于“厅与厅”联合办、“面对面”远程办等服务场景。群众可直接通过手机连线工作人员，查看工作人员提供的系统操作演示、办理链接等，享受“一对一”“面对面”的视频办服务，在其远程指导下完成在线申报，解决线上办理人员身份识别、隔空实时交互、材料共享存证等难题。同时引入人工智能技术，优化完善智能客服功能，用户等待进入“5G 视频办”服务期间，可向智能客服提问，智能客服通过多轮问询、“相似问”、“猜您想问”等功能精准捕获信息，并以图文、小视频、文字等多样化方式呈现相关问答。

五是推动更多“一件事”高效办。从企业和群众视角出发，将政务服务供给“一件事”转向企业群众需求“一件事”。2024 年，在国家明确第一批 13 个重点事项与新一批 8 个重点事项的基础上，结合深圳建设国际会展之都、国际人才高地、海洋中心城市等重点政务服务需求，谋划新增大型展会举办报批、人才引进入户、个人创业、国内航行船舶证联办等 7 个深圳特色事项。深圳市企业上市合法合规信息核查“一件事”在国家要求 17 个领域的基础上，将违法违规记录证明专用版信用报告拓展至 25 个委办局共 47 个领域。结合深圳特色，创新推出港澳台及外籍人士“不见面”线上打印无违法违规信用报告。在全国首创“人才引进入户”一件事，申请人最快只需半小时，即可在家办理入户深圳手续，实现人才入户全流程“零跑腿、不见面、自动批”。

（三）拓展服务范围，扩大政务服务“鹏友圈”

一是打破地域限制，推动“跨域办”。为发挥深圳核心引擎功能，加快构建“一核一带一区”区域发展格局，深圳与广州、东莞、汕尾、中山、江门等多地协同，全面开展政务服务“省内通办”。在广东政务服务网（深圳站）开设跨城通办专区，涵盖广州、珠海、惠州、东莞等 11 个城市，实现统一登录界面、统一身份认证、统一证照共享、统一咨询评议。基于“i 深圳”App 构建“广深融合服务专区”“深莞跨域融合服务专区”“深中融合互动专区”“深江跨域融合服务专区”，社会保障、劳动就业、看病就医、户政车管、交通出行等领域高频服务均已实现异地“零跑腿”。

二是加强深港合作，实现“跨境办”。深圳积极创新大湾区政务服务领域区域合作新模式，深入推进政务服务“深港合作”，在港澳布设“前海港澳 e 站通”的服务网点，在河套深港科技创新合作区设立“e 站通”综合服务中心，为港人港企提供“注册易”“办税易”“社保通”及深港跨境“一件事一次办”等政务服务，进一步拓宽深港澳跨境政务的服务领域和空间，提供多渠道、广覆盖、业务多元、便捷高效的“一站式”服务。同时“i深圳”App上线港澳服务专区，实现社保/公积金查询、通行证预约、医院挂号、购房意向登记等服务“指尖办”，汇聚文体旅游、科普活动、文化生活等资讯，便利港澳人士更快融入深圳生活，以便捷高效政务服务助力“数字湾区”建设，助力跨境服务“零距离”。

三是打造多语种服务，提升政务服务国际化水平。2021年11月，深圳政府在线正式上线法、日、韩等多语种版网站，针对不同语种人群的语言阅读习惯、操作习惯以及民俗文化打造服务、生活、旅游、投资、法律等9大频道，设置“了解深圳、办事服务、投资深圳、来深旅游、在深生活、互动交流”等多个功能板块，同时提供涉外审批服务事项的网上办理服务，为在深外资企业经营和外籍人士投资、就业、居住、旅游提供便利。同时，依托“i深圳”App提供多语种办事服务，于2022年上线英语服务门户，2023年拓展上线阿拉伯语、日语、韩语、法语、西班牙语、德语、俄语、葡萄牙语等8个外语服务门户，实现多语种资讯服务、多语种办事指引服务汇聚，推动服务流程和办事体验不断优化、国际化服务水平持续提升。

（四）以问题为导向，着力破解企业群众办事难点、堵点

一是深化民生诉求综合服务改革。坚持“体制、机制、制度、平台”四位一体，同步推进“四个一”改革：主推一个渠道，将全市537个民生诉求渠道整合为18个，打造以“@深圳-民意速办”为主渠道的受理渠道体系；建立一套清单，以最小颗粒度编制民生诉求目录清单、职责清单、实施清单，细化为18大类4356项，实现精准快速分拨派单；打造一个平台，按照“两级平台、五级应用”的架构，建设全市民生诉求一体化平台，面向不同用户推出市民端、党员端、工作端和管理端，实现统一受理、统一分拨，全流程可视、全过程闭环；形成一套机制，建立健全民生诉求“1+3+N”制度规范体系，包括首接负责、快处快裁、不满意重办等运行机制。2024年以来，深圳市累计响应群众诉求2793.92万次，按时办结率达98.51%，平均办理时长压缩68%，市民总体满意率达99.97%。

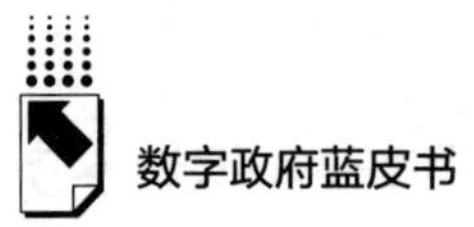

二是全面推广“办不成事”反映窗口。修订印发《深圳市政务服务投诉处理暂行办法》，在市、区、街道、社区四级政务服务中心及各类专业服务厅全面设置“办不成事”反映窗口，协助企业、群众解决在政务办事过程中遇到的疑难事项和复杂问题。依托“@深圳-民意速办”平台建立政务服务“办不成事”反映处置的专门流程和机制，形成具有深圳特色的系统化、规范化、网络化“办不成事”反映窗口服务体系。

三是推动企业群众诉求问题闭环解决。基于民生诉求平台等渠道获取的企业群众诉求建议进行定期分析，并形成问题清单，包括系统问题、业务问题、基础问题、公共问题、服务质量、其他问题等6大类问题，以及19类子问题。截至2024年9月，已对2.7万余条诉求数据进行分析，并推动相关部门提出针对性的整改措施，实现问题的准确发现和高效解决，推动政务服务效能提升。

三　典型案例

（一）依托“i深圳”App，实现城市服务“一键直达”

作为超千万人口的超大城市，如何在上千项服务中为用户精准定位所需服务，是深圳面临的痛点。面对企业和群众生产生活中不断变化的需求，“i深圳”推出了“一键服务”，如文体场馆和公共场所停车场“一键预约”、新能源车充电“一键接入”、地铁公交“一键乘车”、公共安全“一键报警”、天气预警“一键定制”等服务，逐渐在方方面面融入了市民和企业的生产生活。

例如，为了激发市民的运动锻炼热情，深圳大力推进文体设施的共享运营，打造文体场馆“一键预约”平台，将全市体育场馆联网，将学校场馆、社会场馆、公共场馆等全部纳入其中，对数据资源集中管理。市民只需登录手机客户端，就可以查看离自己最近的场馆人数、场地等情况，方便错时共享。截至2024年6月，平台总接入场馆1975所、场地8326片，使用用户超130万人，总订单数1200万余单。

（二）聚焦企业引才痛点，推动人才引进“一次办成”

人才引进入户“一件事”整合留学回国人员引进、应届毕业生接收、入户指标卡发放、市外迁入等4个事项，以智能推送、主动告知引导融入各业务各环节，在全国首创实现人才入户全流程“零跑腿、不见面、自动批”。一方面，通过推动人社、发改、公安、政数业务系统和市、省、部公安系统协同融合，最大化释放数据驱动力量，创建整体式最优化服务，实现协同联动、融合高效；另一方面，以平台系统高度耦合，促进数据实时共享与彼此校验更新，堵住信息壁垒造成的审核缺漏，提升业务审核监管能力，优化人力资源配置，实现溯源审核、监管有力；再一方面，统一人才引进、入户指标、户籍信息数据标准，实时回流、共享复用，以双账合一、口径一致促进业务联动精准监督，为科学决策提供支撑，实现统一标准、精准决策。

人才引进入户“一件事”以“一次申请、一次审核、一键落户”为目标，将原来至少一周的办理时间缩短至最快24分钟，审核环节由5个简化为1个，业务平均减填报、减材料达20%，真正实现“人才核准—入户指标—户口迁移”全流程“高效办”“零跑腿”、业务申请材料“尽免”、业务审核环节“尽简”、业务核准事项“尽减”。2024年5月22日，首批应届毕业生接收和留学回国人员引进业务上线。截至7月31日，通过“一件事”入口进入的业务量占业务申报总量的85%，业务办理成功率为98%以上。

（三）开展破圈合作，实现跨域服务“一屏漫游”

为进一步推动不同地区之间的政务服务和公共服务的互联互通，深圳市以都市圈联动发展为重要契机，与各城市开展密切合作、协同发展，不断扩大深圳“鹏友圈”，实现政务服务跨域办理，大幅提升政务服务效率和覆盖率，推进政务服务共建共享、互联互通、一体化发展。

一方面，推动都市圈内重点城市政务服务合作，进一步推动城市间政务服务及生活服务融合发展。以“广深跨域融合服务专区”为例，其在“穗好办”和“i深圳”平台上同步上线试运行，专区主要包含生活服务、个人办事、企业办事、人才服务、民生服务地图、文化生活、深圳资讯等板块，涵盖100余项高频政务服务事项，其中“i深圳”App“广州专区”为深圳市民提供医院地址一键查询、一键预约挂号、就医结果一键查询、异地就医一键备案等服务，而“穗好办”App的“深圳专区”中为广州市民提供一键亮码乘车等服务，实现“一码通双城”。

另一方面，推动政务服务“跨境通办”，促进深港两地政务服务便利化。在深圳前海和河套上线并启用香港“跨境通办”自助服务机和“智方便”自助站，可办理68项香港政务服务，涵盖税务、公司注册、物业及车辆查询与登记、个人证明文件申请、人才入境申请、福利及教育、医疗健康、出入境检查及紧急求助等，以满足身处大湾区的居民和企业对香港政务服务的需求。

（四）深化民生诉求改革，实现诉求服务“一键应答”

深圳聚焦“打造一个整体式政府，办好群众大大小小的事”，围绕“建好一个平台、完善一张清单、建立一套标准、形成一系列机制”，深入推进“党建引领基层治理”民生诉求综合服务改革，做到民有所呼、我有所应，推动政府职能转变和城市治理方式转型。

同时，深圳市各区各部门也推出了一系列改革创新机制，如福田区推行“10分钟联系，30分钟约见，急切事项24小时落实办理”的“10-30-24”民意速应机制；龙华区整合社区网格管理中心、综治中心、数字治理指挥中心职能，形成诉求协同处置、多元共治机制；市城管局建立主动巡查未诉先办机制，通过提升平台视频识别智能化水平，努力将城市管理问题发现解决在群众投诉之前。例如，市民唐先生通过“@深圳-民意速办”平台提交诉求，称某路段有二三十米的人行道中断，行人只能走邻近的机动车道，不利安全出行。罗湖区政务服务和数据管理局及相关部门在该片区进行实地勘查时，发现环仓路某路段也存在相同的情况，于是便联动清水河街道完成了对两条断头人行道的打通工作。再如，福田区南园街道爱华南路绿化带旁的小道人车混行，存在安全隐患。该问题被反映到“@深圳-民意速办”平台后，市城市管理和综合执法局与街道办合力规划建设，在实现人车分流的同时将单一绿地打造为滨河绿美长廊公园。

四　改革展望

经过多年探索实践，深圳在智慧城市发展水平、网上政务服务能力等方面走在全国前列，以数字政府建设推动政府服务水平提升、营商环境优化、治理手段创新、管理服务效能提升，建设主动、精准、智能的整体式数字政府，并以之引领城市数字化转型和协同发展，推动城市治理体系和治理能力现代化，夯实了数字深圳建设基石。

《中共中央关于进一步全面深化改革 推进中国式现代化的决定》提出，要“促进政务服务标准化、规范化、便利化”，“健全‘高效办成一件事’重点事项清单管理机制和常态化推进机制”。下一步，深圳将进一步深入推进政务服务改革，实现企业和个人生产生活全生命周期重要阶段“高效办成一件事”广覆盖，事项办理便利度不断提升，以一体化政务服务运营为基础的跨部门、跨层级、跨区域统筹协同机制更加完备，线上线下政务服务深度融合。通过持续优化政务服务、提升行政效能，最大限度利企便民，激发经济社会发展内生动力，助力粤港澳大湾区和深圳中国特色社会主义先行示范区建设。

参考文献

《中华人民共和国国民经济和社会发展第十四个五年规划和 2035 年远景目标纲要》，2021 年 3 月。

《国务院关于加强数字政府建设的指导意见》（国发〔2022〕14 号），2022 年 6 月 23 日。

《中共中央　国务院印发〈数字中国建设整体布局规划〉》，新华社，2023 年 2 月 27 日。

国务院：《国务院关于加快推进政务服务标准化规范化便利化的指导意见》（国发〔2022〕5 号），2022 年 3 月 1 日。

B.14 数字政府长沙实践：从“一件事一次办”到“高效办成一件事”

谭雄伟*

摘　要：　作为最早推动“一件事一次办”改革的地区，长沙深刻把握国家层面从“一件事一次办”到“高效办成一件事”的改革脉络，秉承坚持办好“一件事”的理念持续深化政务服务改革，在探索与实践中逐渐形成“强化数字赋能，优化服务供给”双轮驱动改革思路，构建完善“1+3+N”高效政务服务体系。2023 年，长沙市一体化政务服务能力由“高”提升至“非常高”组别，跻身全国第一梯队。

关键词：　数字赋能　政务服务改革　高效办成一件事　长沙市

政务服务和行政效能直接关系着一个城市的营商环境、人才吸引力和整体竞争力，对加快构建新发展格局、推动高质量发展具有重要意义。从《国务院办公厅关于加快推进“一件事一次办”打造政务服务升级版的指导意见》（国办发〔2022〕32 号）到《国务院关于进一步优化政务服务提升行政效能推动“高效办成一件事”的指导意见》（国发〔2024〕3 号），国家层面聚焦企业、群众视角“一件事”深入推动政务服务提质增效，改革呈螺旋提升态势，旨在最大限度利企便民，激发经济社会发展内生动力。

习近平总书记 2024 年 3 月在湖南考察时强调，“进一步全面深化改革要

* 谭雄伟，长沙市行政审批服务局党组书记、局长，主要研究方向为行政审批制度改革、政务服务、区域经济、园区产业发展。

突出问题导向，着力解决制约构建新发展格局和推动高质量发展的卡点堵点问题”。长沙作为最早推动“一件事一次办”的改革地区，近年来按照国家改革部署要求，坚持强化数字赋能、优化服务供给，聚焦“一件事”推动政务服务改革持续向纵深突破，以提升企业、群众办事满意度、获得感为出发点和落脚点，着力打造“幸福长沙、网办到家”政务服务品牌。

一　坚持守正创新，深刻把握从“一件事一次办”到“高效办成一件事”的改革脉络

从“一件事一次办”到“高效办成一件事”，既有对政务服务改革行之有效做法的继承推广，更有在事项内容、办理方式、办理渠道、机制保障等方面的迭代创新。长沙在推动“一件事一次办”向“高效办成一件事”提升的探索实践中，深刻把握改革发展的“变与不变”，坚持以系统思维统筹谋划推进改革。

（一）从“一件事”事项目录上把握改革的“变与不变”，进一步明确改革重点

国办发〔2022〕32 号与国发〔2024〕3 号两个文件相比，“新生儿出生”等 5 个事项有所重合，均是群众办理高频、反映问题集中事项，“高效办成一件事”再次部署体现了对群众需求的高度重视，并提出了更高要求。同时，国发〔2024〕3 号文顺应新形势新要求还明确了一批新增事项（见表 1）。比如，围绕企业全生命周期新增的信用修复“一件事”、企业上市合法合规信息核查“一件事”、企业破产信息核查“一件事”，无论是从政府层面精准把握经营主体及时动态来看，还是从企业层面办事更加高效便捷来看，都具有十分重要的现实意义。长沙作为最早谋划“一件事一次办”的改革地区，自 2019 年起先后推动棚改补贴发放、棚改补贴退缴、经适房上市交易和新设二手车市场经营主体等系列“一件事一次办”改革落地见效，

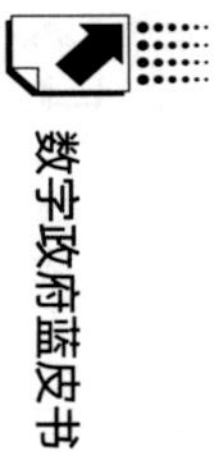

表 1 “一件事”事项清单对比

	国办发〔2022〕32 号	长政办发〔2023〕8 号		国发〔2024〕3 号	长政务公开办发〔2024〕2 号
个人全生命周期事项	新生儿出生	新生儿出生	个人全生命周期事项	新生儿出生“一件事”	新生儿出生“一件事”
	灵活就业	就业		教育入学“一件事”	教育入学“一件事”
	公民婚育	婚姻		社会保障卡居民服务“一件事”	社会保障卡居民服务“一件事”
	扶残助困	服务特殊群体		残疾人服务“一件事”	残疾人服务“一件事”
	军人退役	军人退役		退休“一件事”	退休“一件事”
	二手房转移登记及水电气联过户	二手房转移登记及水电气联过户			就医“一件事”
	企业职工退休	退休			农村建房“一件事”
	公民身后	“身后”			公证+不动产登记“一件事”
		入学			
		办证			
		就医			
		社会保险			
企业全生命周期事项	企业开办	企业开办	企业全生命周期事项	企业信息变更“一件事”	企业信息变更“一件事”
	企业准营（以餐饮店为例）	企业准营（以餐饮店为例）		开办运输企业“一件事”	开办运输企业“一件事”
	员工录用	员工录用		开办餐饮店“一件事”	开办餐饮店“一件事”
	涉个不动产登记	涉企不动产登记		水电气网联合报装“一件事”	水电气网联合报装“一件事”
	企业简易注销	企业变更		信用修复“一件事”	信用修复“一件事”
		员工保障		企业上市合法合规信息核查“一件事”	企业上市合法合规信息核查“一件事”
		综合纳税		企业破产信息核查“一件事”	企业破产信息核查“一件事”
		政策兑现		企业注销登记“一件事”	企业注销登记“一件事”
		融资服务			大件运输“一件事”
		企业注销			新设二手车经营主体“一件事”

续表

	国办发〔2022〕32 号	长政办发〔2023〕8 号		国发〔2024〕3 号	长政务公开办发〔2024〕2 号
项目全生命周期事项		招投标	项目全生命周期事项		经营性项目验收开业“一件事”
		用地审批			
		多图联审			
		施工许可			
		联合验收			
		水电气联合报装			
		经营性项目验收开业			

在推动"高效办成一件事"的改革实践中，更是将国家层面提出的"企业和个人"两个全生命周期"一件事"延伸为"企业、项目、个人"三个全生命周期"一件事"，在国家提出的13项"高效办成一件事"事项基础上，2024年还提出就医、农村建房、经营性项目验收开业等具体"一件事"，明确19项具体任务，纲举目张推动改革向纵深发展。

（二）从"一件事"业务办理上把握改革的"变与不变"，进一步丰富改革内涵

在业务办理流程方面，国办发〔2022〕32号文以集成办理为主，强调优化业务流程、打通业务系统、强化数据共享。国发〔2024〕3号文则以"集成办、承诺办、跨域办、免申办"为重点，注重提升政务服务的精准、便捷、高效、专业化水平，推动政务服务从事项供给到场景服务转变。同时，"高效办成一件事"要求办事方式更加多元化，统筹线上一网、线下一门、热线一号三种渠道，实现"不打烊"政务服务全覆盖、常态化。长沙在全面贯彻落实上级改革部署基础上，结合工作实际，全面细化办理目标、办理渠道，提出实施优化服务模式、线上线下融合、业务创新赋能、群众办事可感、行政效能提升五大行动，旨在进一步丰富改革内涵，扎实推动改革落地见效（见表2）。

表2 "一件事"业务办理对比

	国办发〔2022〕32号	国发〔2024〕3号	长政务公开办发〔2024〕2号
办理目标	协同高效——大幅减时间、减环节、减材料、减跑动	高效办成：办事方式多元化、办事流程最优化、办事材料最简化、办事成本最小化	建立健全市级统筹、部门协同、整体联动、线上线下融通的政务管理服务体系
办理渠道	线上受理专栏	线上一网：办事申请"一次提交"、办理结果"多端获取"	线上运用省、市统筹开发建设"一件事"办事模块
	线下综合受理	线下一门：应进必进，应上尽上	坚持"四精标准"推进政务服务窗口建设
	热线	热线一号：接诉即办	坚持"快优便实"打造政务服务总客服

续表

	国办发〔2022〕32 号	国发〔2024〕3 号	长政务公开办发〔2024〕2 号
办理方式及改革重点	集成化办理	集成办：申请表单多表合一、线上一网申请、材料一次提交	优化服务模式行动：科学设置流程、简化申报方式、构建联办机制
	优化业务流程	承诺办：从制度层面解决办证多、办事难等问题	线上线下融合行动：提质线上服务专区、拓展线下办事模式、巩固扩大事项范围
	打通业务系统	跨域办：开设“远程虚拟窗口”	业务创新赋能行动：推动异地事项跨域办、全面建设“无证明城市”、高频事项全程网办
	强化数据共享	免申办：免申即享	实施群众办事可感行动：推行专业化导办、开展换位式体验、加强综合性宣传
			行政效能提升行动：推进政务服务事项标准化、强化行政效能监督应用、优化一站式政务公开

（三）从“一件事”协作机制上把握改革的“变与不变”，进一步强化改革保障

此次新推出 13 个重点事项清单，涉及人力资源和社会保障、市场监管、住房和城乡建设等 10 个牵头部门，以及 27 个责任部门和水电气网等相关单位，国家层面明确了牵头部门和责任部门，由上至下强化部门协作、凝聚改革合力。同时，“高效办成一件事”更加注重常态化机制建设，国发〔2024〕3 号文明确按照“办理高频、涉及面广、企业和群众反映问题多”的标准，逐年确定一批“高效办成一件事”重点事项，实行清单化管理，并健全“高效办成一件事”重点事项清单管理机制和常态化推进机制。长沙结合工作实际，在原有“一件事一次办”改革协调机制基础上，在《关于印发〈关于进一步优化政务服务提升行政效能推动“高效办成一件事”的实施方案〉的通知》（长政务公开办发〔2024〕2 号）中明确提出建立分工明确、权责清晰、统筹

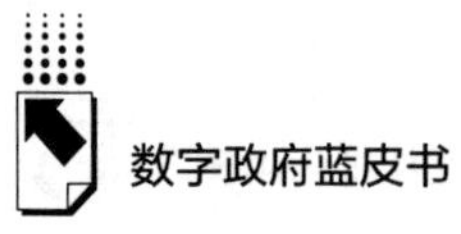

高效的跨部门、跨层级协调机制，专门印发《关于建立“高效办成一件事”推进机制的通知》，进一步明确改革时间节点和沟通联络机制，为“高效办成一件事”提供更有力的保障。

二 顶层设计先行，注重统筹谋划、一体推进

长沙市委、市政府高度重视营商政务环境建设，市委全面深化改革委员会会议、市政府常务会议经常性研究政务服务改革工作，市政府自2019年起，先后印发《长沙市人民政府办公厅关于印发长沙市推进“一件事一次办”改革进一步提高行政审批服务效能实施方案的通知》（长政办发〔2019〕14号）、《长沙市人民政府办公厅关于印发〈长沙市加快推进“一件事一次办”打造政务服务升级版工作方案〉的通知》（长政办发〔2023〕8号）等，聚焦“一件事”推动政务服务改革一张蓝图绘到底，顶层设计既一脉相承，又在改革实践中不断发展提升。

（一）全面凝聚改革合力

早在2019年初，长沙就同步成立了市行政审批服务局、市数据资源管理局，作为政府组成部门合力推进“互联网+政务服务”系列工作，为持续深化政务服务改革、推进数字政府建设提供了组织保障。同时，在推动“一件事一次办”改革实践中坚持实行“一把手”负责制，要求相关责任部门加强人员、经费保障，主要领导亲自抓部署、抓协调、抓督办。特别是2024年，长沙聚焦19项“高效办成一件事”事项，逐一明确事项牵头部门，并按照“一事一策”“一事一班”原则组建工作专班，由牵头部门会同责任部门编制“一件事”事项办理标准化工作规程和办事指南，统筹做好流程优化、系统对接、信息共享、电子证照应用、业务培训系列工作，合力攻坚改革堵点。

（二）完善考核评价机制

全市建立推进“一件事一次办”改革评估机制，出台考核评价办法，

细化考核内容、标准和方法，明确对区县（市）人民政府、园区管委会和市直相关单位分类开展考核评价，并将评价结果作为重点依据纳入全市绩效考核体系。注重重点事项办理情况跟踪评估，通过督办、通报机制，对工作推进不及时、工作落实不到位、企业和群众反映问题突出的给予通报并责令限期整改，将相关结果纳入全省营商政务环境监督评价内容。

（三）构建“1+3+N”政务服务体系

长沙紧扣“强基础、优服务、抓创新、树品牌、作示范”工作要求，在持续深化政务服务改革实践中，逐步形成以推进“高效办成一件事”为牵引（“1”），以全面建设“无证明城市”、持续深化“跨域通办”、推动线上线下融合发展为支撑（“3”），多维度、深层次拓展政务服务应用场景（“N”），合力构建泛在可及、智慧便捷、公平普惠政务服务体系的改革路径。

案例 1　高效办成“新生儿出生”一件事

湖南长沙率先推动“新生儿出生”一件事落地实施，通过省、市“一件事一次办”系统对接，实现各层级和各职能部门业务集成办理，确保资料一次提交、全程办理到位。市民依托全省政务服务移动端“湘易办”，只需提交一次申请、一套资料，就能实现“出生医学证明、户口登记、城乡居民参保、社保卡、预防接种证”5 个事项一次办结，不再需要在医院、派出所等地来回跑、反复跑，事项办理时间平均缩短 70%。2023 年全市共办理“新生儿出生”一件事 11700 余件。

三　优化服务供给，以“高效办成一件事”为牵引推动改革向纵深突破

从“一件事一次办”迈向“高效办成一件事”，是推动政务服务整体水平从“优”到“精”全面跃升的关键一招，虽然侧重点有所变化，但改革

底层逻辑一脉相承。自 2019 年起，长沙聚焦“一件事”深耕政务服务改革，多措并举优化服务供给，倒逼各部门和条块之间加强协同配合，破解关键掣肘和体制机制障碍，五年如一日坚持办好“一件事”。

（一）坚持流程再造“晒”清单，让“一件事”目录更清晰

制定《长沙市行政权力事项下放、承接和运行管理办法》，强化对基层的指导和承接能力培养，先后两批次下放“一件事一次办”相关权限 58 项，工业建设项目审批权限全链条下放到位，推动“园区事园区办”。全面梳理事项受理条件、申请材料、办理时限、收费标准、办理结果，对办理流程进行系统性再造，围绕“一件事”涉及多个部门的材料、表格，进行精简、优化、合并，智能选办后，形成一张清单，一次性填报，对办理结果采取现场递交、邮政寄递、网上传输等方式一次性送达，倒逼部门优化职责配置、强化业务协同、创新审批服务。依托省市一体化平台，推行共享数据自动调用、个性信息自行填报、申请表单自动生成，推动实现“多表合一、一表申请”“一套材料、一次提交”。

（二）坚持平台整合“破”多网，让“一件事”流转更顺畅

以聚合“一件事”、优化服务供给为出发点，建成全市通用的“互联网+政务服务”一体化平台。在与省级层面“一件事一次办”业务系统和“湘易办”超级服务端全面对接的基础上，推动全市政务服务网厅端（长沙政务服务旗舰店）、移动端（“我的长沙”App）、窗口端（长沙“一网通办”系统）和自助端“四端”融合发展，全面覆盖 9 个区县（市）、16 个省级以上园区、2000 多个镇街村社，服务 1051 万市民，打造形成四级全联通、事项全口径、服务全渠道、过程全监控的网上政务服务平台，保障各类前端服务数据同源、服务同质、更新同步，企业群众“高效办成一件事”的愿景得到初步实现。

（三）坚持窗口集约“优”服务，让“一件事”办理更便捷

在市政务服务大厅，推动与优化营商环境、“高效办成一件事”密切相

关的工程建设项目、市场准入、水电气报装等领域综合改革，将分散在多个部门的政务服务事项“打包”为一整套流程，分类推动“一件事”事项向一个窗口集中，全面实现前台综合受理、后台分类审批、统一窗口出件。

案例 2　高效办成“新设二手车经营主体”一件事

近年来，长沙二手车市场规模和活跃度不断增长，二手车经营主体备案咨询量、办件量激增。为进一步优化企业经营流程，解决企业开办、二手车主体备案需要在市场监管部门与商务部门间“往返跑”等问题，长沙结合工作实际，推出“新设二手车经营主体”一件事，通过资源整合，受理窗口前移，申请人只需在 1 个窗口提交所有材料，通过数据共享、专人代办和证照邮寄，原本 1 周的办理时限被压缩至 2 个工作日。

四　突出数字赋能，持续推动一体化政务服务能力提升

“高效办成一件事”关键是“高效”，目标是“办成”，本质是以政务数据共享推动业务协同和流程优化。长沙充分发挥数字化改革的引领、撬动和支撑作用，在为“高效办成一件事”提供扎实数字化支撑的同时，持续推动一体化政务服务能力提升。国务院办公厅电子政务办发布的《省级政府和重点城市一体化政务服务能力（政务服务“好差评”）调查评估报告（2023）》显示，长沙一体化政务服务能力提升较快，总体指数取得较大进步，能力水平由“高”组别提升至“非常高”组别。

（一）全面建设“无证明城市”，夯实“高效办成一件事”数据底座

在政务服务网厅端、移动端、窗口端和自助端同步开发“无证明城市”系统，市、区政务服务大厅设立“无证明城市”服务专窗，推动“刷脸

办”、“减证办”和“证明线上开具”等系列改革落地见效。完善基础数据库及专题库建设，按照“应汇尽汇”的原则，推进政务数据持续汇聚至数据中台，支撑各类应用场景，截至2023年底已汇聚政务数据总共193.78亿条，支持跨部门调用49.1亿次。争取省部级系统数据信息支持长沙复用共享，无房证明、户籍证明等38类证明可线上开具，身份证、营业执照等160类电子证照可实时调用，让企业群众不携带证明、证照也能“高效办成一件事”。2023年，全市线上开具证明13.1万件，电子证照调用138.6万次，“减证办”事项共办件54.6万件。

（二）持续深化“跨域通办”，拓展“高效办成一件事”覆盖范围

加快推进“长株潭”政务服务一体化，着力加强与长江中游城市群、泛珠三角区域、湘赣边政务服务合作，与14省24市（区）形成“跨域通办”合作共识。充分发挥“跨域通办”窗口与部门沟通衔接作用，以提升服务效能、加强服务支撑为重点，全面推动企业开办、不动产登记等营商环境重点领域和教育、就业、社保、医疗等民生领域186项高频事项“跨省通办”，新生儿出生、教育入学、大件运输等“高效办成一件事”事项实现“全省通办”。在各级政务服务大厅推行“全市通办”服务模式，打造“大综窗、全城办”通办网络，分批次分步骤实现高频民生事项全市范围内“任选大厅、就近可办”。2023年，全市“跨域通办”事项共办件54.6万件（见图1）。

（三）推动线上线下服务融合，提升“高效办成一件事”服务质效

紧扣“四精”标准提升窗口服务品质。坚持将精致布局、精细管理、精心服务、精准保障贯穿政务大厅建设、管理和服务的各环节。以提升“一件事”服务质效为重点加强窗口从业人员管理、培训、考核，进一步提升引导办、网上办智能化服务水平。以推进“高效办成一件事”为支点，健全线上线下帮办代办体系，强化对老年人、残疾人等特殊群体的陪同办、代理办、优先办等服务，加强对重点项目与企业的全流程帮代办，为办事企业群众提供更多精准化、个性化的衍生服务。聚焦“快优便实”办好政务

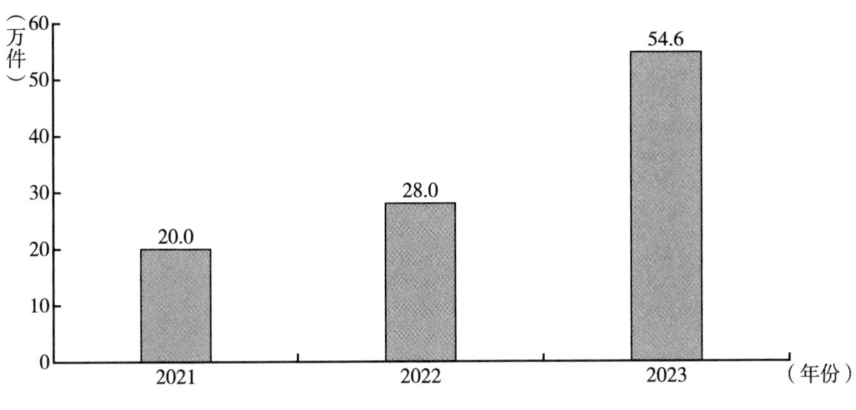

图 1　长沙“跨域通办”办件量

服务便民热线。围绕优化营商环境和企业、项目全生命周期“一件事”，开通“政企通”服务专线，为市场主体提供 24 小时政策问答和专席服务。推广“街道吹哨、部门报到”和“热线+网格”社会治理模式，在为基层减负赋能的同时，确保个人全生命周期“一件事”事项“一线应答”，停水、停电、停气和噪声扰民等问题最快 30 分钟“接诉即办”。长沙市“12345”政务热线 2023 年获评“全国十佳热线”，综合实力排名全国第六，全年受理诉求 407.2 万件（见图 2），回访满意率 96.7%，问题解决率 84.9%。

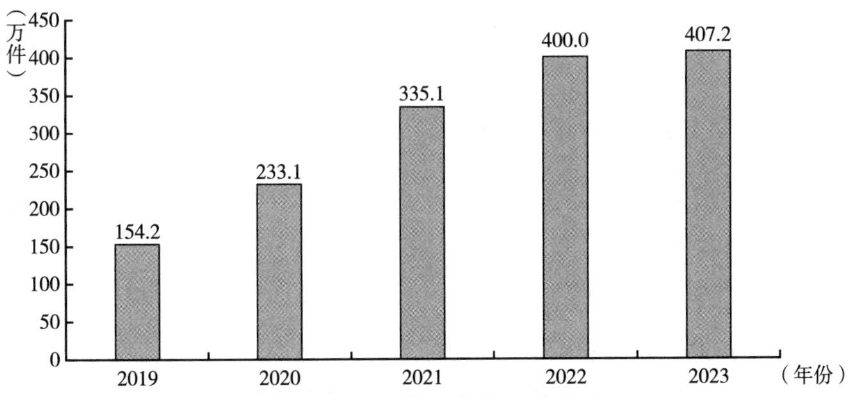

图 2　长沙市“12345”政务热线受理办件量变化趋势

案例3　高效办成“教师资格认定”一件事

近年来，长沙教师资格认定人数持续攀升，原本需要申请人先到医院体检，领取报告后在认定时间内带上11项材料到指定地点提交，等待审批后再来取证，最少也要跑4次。“教师资格认定”一件事改革，在先后取消实习证明等3项材料的基础上，通过数字赋能，对8类必要材料进行再精简，申请人通过长沙“无证明城市”系统可直接复用身份证、户口簿等2类电子证照，直接核验学历证书等5类电子材料。如今在长沙，在电子证照齐全的情况下，办理教师资格认定仅需上传一份信用承诺书和一寸免冠照就能办成。

五　注重服务牵引，聚焦“个人、企业、项目”三个全生命周期丰富应用场景

“高效办成一件事”本质要求是坚持以人民为中心，让政府加强换位思考，从企业和群众视角找准政务服务改革创新的发力点和着力点。长沙坚持以服务牵引政务服务模式创新，因地制宜解决企业群众反映强烈的办事难、办事慢、办事繁等问题，围绕“个人、企业、项目”三个全生命周期持续丰富应用场景。

（一）个人全生命周期“一件事”

聚焦提升群众办事体验感，围绕个人全生命周期高频服务事项和民生热点领域，将多个相关联“单项事”合理归集，打造新生儿出生、入学、就业、婚育、二手房转移登记及水电气联动过户、服务特殊群体、身后等“一件事”，按照“一套材料、一次提交、一窗受理、一网通办、一次办结”原则，不断强化改革系统集成。同时，注重智能化服务和传统服务方式并行，着力增强帮办代办能力，聚焦老年人、残疾人等特殊群体以及企业在项目推进过程中需求量大的重点领域，进一步规范相关服务，优化帮办代办工

作机制，在教育、就业、医疗、养老等领域延伸服务半径，丰富公共服务供给，为企业群众提供更加方便快捷、公平普惠的服务体验。

案例4　高效办成“教育入学”一件事

早在2023年初，湖南就将“教育入学”一件事作为重点民生实事来谋划推进，通过部门联动、技术创新、业务再造不断减材料、减时限、减流程，遵循“材料非必要不提供、信息非必要不采集”原则，最终仅保留个人户籍、不动产登记、房屋买卖合同网签备案、居住证信息、社会保险信息等5种主要材料，并实现数据共享和网上查询核验。如今，学生家长通过“湘易办”等多渠道提交教育入学申请后，系统即可自动核验报名信息，在减轻教师审核负担的同时，有效防止了信息虚报、材料伪造等问题，实现“零障碍、零证明”和“线上报名、线上核验、线上录取”。2024年，长沙城区小学新生报名人数81778人，网上报名人数占比96%。

（二）企业全生命周期“一件事”

将实现办事方式多元化、办事流程最优化、办事材料最简化、办事成本最小化，作为进一步优化营商环境、提振企业信心的重要举措。近年来，长沙对食品、药品、医疗器械、小餐饮四个领域高频涉企事项先后推出10多个升级版“一件事”，重点围绕集成整合企业登记、公章刻制、申领发票和税控设备、参保登记、公积金缴存登记、预约银行开户等环节，实现“一网通办、多项联办”模式全面应用，行业综合许可改革压减审批事项76%，为群众节约开店成本超亿元，企业开办全程网办率85%以上。截至2023年12月，长沙市场经营主体达177.7万户（见图3）。2023年度“万家民营企业评营商环境”主要调查结果显示，长沙获评“前10省会及副省级城市”和“前10最佳口碑省会及副省级城市”。

案例5　高效办成“企业迁移”一件事

长沙推动“企业迁移”一件事落地实施，通过业务流程再造，将企业

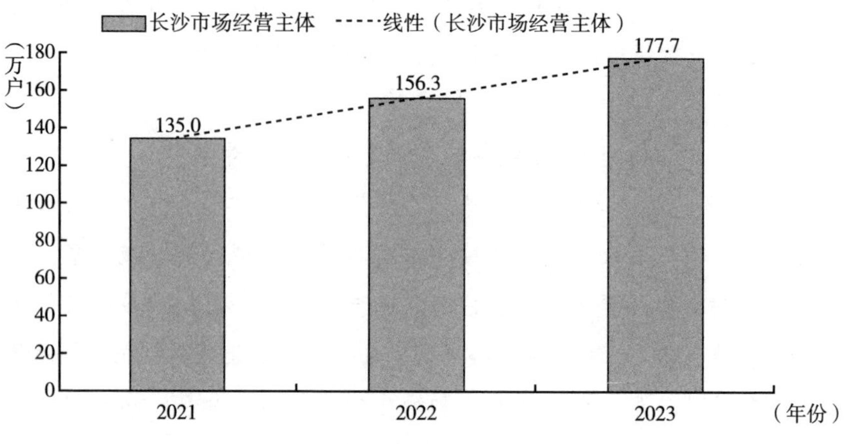

图 3　长沙市场经营主体增长示意（2021~2023 年）

准迁登记、迁出登记、档案移交、迁入登记四个环节整合为一个环节。市场主体在办理企业迁移过程中，原本需要经办人在迁入地、迁出地两头跑，理想情况下最少也要跑三趟耗时多日，如今只需要在迁入地登记机关一次性提交准迁和迁入申请即可办理完成。窗口受理后，迁入、迁出地登记机关分别通过线上发送调档信息、办理迁出登记、移交电子档案和线下邮寄纸质档案完成业务办理，确保市内跨区域企业迁移“一窗受理、一次办结”。

（三）项目全生命周期“一件事”

聚焦建设全球研发中心城市、园区高质量发展等中心任务，持续推进园区相对集中行政许可权改革，提升园区赋权精准化、个性化、实效化水平，实现企业从开办到注销、项目从开工到验收全生命周期“园区事园区办”。特别是围绕服务项目建设和经济社会高质量发展，推进项目“招投标”“用地”“施工”“竣工”各阶段“高效办成一件事”，形成项目全流程服务闭环，打造多图联审施工许可、联合验收、水电气网联合报装等场景应用，实现建设项目极简审批“洽谈即服务”“签约即供地”“开工即配套”“竣工即办证”，为培育和发展新质生产力营造更优外部环境。

案例6　高效办成“水电气联合报装”一件事

为进一步优化营商政务环境，让项目主体在报装审批环节尽可能减材料、减环节、减时限、降成本，长沙推动“水电气联合报装”一件事落地实施。将外线接入工程行政审批事项由原城管部门负责的挖掘占用城市道路审批、临时占用城市绿化用地审批和交警部门负责的影响交通安全的道路施工许可3个事项整合为1个事项——市政公用服务外线接入工程行政审批，将23个申请材料整合为最多6个，大幅减少行政审批申请单位的办理成本。同时，联合国网长沙供电公司、长沙新奥燃气公司、市水业集团等市政公共服务单位实施首接负责制、承诺免审制、限时联审制和负面清单制等系列改革举措，全面推行“零资料、零跑腿、零审批、零费用”。2024年一季度，全市统一使用市政公用服务报装接入业务模块办理水电气联合报装165件。

六　加强审管联动，合力构建审批服务便民化新格局

注重推动“高效办成一件事”事前事中事后监管有机结合，严格落实职能部门监管责任，健全各负其责、相互配合、齐抓共管的协同监管机制。

（一）强化过程监督

全面落实“互联网+监管”要求，聚焦“高效办成一件事”事项，不断健全以“双随机、一公开”监管为基本手段、以重点监管为补充、以信用监管为基础的新型监管机制。推进电子监察“红黄牌”和政务服务“好差评”个案追查与整改机制综合改革，对全市“一网通办”平台办件情况特别是“高效办成一件事”办理情况开展个案追查及跟踪整改，形成评价、反馈、整改和监督全流程闭环。

（二）强化日常监督

完善全市“一件事一次办”改革通报工作机制，定期向市委、市人大、

市政府、市政协呈报《加快推进“一件事一次办”打造政务服务升级版工作情况通报》，在推介改革典型案例的同时，指出部门推进不力、改革进度迟缓等问题，同步抄送市委全面深化改革委员会办公室、市绩效办、市政府督查室。在全市各级政务大厅深入开展“清廉大厅”建设，聚焦“高效办成一件事”、建设“无证明城市”、深化“跨域通办”等改革重点，以“四不两直”方式不定期开展专项检查，着力强化各级政务服务大厅标准化、规范化管理。

（三）强化社会监督

选聘人大代表、政协委员、企业群众代表等各界人士组建政务服务监督员队伍，定期邀请监督员体验“高效办成一件事”和政务服务改革成效，提出意见建议，推动作风持续提升。各级政务服务大厅设立“办不成事”反映专窗，兜底解决企业群众在业务办理特别是“高效办成一件事”有关事项办理中遇到的“不好办”“办不成”等问题。加强“12345”热线与政务服务“好差评”体系、“办不成事”反映窗口等业务协同，及时向部门反馈“高效办成一件事”业务办理过程中企业群众反映的各类问题，合力构建审批服务便民化新格局。

参考文献

长沙市人民政府办公厅：《关于印发长沙市推进“一件事一次办”改革进一步提高行政审批服务效能实施方案的通知》（长政办发〔2019〕14号），2019年4月24日。

长沙市人民政府办公厅：《关于印发〈长沙市加快推进“一件事一次办”打造政务服务升级版工作方案〉的通知》（长政办发〔2023〕8号），2023年3月1日。

王益民：《以“高效办成一件事”推动政务服务改革升级》，《学习时报》2024年3月1日，第1版。

技 术 篇

B.15

强化源头治理，提升数据质量

——国家市场监管总局建设企业信用监管数据质量监测系统

马宇飞　田文涛　袁瑞丰　李　晶*

摘　要： 完善社会信用等市场经济基础制度、加快建设数字中国，要求加强数据治理和全生命周期质量管理，确保政务数据真实、准确、完整。为贯彻落实“讲政治、强监管、促发展、保安全”的工作总思路，国家市场监管总局2023年4月至2024年10月开展为期一年半的企业信用监管数据质量全面提升行动，开发了企业信用监管数据质量监测系统并于2023年8月上线试运行，实现了企业信用监管数据质量常态化、自动化、智能化监测和问题数据的分发整改，最大限度地减轻基层工作，建立健全数据质量全面提升长效机制。

关键词： 信用监管　数据质量　信息系统　数据治理

* 作者单位：中国网络安全审查认证和市场监管大数据中心。

党的二十大报告提出，完善社会信用等市场经济基础制度、“加快建设数字中国”。《国务院关于加强数字政府建设的指导意见》（国发〔2022〕14号）要求“加强数据治理和全生命周期质量管理，确保政务数据真实、准确、完整”。

当前，数据已成为国家基础性战略资源和重要社会生产要素，对经济发展、社会治理、政府监管等方方面面都产生了重要影响。数据是信用监管工作的生命线。信用是其他一切监管的基础，数据是关键，没有真实可靠全量的数据作为支撑，其他监管执法将缺乏扎实的基础。这就要求以全面、准确、完整、及时的数据，夯实信用监管工作基础，持续健全以信用为基础的新型监管机制。

一　建设背景及意义

企业信用监管数据汇集了登记注册、行政许可、行政处罚年度报告、抽查检查、失信惩戒、信用修复等信息，是信用监管工作的重要基础。利用好企业信用监管数据，对转变市场监管方式、提高市场监管效能具有重要意义。企业信用监管数据能否发挥作用，关键在于数据质量。提升企业信用监管数据质量，直接关系到企业信用指数构建、企业信用风险分类管理、大数据监测分析等工作的成功开展，是推进信用监管和智慧监管融合的必然要求。

为解决企业信用监管数据不全面、不准确、不规范等突出问题，推动信用监管与智慧监管深度融合，国家市场监管总局决定开展企业信用监管数据质量全面提升行动，国家市场监管总局信用监管司会同中国网络安全审查认证和市场监管大数据中心建设信用监管数据质量监测系统（以下简称“监测系统”），以支撑数据质量常态化、自动化、智能化监测和反馈处置，最大限度减轻基层工作负担。

二 建设目标和原则

全面提升数据质量需要监测数据存在的各方面问题，并由总局和地方市场监管部门实时了解掌握。建设企业信用监管数据质量监测系统，目标是实现数据质量监测和问题分发，提供给省级市场监管部门使用。省级市场监管部门依托该系统，开展数据质量问题的比对校核、溯源分析、跟踪反馈等。

企业信用监管数据质量监测系统建设原则是：一是对数据质量问题实时动态监测，做到问题数据“早发现、早处置”，形成监测、预警、溯源、整改工作闭环。二是完善数据质量规则动态更新。总局依据当前信用监管工作业务和数据规范，正在研究制定企业信用监管数据质量标准及评分规则，通过明确数据质量标准和规则，为数据质量常态监测提供标尺和依据。三是对企业信用监管数据进行全面排查、整改、提升，实现数据采集、共享、应用等全过程动态监测，全面提升企业信用监管数据质量，夯实企业大数据监测分析、企业信用风险分类管理等信用监管工作基础，进一步完善以信用监管为基础的新型市场监管机制。

三 主要建设内容

企业信用监管数据质量监测系统旨在通过先进的信息技术手段，打造一个集数据质量检查、监控、问题整改及考核评估于一体的综合管理平台，实现从数据质量检查、问题整改到考核评估的全链条管理，以技术手段确保数据的高精度和时效性。系统支持总局对省局业务数据、司局业务数据的自动化、智能化、常态化数据质量监测，并促进省级和司局开展深度数据管理和应用，从根本上提升企业信用监管数据质量，加强市场监管机制，推动构建更加高效和公正的市场环境。

（一）总局端实现对省局、司局企业信用监管数据全方位质量监测、考核评估

1. 监测数据范围

省局数据质量监测主要覆盖以下三类业务：一是市场监管部门在依法履职中产生的企业信息，如登记注册备案、股权出质登记、知识产权质押登记、行政许可、行政处罚、列入经营异常名录和严重违法失信名单、信用修复、抽查检查等信息；二是公示系统归集、公示的其他部门产生的企业信息，如行政许可、行政处罚、严重失信主体名单（黑名单）、抽查检查等信息；三是企业通过公示系统依法填报、公示的信息，如年度报告、股东及出资、股权变更、行政许可、知识产权出质登记等信息。

司局数据质量监测主要覆盖执法稽查局、反垄断一司、反垄断二司、价监竞争局、质量监督司、特殊食品司、食品抽检司、特种设备局、计量司、认证监管司、认可监测司等 11 个司局的行政许可、行政处罚、抽查检查三大类业务。

2. 检查维度

支持多种维度检查规则。经过深入的分析形成了全面性、及时性、完整性、规范性、冗余性、关联性、准确性 7 个主要检查维度。其中，全面性和及时性涉及针对数据表做整体检查；而完整性、规范性、冗余性、关联性、准确性涉及针对数据表每个数据项进行检查。

3. 检查规则

遵循总局针对各类业务所设定的数据质量标准，采用模块化设计方法，实现了检查规则配置的灵活性与高效性。通过智能化组件技术，能够动态适应并配置具体业务场景下的数据质量检查规则，确保了检查工作的精确性和针对性。

经历了一段时间的数据质量治理实践，系统已成功积累并沉淀了一系列作业成果，形成了包含多种类型、覆盖广泛业务属性的质量规则库。这一规则库不仅是前期工作智慧的结晶，更为后续的数据质量管理工作奠定了坚实

的基础。其内含的丰富规则资源，为不同层级、不同业务领域提供了可直接借鉴与应用的宝贵经验。

尤为重要的是，系统支持在新规则配置环节直接复用规则库中的既有规则，极大地提升了工作效率，减少了重复劳动。省局与司局等机构用户，无须从零开始，即可直观浏览并直接下载适用于当前考核方案的高质量数据检查规则，确保了监管政策与标准的一致性与连贯性，加速了数据质量管理措施的落地与执行。

4. 数据质量考核评估

依据各类业务考核标准，实现涵盖一级业务、二级业务、数据表及核心字段等多维度的评分规则的质量考核评估。系统通过精心设计的评分指标体系，结合实际数据问题发生频率，科学计算各级业务及各省份或直属司局的数据质量评分，进而形成权威性的数据质量考核排名，确保评估公正透明，激励各级机构不断提升数据管理效能。

（二）司局业务端支持司局企业信用监管数据质量展示查询、考核结果查阅与问题数据整改功能

司局业务端专为司局人员设计，旨在实现对总局数据质量监测标准的便捷查询、本司局数据考核成绩的即时获取及问题数据的一体化查看与下载功能，全方位强化数据治理能力，提升业务运行效率。

系统核心功能包括但不限于以下方面。

总局检查规则查阅：提供总局最新数据质量监测规则的即时访问渠道，确保司局人员准确理解并遵循国家层面的监管要求，为数据合规管理奠定基础。

数据考核结果速览：实现对总局反馈的本司局数据考核结果的快速查看，包含详细评分与排名，支持在线浏览与下载，便于司局领导及管理人员及时掌握考核动态，指导后续工作改进。

问题数据一站式管理：汇总总局监测发现的问题数据列表，支持司局人员直观识别问题所在，提供批量下载功能，便于线下深入分析、高效整改，

加速提升数据质量。

应用此系统，不仅显著增强了司局与总局在数据质量管理上的协同与互动，还为构建数据驱动、高效透明的监管机制提供了有力工具，是推动政府治理体系和治理能力现代化的又一重要实践，为优化营商环境、完善信用监管体系提供了坚实的数据支撑。

（三）省局业务端支持省局企业信用监管数据质量展示查询、考核结果查阅与问题数据整改功能

省局业务端为全国 31 个省、自治区、直辖市及新疆生产建设兵团的工作人员提供了一个统一、高效的综合操作界面，实现了区域、省、市三级数据质量的综合统计分析与直观展示，进一步推动数据监管工作的科学化、精细化。

通过此系统，省局人员能够便捷地获取总局发布的最新数据质量检查规则，明确监管标准与要求，同步掌握本省在总局数据考核中的表现情况，包括详细的考核得分与分析报告，既支持在线浏览，又便于下载保存，提升考核结果的可利用性和参考价值。针对考核中发现的问题数据，系统清晰罗列问题明细，便于快速定位，且支持批量导出，为后续的数据修正与优化工作提供精准指引。

此举不仅有效增强了省局对总局数据监管政策的理解与执行力度，还通过建立健全数据反馈与自查自纠机制，有力推动了全省数据质量的持续改进，为构建以信用监管为基础的现代市场监管体系提供了坚强的数据支撑，是政府治理能力现代化进程中的又一重要实践。

（四）基于可视化数据质量问题分析及质量考核评估分析，实现全流程数据质量监测，提升企业信用监管数据质量

系统致力于通过智能化、可视化的手段，全面强化数据质量管理，为促进经济社会高质量发展奠定坚实基础。

1. 智能化监测与可视化展示

系统采用先进监测技术，实时跟踪数据质量问题率等关键指标，通过图表等形式直观展现不同省局、不同司局、不同业务及不同时间段的数据质量状况。此功能有助于管理层迅速把握全局、识别问题趋势，为决策提供直观依据。

2. 数据质量评分机制

系统按预定时间自动执行数据质量评分，基于全面的数据检查结果，对各省局和各司局进行量化评价，并动态展示评分升降变化，以此激励各省局和各司局持续改进数据质量，推动形成良性竞争与自我提升的氛围。

3. 多维度统计分析功能

系统支持灵活选择省局、司局、业务分类及时间跨度等参数，进行深度数据质量统计分析，为精准施策提供数据支撑，助力管理决策更加科学合理。

随着“企业信用监管数据质量监测系统”的高效运行，我国企业信用监管数据质量获得了显著提升，具体成效体现为问题数据量显著减少、问题发生率大幅降低，标志着我国在构建数据治理常态长效机制方面取得了实质性进展。这一成就不仅巩固了信用监管的基石，也为进一步优化营商环境、激发市场活力、推动经济社会高质量发展提供了强有力的保障。

四　系统应用架构

企业信用监管数据质量监测系统以科技赋能智慧监管，精心设计了监测基础支撑、数据质量检查、问题数据管理、质量评分管理及监测大屏展示等核心功能，旨在为司局、省局等各级用户提供高效、精准的数据质量检查监测服务，实现了从数据质量筛查到评估考核以及问题数据反馈的全流程管理（见图 1）。

监测基础支撑模块：奠定系统运行的技术基础，提供核查规则管理、数据源管理、基础代码管理等基础功能，为数据检测与评分提供稳定可靠的基

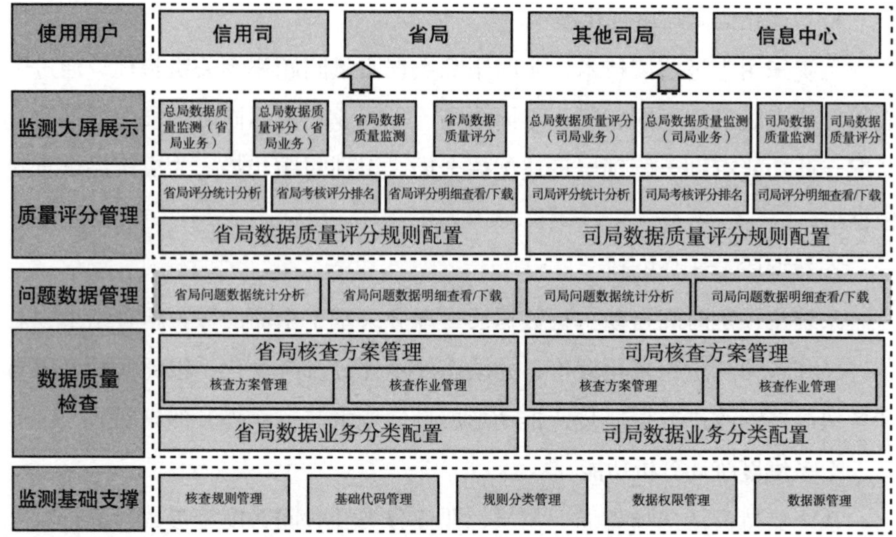

图 1　企业信用监管数据质量监测系统

础支撑。

数据质量检查模块：运用先进的算法与规则引擎，自动分布式执行数据质量检查任务，覆盖完整性、准确性、时效性等多个维度，及时发现数据质量异常。

问题数据管理模块：针对检查中发现的问题数据，提供问题分类、原因分析及跟踪处理功能，支持问题数据的快速定位、记录及修复流程管理，促进数据质量持续提升。

质量评分管理模块：根据预设的评分规则，系统自动完成数据质量评分，结合考核指标与问题数据发生频率，生成各级业务及区域数据质量评分报告，为考核评估提供量化依据。

监测大屏展示模块：通过可视化技术，集中展示全局数据质量状况、评分状况、问题数据分布、改善趋势等关键信息，为决策者提供直观、实时的数据概览，助力高效决策。

本系统旨在通过上述功能模块的集成运行，实现对企业信用监管数据的全方位、深层次质量监测，服务于总局、司局及省局等多级管理需求，为推动构建以信用监管为核心的新时代市场监管机制提供强有力的数据支撑与保障。

五 建设成果

（一）不断改进企业信用监管数据质量监测系统，使系统更加好用管用

2023 年 9 月国家市场监管总局开发建设的企业信用监管数据质量监测系统（以下简称“监测系统”）上线运行后，实现了对各地数据质量的常态化、自动化、智能化监测，并根据《企业信用监管数据质量标准及评分规则》按月为各省份数据质量情况进行赋分排名。各省级市场监管部门依托该系统，开展数据质量问题的比对、分析和反馈等工作，进一步减轻工作负担、强化数据质量动态监测。

监测系统上线以来，累计检查数据 196.10 亿条，平均每月检查数据 28.01 亿条；累计检查 5203.79 亿次，平均每月检查 650.47 亿次；累计发现问题数据 52.97 亿条。根据各省份市场监管部门反馈的功能完善需求和实际工作需要，监测系统前后共升级了 8 次，让监测系统更贴近实际、贴近规则。

（二）数据质量检查规则持续完善，促进数据质量检查与业务规则的深度融合

通过专题培训、建立工作群等方式畅通与省级市场监管部门的沟通渠道，重点针对数据标准、检查规则、问题数据处理等进行指导和沟通。

在为期近一年对检查规则进行反复调整和完善的过程中，对信用监管数据标准进行了全方位摸底，逐渐形成了一套更为符合实际业务情况的数据质量检查规则，初步解决长期积累的数据标准不统一的问题，促进了数据质量检查工作与各项业务工作的深度融合，为推动信用监管高质量发展奠定了坚实的数据基础。

（三）各地企业信用监管数据质量显著提升，上报数据更为规范准确

在全国各地市场监管部门的努力下，企业信用监管数据质量明显提升。2023 年 8 月至 2024 年 2 月，监测系统每月监测到问题数据的次数从 10.12 亿次下降到 2.42 亿次，下降 76.09%；每月监测问题率从 1.54% 下降到 0.37%，下降 1.17 个百分点（见图 2、图 3）。全国数据质量平均评分从 95.80 分上升到 99.14 分，上升 3.34 分。

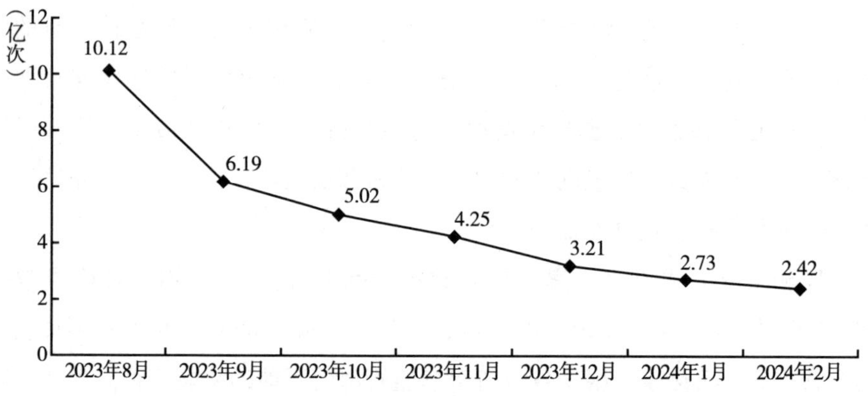

图 2　信用监管数据质量监测系统监测到问题数据的次数

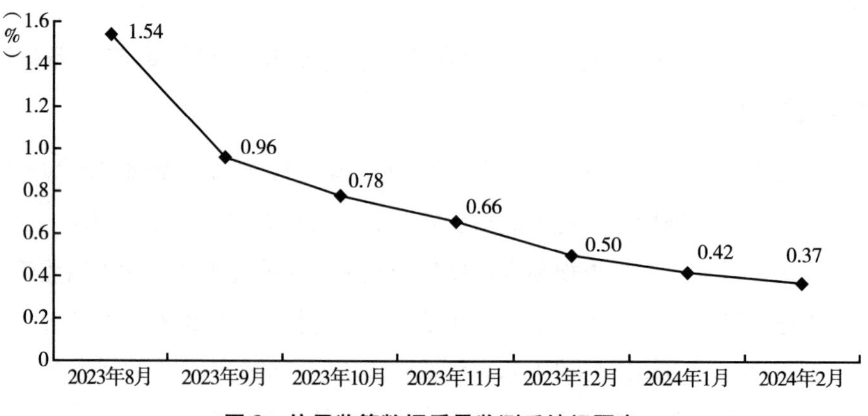

图 3　信用监管数据质量监测系统问题率

通过对数据质量的检查，不仅提升了公示质量，还推动了各地更为规范地上报数据。比如，原先部分地方的登记机关代码和行政区划代码未及时更新，在检查过程中，通过对代码不规范的数据进行扣分，督促各地及时地将代码库进行更新并上报总局。

六　下一步工作

（一）建立数据对账机制，加强对问题数据的修正和整改

建立数据对账机制，将总局接收到的数据与地方上传的数据进行对照，加强对数据传输过程的管理。督导地方健全外部门归集数据质量反馈机制，在归集数据时设置数据校验功能，及时将问题数据反馈至源头业务部门，协调部门加强对问题数据的修正和整改。

（二）持续优化数据质量检查规则，客观反映数据质量问题

充分吸收地方对数据质量检查规则提出的意见，对问题进行分类研判，逐一研究、调整完善。结合实际业务工作，增加新的评价指标。根据实际发现的问题，动态调整各数据项所占的权重，将对企业信用情况影响更大、社会公众更为关注的数据项权重调高，使数据质量检查更好地服务于信用监管。

（三）拓展数据应用，以应用促进数据质量提升

数据的生命在于应用。只有把数据用起来，才能知道数据质量好不好、数据质量如何提升。不断拓展数据应用，以数据应用促进数据质量问题的发现和整改，以数据质量提升进一步促进数据应用，从而形成数据应用和数据质量提升的良性循环。

参考文献

《国务院关于加强数字政府建设的指导意见》（国发〔2022〕14号），2022年6月23日。

国家互联网信息办公室：《数字中国发展报告（2022年）》，2023年4月27日。

《国务院关于加快推进政务服务标准化规范化便利化的指导意见》（国发〔2022〕5号），2022年3月1日。

B.16
新技术背景下数字政府建设的实践推进与优化策略

梅　澎*

摘　要：　新技术是数字政府建设的关键支撑工具。在当前快速推进数字政府建设的关键期，通过探索新技术在应用实践方面的成果、经验，分析数字政府建设对技术应用的具体需求和卡点堵点，从而有针对性地突出当前系统性的数字政府建设优化策略，具有重要的实践指导意义。本文从问题出发，提出“四化、四性、两力”的主要措施，为推进我国数字政府建设提供有益参考，为更好地早日实现国家治理体系和治理能力现代化提供支撑。

关键词：　数字技术　数字政府　治理现代化

党的十八大以来，在以习近平同志为核心的党中央坚强领导下，我国积极把握新时代发展机遇，主动顺应新技术发展趋势，对建设网络强国、数字中国、数字政府作出一系列重要战略部署。习近平总书记多次强调要“把数字技术广泛应用于政府管理服务，推动政府数字化、智能化运行”，通过充分发挥新技术作用，统筹加快建设数字经济、数字社会、数字政府。当前，人工智能、区块链、云计算、大数据、5G 等新技术蓬勃发展并在各领域得到广泛应用，为深入推进数字政府建设、全面实现数字化转型提供更多技术支撑和实践经验。同时，数字政府发展进入新的阶段，这对现有体制机

---

* 梅澎，中共中央党校（国家行政学院）国家治理教研部数字治理教研室助理研究员，主要研究方向为数字政府、制度体系。

制、人员数字素养、应对发展困境等方面提出新的要求。本文旨在通过明确数字政府建设中新技术运用面临的现实需求和难点困境，探究新技术背景下结合场景应用的数字政府建设优化策略，为推进数字政府高质量发展、培育新质生产力、实现国家治理体系和治理能力现代化提供智力支持。

一　新技术背景下数字政府建设情况

（一）信息技术时代下新技术发展的新情况

当前，在数字政府建设过程中，新技术应用活跃且广泛，主要包括但不限于人工智能与机器学习、区块链、云计算、大数据、边缘计算、5G 技术、物联网、元宇宙、智能自动化等。

一是人工智能（AI）与机器学习（ML）。人工智能和机器学习技术在数字政府中的应用最具代表性的是图像和语音识别功能，使得政府服务能够提供更自然的人机交互体验。通过深度学习分析历史数据，预测公民需求，优化服务流程，从而提升服务的个性化和响应速度，不仅提高了政府服务效率，也使得政府能够更加精准地识别和解决社会问题。

二是区块链（Blockchain）。区块链技术以其去中心化和不可篡改的特性，在提升数据安全性和交易透明度方面发挥着重要作用。在数字政府中，区块链可以用于确保选举过程的公正性、追踪政府资金流向、保护公民个人信息等。这些应用提高了政府工作透明度，增强了公众对政府活动的信任。

三是云计算（Cloud Computing）。云计算为政府服务提供了前所未有的灵活性和可扩展性。通过云服务，政府能够快速部署新的服务应用，按需扩展计算资源，同时降低成本。此外，云平台的高可用性和灾难恢复能力，确保了政府服务的连续性和稳定性。

四是大数据（Big Data）。大数据技术在政府决策支持和政策评估中扮演着关键角色。通过对海量数据的收集、存储和分析，政府能够更好地理解社会现象，评估政策效果，预测未来趋势。这使得政府决策更加基于数据和事实，提高了政策制定的科学性和有效性。

五是边缘计算（Edge Computing）。边缘计算技术通过在数据源附近进行数据处理，减少了数据传输延迟，提高了响应速度。在数字政府中，边缘计算可以用于实时交通管理、紧急响应系统等，实现对城市运行状态即时监控和快速反应。

六是5G技术。5G技术的高速连接和低延迟特性，为智能政府服务的实施提供了强大的网络支持。5G使得政府能够部署更多实时服务，如远程医疗服务、智能交通系统等，同时也为物联网设备的广泛应用提供了基础。

七是物联网（IoT）。物联网技术通过连接各种设备和传感器，收集城市运行数据，使得城市管理更加智能化。在数字政府中，IoT可以用于环境监测、能源管理、公共安全等领域，提高资源利用效率，增强城市韧性。

八是元宇宙。2022年南沙全国首推“元宇宙”赋能智慧新政务，政务服务中心元宇宙政务大厅上线，市民可以戴上VR眼镜进入元宇宙政务大厅进行元宇宙奇妙之旅，也可以办理首批上线的政务事项。政务元宇宙成为政府与群众沟通的桥梁，为助力我国数字政府建设提供对接世界发展的重大战略性平台。

九是智能自动化（IA）。智能自动化技术通过自动化重复性高、规则性强的任务，提升了政府操作的效率和效果。IA在政府中的典型应用包括自动化办公流程、智能文档处理、自动化监管合规等，减轻了政府工作人员的负担，使他们能够专注于更有价值的工作。

（二）新技术背景下数字政府建设的新特点

新时代新征程，数字政府建设承载着推进国家治理体系和治理能力现代化的重要使命。当前，数字政府展现出服务智能化、决策数据化、治理透明化的新特点，不仅提升了政府服务效能，也深化了政府与人民群众的联系，为实现政府治理的公正、透明和高效奠定了坚实基础。

一是服务智能化。人工智能（AI）和机器学习（ML）技术的应用，使得政府服务能够根据公民的行为、偏好和需求提供个性化的服务体验。例如，主动提供相关业务信息或完整服务流程，或者通过虚拟助手和聊天机器人为公民提供24小时不间断的服务支持，从而减少等待时间、提高服务效率，提升了服务的可访问性和用户满意度。

二是决策数据化。大数据和分析工具的应用，为政府决策提供了强大的数据支持。通过收集和分析来自互联网、公共平台、线下服务数据、民意调查等不同来源的数据，整合群众真正的诉求，辅助政府能够更深入地了解社会现象和公民的“急难愁盼”问题，从而制定更加精准和有效的政策。使用数据挖掘技术对数据进行长期的积累分析，可以帮助政府发现数据规律和潜在联系，预测事态发展趋势，预防突发状况，为科学决策提供客观数据支撑。尤其是实时数据分析和可视化工具使得决策更加及时和准确。

三是治理透明化。区块链技术在提高政府治理透明度方面发挥了重要作用。社会公众迫切希望政府的决策过程和执行结果具有高透明度，而区块链的分布式账本和加密技术确保了数据的安全性和不可篡改性，使得政府行为可以被记录、公开和验证，不仅增强了公众对政府工作的信任，也为政府的问责提供了技术支持。此外，智能合约的应用可以自动执行合同条款，减少人为干预，提高政府服务的公正性和效率。

二　新技术在我国数字政府建设中的典型应用

在中国数字政府建设的宏伟蓝图中，一系列地方政府正借助新兴技术的力量，积极推进建设实践，在多个领域取得了突破性进展，共同描绘了一个高效、透明、创新驱动的数字政府形象，体现了我国在利用新技术推动数字政府建设上的坚定决心和卓越能力。这些探索和成就不仅提升了本区域公共服务的质量和效率，也为经济社会的全面发展注入了新动力，为国内甚至国际的数字政府建设提供了宝贵的经验和启示。

（一）北京：超前布局 创新转型

北京作为我国政治中心，其数字政府建设在新技术的应用方面具有显著的代表性和引领作用。一是数字基础设施的超前布局。北京在数字经济的赛道上奋勇争先，加快智慧城市建设和数据要素市场培育，数字经济规模持续攀升，发展活力不断显现；将算力作为数字经济的关键基础资源，推动建设国内首个“算力资源+运营服务”一体化公共智能算力中心。二是政务服务的数字化转型。北京推动政务服务实现数字化转型，九成政务事项“全城通办”，电子印章推动“一网通办”。通过政策创新和技术创新，北京数字政府建设正加码赋能。例如“用户空间”利用大数据、人工智能、区块链等技术，提供精准、主动、个性且安全可靠的数字专属服务。三是完善数字经济的促进政策。北京建立了以《北京市数字经济促进条例》为核心的数字经济治理体系，强化数字经济治理能力，根据“数据要素 20 条”等出台相关数据政策，助力促进政企数据融合应用，充分释放数据要素价值，培育和带动数字经济产业发展。四是技术突破与数字产业新集群。北京在人工智能大模型产业集聚区的建设上取得进展，大力支持核心技术攻关并给予最高 1000 万元资金支持，体现出北京以数字标杆技术巩固战略性优势和孕育数字化产业新集群的战略思维。五是数据基础制度的先行先试。北京国际大数据交易所实现牌照落地，发放数据资产登记凭证，数据交易规模超过 20 亿元。北京还创建了全国首个数据基础制度先行区，出台数据资产首登记、首交易、首入表和首开放等创新的奖励措施，促进数据交易规范化和标准化。六是智慧应用场景的建设。北京市政府门户网站提供了在线导办、一网通办、“京通”小程序等智慧应用场景，提升了政务服务的便捷性和效率。

（二）上海：智慧城市 数字之都

上海是中国的经济中心之一，其数字政府建设在新技术应用方面同样具有显著的特点和成效。一是加快城市数字化转型。上海致力于全面推进城市数字化转型，构建数据驱动的数字城市基本框架，引导全社会共建共治共享数字城市红利。通过经济、生活、治理的全面数字化，打造具有世界影响力的国际数字之都。二是提升数字政府服务能力。根据《数字政府蓝皮书：中国数字政府建设报告（2023）》，上海在省级政府一体化政务服务能力排名中进入“非常高”组别，显示出其在数字政府服务能力方面的领先地位。三是推进智慧城市建设。上海在“十四五”期间着力推进智慧城市建设，数字基础设施全国领先，数据资源利用效率明显提升，数字经济蓬勃发展，公共服务体系不断完善。四是数据要素市场发展。上海加快发展数据要素市场，完善数据资产评估、登记结算等市场运营体系，推动公共数据开放共享，提高数据要素治理能力。五是数字技术应用推广。上海在数字技术应用方面不断探索，推进物体全域标识、时空 AI、BIM 等技术的应用推广，构建城市数字底座运营机制。六是数字经济快速发展。上海积极发展数字经济，推动数字产业化和产业数字化，实施促进数字经济创新发展行动纲要，推动数字经济与实体经济深度融合。

（三）江苏：智能制造 赋能基层

江苏省在数字政府建设方面取得了显著进展，特别是在数字化治理、数字经济发展以及制造业智能化改造和数字化转型等方面。一是提升数字化治理服务。江苏省通过“苏服办”App 等数字化平台，实现了住房公积金提取等政务服务的“零材料”申请和快速到账。二是着力数字经济发展。江苏省在数字经济规模上位居全国前列，提出加强数字经济与先进制造业、现代服务业的深度融合，把数字经济作为转型发展的关键增量。三是重视制造业智能化改造。根据《江苏省制造业智能化改造和数字化转型三年行动计划（2022—2024 年）》，江苏省计划通过三年努力，显著提升全省制造业的数字化、网络化、智能化水平。四是促进两化融合发展。江苏省的两化融合发展水平连续九年全国第一，表明其在制造业数字化转型方面取得了显著成效。五是“十四五”数字经济发展规划。《江苏省“十四五”数字经济发展规划》提出到 2025 年，数字经济强省建设取得显著成效，数字经济核心产业增加值占 GDP 的比重持续提升。六是强化数字政府建设。江苏省在数字政府建设方面，通过云、网升级，数据汇聚治理攻坚，构建了“不打烊”的数字政府，推动政务服务和监管治理智能化。七是加速基层治理数字化转型。在基层治理方面，江苏省通过“智慧鼓楼”等项目，提升了基层治理的数字化水平，增强了对城市态势的全面感知和精准决策辅助。

（四）浙江：深化改革 多元应用

浙江省作为中国数字化改革的先行省份，通过“数字化+改革”的有机耦合，全面建设“掌上办事之省”“掌上办公之省”“掌上治理之省”，深化数字政府建设，推出多项创新实践。一是深入推进数字化改革。浙江省在数字化改革方面取得显著成就，如“七张问题清单”、“浙江公平在线”、药品安全智慧监管“黑匣子”等应用，这些应用提升了治理现代化水平并增强了群众的获得感。二是推动数字政府建设实施。浙江省人民政府印发了《关于深化数字政府建设的实施意见》，旨在推动数字政府建设持续走在前列，建设人民满意的服务型政府。三是搭建“浙里办”服务平台。“浙里办”作为浙江数字化改革面向群众企业的总入口，集成了全省政务服务、城市生活、社区治理等领域的场景化应用，提供便民惠企服务，日活用户数达 340 万。四是施行民生“关键小事”智能速办。浙江省打造了浙里民生“关键小事”智能速办应用，集成了出生、入学等 50 个高频服务事项，材料提交平均减少 67%、时间缩短 66%，提升了群众的办事便利性。五是加强“防汛防台在线”应用。该应用实现了风险具象化和快速预警，有效提升了在紧急情况下的资源调配和人员转移效率，在抗击台风“烟花”期间发挥了重要作用。六是推广“产业一链通”应用。面对企业数字化转型升级的需求，该应用完成了强链项目 362 个、补链项目 1350 个，推动了企业平均生产成本降低 19%。七是增强“科技攻关在线”应用。支撑取得进口替代成果 175 项，累计 349 项，促进了科技创新和产业升级。八是健全“浙江外卖在线”应用。守护群众舌尖上的安全，实现了从厨房到餐桌的全链条监管，确保食品安全和质量。

（五）广东：搭建平台 树立典型

广东省在数字政府改革建设方面取得了显著成就，不仅推动了政府治理体系和治理能力现代化，也为经济社会的高质量发展注入新动能。一是出台数字政府改革建设实施意见。广东省人民政府发布了《关于进一步深化数字政府改革建设的实施意见》，到 2023 年“数字政府 2.0”建设取得积极成效，打造全国数字政府建设标杆。二是推进数字政府基础能力建设。2023 年，广东省重点从五个方面发力，推动数字政府建设为高质量发展贡献更大力量，包括加强数字政府基础能力建设。三是总结数字化治理优秀案例。广东省政务服务和数据管理局公布了 18 个数字化治理优秀案例，涵盖党建引领、数字政府与治理现代化、数字“三农”与乡村振兴等多个方向。四是开展“粤有数”系列活动。“粤有数”系列活动成为广东省“12345+N”工作体系中的重要组成部分，有效融合了政府、高校、媒体、企业等资源，打造了优质的数字化治理学术交流平台。五是推广数字政府建设优秀案例。在“2023 数字政府建设优秀案例”发布活动中，广东省有多个案例入选，展现了广东省在数字政府建设方面的创新和成效。广州市海珠区的数字化治理案例成为全国典型，展示了广州市在数字政府建设方面的先进经验。

三　数字政府建设中新技术运用存在的问题与需求

伴随着新技术的浪潮，数字政府建设正重塑国家治理路径，体现出新问题、新需求。大数据、区块链、人工智能等新技术为数字政府建设提供了无限可能，同时也对现有的体制机制、工作人员技能、伦理规范等方面提出了新的挑战。

（一）数字政府建设体制机制不完善

一是法规滞后之“忧”。在数字化发展进程中，法规与政策呈现明显的滞后性，这使其不能完全匹配技术的快速发展，在数据确权、隐私权保护、防范网络犯罪等方面出现了不对等的现象。而且政策法规的修订和完善周期较长，不能够及时覆盖新兴领域、反映发展需求。当前政府与技术专家、法律顾问紧密合作不足，政企沟通合作的机制不畅，共建共享的保障公民权益的“法规网”尚未形成。

二是信息孤岛之“困”。跨部门的信息整合是提升数字政府建设效率的关键。目前，由于缺乏有效沟通机制，不同政府部门之间的信息孤岛现象普遍存在，不仅阻碍了资源的优化配置，还影响了政府决策的科学性和响应速度。虽然当前通过建立统一的信息共享平台，明确数据交换标准和共享流程，但是由于政务信息具有高敏感性，很多数据仍处于不能出域的状态。此外，常态化的跨部门协调机制尚未建立，信息不能实现无缝衔接式流动，未实现数据资源的最大化利用。

三是地方创新之“繁”。地方政府在数字政府建设过程中扮演着重要角色，目前各地的实践成果相继涌现，但是都是基于本地实际情况开展具体工作，能够普及推广的通用型数字政府建设范式并未形成。东中西部经济发展不平衡，各地区的财政支撑存在明显差异，导致数字政府建设的进程各不相同。尤其是一些中西部地区政府缺乏实践经验或存在畏难抵触心理，导致数字政府建设条件不具备，需求得不到满足，发展差距逐步拉大。同时，评估和激励机制不够完善，地区间的成功经验交流渠道尚未建立，因此很难推动数字政府建设的整体进步。

四是技术应用之“阻”。新技术的引入为数字政府建设带来了巨大的助力，但同时也伴随着更高的更新与维护成本。因此，在追求技术进步的同时，必须考虑到成本效益的平衡。在采购和部署新技术时，由于缺少专业的技术人才进行细致、全面的成本效益分析，以致新项目投资出现较大的成本浪费，而财政上的巨大缺口，导致地方负债成为普遍现象，进而阻碍了数字政府发展，很难构建可持续发展的格局，形成了难以摆脱的恶性循环。

（二）技术赋能数字政府建设不充分

数字政府建设是实现国家治理体系和治理能力现代化的关键一招，但当前新技术与数字政府建设的结合程度有待提升，要通过对新技术的深度融合，实现数字政府建设更高效、更智能、更亲民。

一是服务的定制化待加强。随着社会发展，公民的需求日益多样化、个性化，数字政府服务的定制化成为提升服务质量的关键。现有服务模式往往过于标准化，难以满足不同群体的特定需求。国家平台的技术支撑不充分，不能像互联网平台一样利用大数据和人工智能技术，深入分析用户行为和偏好，提供定制化政策信息和政务服务，从而提升服务的贴合度和满意度。很多政务服务应用虽然考虑到重点群体如残疾人士和老年人等特殊群体，但是应用的可操作性和便捷度不高，导致特殊群体不能很好地使用线上政务服务办理事项，还要跑大厅办理。

二是决策的数据驱动不足。在决策过程中，数据驱动分析对于提高政府决策的科学性和准确性至关重要。然而，目前数字政府建设中对数据的利用还不够深入，决策支持系统的建设也不够完善。各级政府在数据的收集、整合和分析能力方面明显不足，加之不同地区基础设施存在差异，特别是偏远地区基础设施落后，严重限制数字政府服务的全面覆盖和普及，即使是最简单的大数据存储都没有办法购置相应的服务器，难以建立以数据为核心的决策支持系统，这也进一步加剧了区域发展的不平衡。

三是数据的透明度需提升。公众对数字政府的信任度是衡量其建设成效的重要指标。数字政府的透明度直接影响到公众的信任度和接受度。目前，一些数字政府平台信息公开和透明度不高，导致不同群体在数字政府建设和享有数字政府建设成果的过程中参与度存在显著差异。群体参与的不均衡揭示了数字鸿沟的存在，不同年龄和技能水平的公民对新技术的接受度不同，存在部分人在数字政府建设中的缺席现象。

（三）政府工作人员数字技能待提升

政府工作人员的数字技能水平成为衡量数字政府建设成效的关键指标之一。政府工作人员数字技能提升不仅可提升服务的质量和效率，也是应对突发事件、维护社会稳定的重要保障。要通过系统培训和机制创新，提高政府工作人员的数字素养，增强数字政府的应急响应能力。

一是数字技能匮乏，数字素养亟待再提升。政府工作人员的数字技能水平直接影响数字政府服务的质量和效率。当前，工作人员的数字技能参差不齐，影响了服务升级，尤其是具有专业技术能力的数字人才在政府机关较少，很多专业性问题不能在第一时间得到解决。由于日常工作已经饱和，提升数字素养的基础培训很难开展，普及新技术工具、提升数据分析能力成为难题，导致政府机关工作人员难以适应不断变化的工作环境。

二是应急能力不足，响应机制需灵活创新。目前，很多地区和部门都已使用相关的数字监测系统，但在面对自然灾害、公共卫生事件等突发事件时，缺少能够全面了解和驾驭系统尤其是数据反映的问题的专业人员，导致响应不及时，加之现有的应急机制往往缺乏灵活性和效率，因此更加难以迅速有效地调配资源和应对危机。

（四）数字政府外部发展环境待优化

数字政府建设的外部环境存在诸多需要优化的方面。从数据安全与隐私保护的严峻形势到人才培养的紧迫性，再到伦理问题的挑战，这些因素共同影响着数字政府的健康发展。本文将深入探讨这些问题，并提出相应的优化策略，以期为数字政府的可持续发展提供坚实的外部环境。

一是安全之患，数据保护需要重点关注。在数字化时代，数据安全和隐私保护是数字政府必须面对的重大挑战。政府数据的数字化使得个人信息更容易遭受泄露和滥用，网络安全威胁如黑客攻击、网络诈骗等也日益增多。在该情形下，系统中数据的安全性面临巨大挑战，随之而来的就是对公民权益损害的挑战。尤其是会有泄露公民个人信息的风险，而这些往往是社会敏感信息，容易造成很大的社会影响。

二是伦理之忧，技术应用面临道德困境。随着人工智能和大数据等创新技术的广泛应用，伦理问题逐渐成为数字政府发展中不可忽视的难题。算法偏见、数据歧视等现象可能损害公民权益，影响社会公平。截至目前，尚没有建立全面的伦理准则和监管机制，以确保技术应用符合伦理标准和法律法规。建立伦理审查委员会、开展伦理教育和培训等工作，也有助于提高政府工作人员对伦理问题的敏感性和应对能力。

（五）数字政府建设国际接轨待深化

在全球化大背景下，数字政府建设正面临着前所未有的机遇与挑战。国际接轨的深化不仅关系到提升数字政府服务的全球竞争力，也是推动国际合作与交流的关键，有利于构建一个更加开放、协同、高效的数字政府生态系统。

一是标准对接与国际协同。数字政府建设需与国际标准接轨，以促进全球范围内的服务互操作性和数据共享。当前，许多国家的数字政府服务尚未完全符合国际标准，这限制了跨国服务的提供和信息的流动。例如，欧盟的 eIDAS 规定为电子身份认证和电子签名提供了一套共同的法律框架，促进了成员国间的服务互认。我国数字政府建设应积极参与国际标准的制定，推动国内标准的国际化，加强与国际组织的合作，以实现更广泛的国际协同。但目前，由于国内仍处于各地区探索阶段，没有形成数字政府建设的统一范式，因此很难形成系统性经验、助力国际数字政府标准化建设。

二是数据流动与隐私保护的平衡。在全球化的今天，跨国数据流动成为常态，这对数字政府的数据管理和隐私保护提出了更高要求。数据的自由流动可以促进经济的全球化发展，但同时也带来了数据泄露和隐私侵犯的风险。例如，欧盟的通用数据保护条例（GDPR）为个人数据的保护和跨境传输设定了严格的规则。我国数字政府建设在数据流动方面虽然受到《中华人民共和国数据安全法》和《中华人民共和国个人信息保护法》等相关法律规定的规范，但是推进国内数据和国际数据良性互通的机制还没有建立，仍存在数据完全割裂的现象，导致数据价值难以被全面挖掘，进而转化为数字能力赋能数字政府建设。

三是合作深化与策略创新。面对全球化挑战，数字政府需要建立适应全球化的策略，加强国际合作，不仅包括技术标准的对接，还涉及政策协调、文化交流等多层面。我国数字政府建设国际合作模式和创新模式仍需优化，如通过参与国际项目、建立联合研究中心等方式，共同探索数字政府发展的新路径。

四　新技术背景下数字政府建设优化策略探究

在数字化转型的大潮中，我国数字政府建设正迈向深化与创新的新阶段。推进“四化”、突出“四性”、提升“两力”是在新技术背景下数字政府建设优化策略的有益探索。通过制度创新、服务优化、能力提升，实现治理体系与治理能力的现代化，确保政府工作更加贴近民生、响应民意、服务社会，为构建社会主义现代化国家提供坚实支撑。

（一）推进四“化”，实现数字政府建设转型升级

一是制度化——法治引领，保障发展。制度化是数字政府建设的根基，要求我们加强法规制度建设，以应对技术快速发展带来的法规滞后问题。通过完善相关法律法规，确保数字政府建设在法治轨道上稳步前行，为政府服务提供坚实的法律支撑和明确的方向指引，在谨慎考虑成本收益的基础上，合理规划技术更新与维护，有效降低经济负担，实现数字政府建设的可持续发展。例如，《中华人民共和国网络安全法》的实施，为数字政府的数据安全和隐私保护提供了法律依据，保障了公民信息安全，促进了数字政府健康有序发展。

二是一体化——协同联动，信息共享。一体化旨在打破部门壁垒，实现政府内部信息的无缝对接和资源共享，通过加强中央与地方之间、同一层级不同部门之间的协同联动，构建起一个统一高效的政府服务体系。这不仅提升了政府服务的效率和质量，也为政府决策提供了更加全面的数据支持。例如，我国推行的“互联网+政务服务”，通过建立统一的政务服务平台，实现了跨地区、跨部门的服务联动，极大地提高了政府服务的便捷性和透明度。

三是定制化——精准服务，满足需求。定制化是数字政府建设的重要方

向，要求我们根据不同群体的特定需求，提供更加精准和个性化的服务。通过深入分析公民需求，运用大数据、人工智能等技术手段，实现服务内容和方式的个性化定制。这不仅提升了政府服务的满意度和获得感，也体现了政府以人为本、服务为民的宗旨。例如，浙江省推出的“浙里办”平台，通过精准分析用户需求，提供个性化的服务推荐，有效提升了政府服务的针对性和有效性。

四是国际化——开放包容，合作共赢。国际化强调在数字政府建设中加强国际标准对接和国际合作，促进数据的有序流动，提升我国在全球数据市场的竞争力。通过深化国际交流与合作，共同探索数字政府建设的新模式、新路径。这不仅有助于我国数字政府建设吸收国际先进经验，也有助于提升我国在全球数字治理中的话语权和影响力。例如，我国积极参与国际数字经济合作，推动数据跨境流动的标准化，为数字经济的全球化发展贡献了中国智慧和中国方案。

（二）突出四“性”，切实保障发展成果人民共享

一是人民性——共享成果，普惠民生。数字政府建设的人民性，体现在将发展成果普惠于民，确保所有群体都能享受到数字化带来的便利。对落后地区，应加大基础设施建设力度，缩小地区差异，实现服务均等化；对老年人、残障人士等特殊群体，应提供更具人文关怀和更便捷的服务，确保“一个都不能少”。此外，提高全民数据素养，建设数据公开平台，提升决策透明度，让人民真正参与到政府决策中来。例如，中国政府网的数据开放平台，通过公开政府数据，提升了政府决策的透明度和公众的参与度。

二是创新性——激发活力，引领发展。创新是数字政府建设的不竭动力。鼓励地方政府根据中央指示精神，结合自身实际，大胆探索创新，形成可复制、可推广的实践经验。通过案例学习，推广成功模式，激发数字政府建设的活力。例如，浙江省的“最多跑一次”改革，通过简化办事流程，提高服务效率，成为全国数字政府建设的典范。

三是科学性——数据驱动，精准决策。在新技术的辅助下，数据驱动决

策成为可能，极大地提升了政策制定的科学性。大数据、人工智能等技术的应用，使得政府能够从海量数据中提取有价值的信息，进行深度学习和模式识别，预测政策执行的潜在影响，从而制定更为精准和有效的政策措施。这种基于数据的决策模式，不仅提高了政策针对性和有效性，也增强了政府对复杂社会问题的洞察力和应对能力。

四是安全性——守护底线，保障权益。安全性是数字政府建设的底线。在推动数字化转型的同时，必须高度重视数据安全与隐私保护，处理好技术发展与伦理问题之间的关系。通过建立健全的数据安全管理体系，加强数据安全技术的研发和应用，确保公民个人信息安全。同时，关注新技术应用的伦理问题，制定相应的伦理规范，保障技术应用不损害公民权益。例如，《中华人民共和国数据安全法》的出台，为数据安全管理提供了法律依据，为数字政府建设提供了安全保障。

（三）提升两“力”，夯实数字政府建设人才基础

提升数字政府的应用能力与后备力是实现科技赋能、人才支撑的关键。这不仅关乎政府服务的质量和效率，也是确保国家长远发展和竞争力的根本。

一是应用能力——数据驱动，深化应用。场景应用是推进数字政府建设的关键落脚点，只有应用符合场景需求、满足群众诉求才能算得上是真正的办好事、办成事。还要通过深入挖掘和分析各类数据资源，为政策制定和资源配置提供精准依据，提高工作的质量和效率。同时，提升干部的数据素养，引导其学习并应用新技术，建立全面的培训体系，以适应数字化转型的要求。例如，深圳市通过建立大数据中心，推动政府决策的数据化、智能化，有效提升了政府服务的响应速度和决策的科学性；同时，通过定期培训和技术研讨，增强了政府工作人员的数据应用能力。

二是后备力——人才培养，专业发展。后备力量的培养要着眼于建设一支高素质的数字政府人才队伍。高校开设相关专业，培养具备数字技能和公共管理能力的复合型人才。通过理论与实践相结合的教学模式，加强学生的

实践操作能力和创新思维。此外，政府与高校、科研机构紧密合作，为学生提供实习实训机会，确保人才培养与社会需求紧密结合。例如，清华大学公共管理学院开设的“数字治理”课程，不仅涵盖了数字技术在公共管理中的应用，还通过与政府部门的合作项目，让学生参与到真实的政策制定和执行过程中，有效提升了学生的实际操作能力和解决复杂问题的能力。

五　结语

数字政府建设不仅是技术革新的产物，更是国家治理体系和治理能力现代化的建设要求。新技术的应用，不仅能够极大提高政务服务的效率和质量，也推动了政府决策科学化、民主化和法治化，体现了对人民日益增长的美好生活需要的积极回应。在新时代的征程上，我们必须坚持以人民为中心的发展思想，深化对新技术发展趋势的认识，加强顶层设计，推动技术创新与制度创新的双轮驱动。通过不断优化数字政府建设策略，更好地发挥政府的作用，实现资源的合理配置，促进社会公平正义，为构建社会主义现代化强国奠定坚实基础。

参考文献

《标杆政策首发首创 探索数字经济改革发展模式 北京引领数字经济新赛道》，北京市人民政府网站，2023 年 11 月 24 日，https：//www. beijing. gov. cn/ywdt/gzdt/202311/t20231124_ 3308477. html，最后访问时间：2024 年 7 月 1 日。

《江苏省人民政府办公厅关于印发江苏省“十四五”数字经济发展规划的通知》（苏政办发〔2021〕44 号），2021 年 8 月 10 日。

王益民主编《数字政府蓝皮书：中国数字政府建设报告（2023）》，社会科学文献出版社，2024。

《首都创新，赋能加速跑》，北京市政务服务和数据管理局网站，2023 年 12 月 21 日，https：//zwfwj. beijing. gov. cn/zwgk/mtbd/202312/t20231221_ 3506910. html，最后访问时间：2024 年 7 月 1 日。

《三十天重构电子政务外网：上海如何创造数字化“奇迹”?》，人民网，2021 年 12 月 20 日，http：//finance. people. com. cn/n1/2021/1220/c1004－32312210. html，最后访问时间：2024 年 7 月 1 日。

《浙江宣传丨浙江数字化改革到底带来了什么》，浙江在线新闻网，2022 年 12 月 12 日，https：//zjnews. zjol. com. cn/zjxc/202212/t20221212_ 25178186. shtml，最后访问时间：2024 年 7 月 1 日。

《向“数”而行 细看数字政府高质量建设的“江苏样本”》，中国江苏网，2022 年 8 月 26 日，https：//jsnews. jschina. com. cn/hxms/202208/t20220826_ 3063557. shtml，最后访问时间：2024 年 7 月 1 日。

《浙江省人民政府关于深化数字政府建设的实施意见》（浙政发〔2022〕20 号），2022 年 7 月 30 日。

《浙江推进数字化改革综述》，中国政府网，2022 年 1 月 8 日，https：//www. gov. cn/xinwen/2022－01/08/content_ 5667128. htm，最后访问时间：2024 年 7 月 1 日。

《北京全市政务服务将实现数字化转型》，中国政府网，2021 年 1 月 15 日，https：//www. gov. cn/xinwen/2021－01/15/content_ 5580127. htm，最后访问时间：2024 年 7 月 1 日。

《北京市经济和信息化局印发〈关于推进北京市数据专区建设的指导意见〉的通知》，北京市人民政府网站，2022 年 12 月 8 日，https：//www. beijing. gov. cn/zhengce/gfxwj/202212/t20221208_ 2873104. html。

B.17

"AI+"时代的数字政府建设：理论框架、案例分析与前沿展望

王 鹏　徐若然*

摘　要： 本文深入探讨了人工智能（AI）技术在数字政府建设中的多维度应用及其潜在影响。首先，综述了AI在数字政府领域的广泛应用场景、当前研究的前沿与趋势，以及实施过程中面临的主要挑战。特别是在智能决策支持、公共服务创新、智慧监管以及数据治理等方面，AI技术展现出了巨大的潜力和价值。其次，进一步聚焦于数据治理、智能决策、公共服务创新及跨学科融合等研究热点，并分析了大模型应用的效益、数据质量与安全、算法伦理以及人才短缺等挑战，强调了跨学科理论融合的重要性。通过具体案例分析，如中国移动的"谛听"反欺诈平台和"星汉"Galaxy大模型在政务服务中的成功实践，展现了AI技术的强大实力及其带来的社会价值。最后，本文提出了一系列建议，包括强化顶层设计、加大政策支持力度、深化合作共建以及建立试点示范，以推动AI在数字政府建设中的广泛应用与持续创新。

关键词： 人工智能　数字政府　智能决策　公共服务　智慧监管　数据治理

随着人工智能技术的飞速发展，其应用领域不断拓宽，深刻地改变着人

---

* 王鹏，博士，北京市社会科学院副研究员，主要研究方向为数字政府、数字经济、数据要素；徐若然：硕士，杜克大学环境管理专业，北京市社会科学院管理研究所副研究员。

们的生产和生活方式。党的二十大报告明确指出，要加快发展数字经济，促进数字经济和实体经济深度融合，打造具有国际竞争力的数字产业集群。其中，数字政府建设是关键的一环，而人工智能技术的引入则是实现这一目标的重要支撑。政府需要更加高效、智能地处理政务信息，以提供更加便捷、精准的公共服务。因此，研究人工智能在数字政府建设中的潜在应用具有重要的现实意义和深远的发展前景。

人工智能技术的快速发展，为数字政府建设提供了强大的技术支撑。通过运用人工智能技术，政府可以实现对海量数据的智能分析和处理，提高决策的科学性和准确性；可以构建智能化的政务服务平台，提供更加便捷、个性化的服务体验；可以实现政务流程的自动化和智能化，提高政务处理效率。这些应用不仅有助于提升政府的治理能力和服务水平，还有助于推动经济社会的发展。

一　文献综述

在信息化与智能化交融背景下，本综述探讨 AI 在数字政府中的多领域应用、研究热点、趋势与挑战，为深入应用提供指导。AI 应用于智能决策支持、公共服务创新、智慧监管等，AI 研究热点包括数据治理、智能决策、公共服务创新及跨学科融合。同时，AI 应用领域面临大模型效益、数据质量与安全、算法伦理、人才短缺等挑战。需进一步研究以推动政府治理与服务水平提升。

（一）人工智能在数字政府中的应用现状

1. 智能决策支持

在数字政府建设中，知识图谱作为 AI 技术的重要应用，通过政务图谱整合和挖掘政务大数据，系统揭示信息间核心结构与关系，提高政府决策的科学性和精准性。政务图谱提供的高精度、高关联数据为高质量决策提供支持，帮助政府部门在多变环境中快速决策，提升治理效率和社会满意度。

2. 公共服务创新

智慧化公共服务推动政府、企业和公众等多元主体参与，以数据资源为纽带，共同提升公共服务能力。通过公共服务评价机制，特别是公众评价，持续优化服务质量。江苏智能安防服务平台作为数字政府中公共服务创新的典范，依托大数据能力，协助公安部门进行安全防控和预警信息监测，实现了对区域人员的实时管理和风险识别，为公安工作提供了有力支持。

3. 智慧监管

人工智能在数字政府药品智慧监管领域实现了一体化、智能化应用。其技术框架涵盖国家药品智慧监管平台与信息化数字底座。平台聚焦业务需求，提升履职能力；数字底座则通过应用支撑、数据资源和基础设施三层，为药品监管提供技术支撑，驱动数字化转型升级，实现业务敏捷性和数据全面服务。

4. 数据治理

人工智能助力数字政府数据治理，实现数据共享、整合与高效利用。浙江的一体化智能化公共数据平台，通过“四横四纵”和“两个掌上”应用，为数字化改革提供强大支撑，实现多系统数据共享；北京的大数据平台目录区块链系统则运用区块链技术，有序管理全市大数据，支撑多项民生服务；上海“一网通办”、长沙“一件事一次办”等模式，通过数据共享与业务协同提升政务服务效率（见图 1）。这些实践强调数据治理在推动政务服务创新和优化、提升政府治理能力中的关键作用。

（二）数字政府建设中人工智能的研究热点与趋势

1. 数据治理

政府数据治理能力是数字政府建设的关键。它涵盖数据战略规划、治理体系建设、数据汇聚供给、平台建设、标准管理、应用、安全和质量等多个方面。中国软件评测中心提出的政府数据治理能力指数（GDMI）框架，通过六大一级指标和 18 个二级指标，科学系统地评估政府数据治理实力，为政府数据治理能力的提升提供了重要指导。

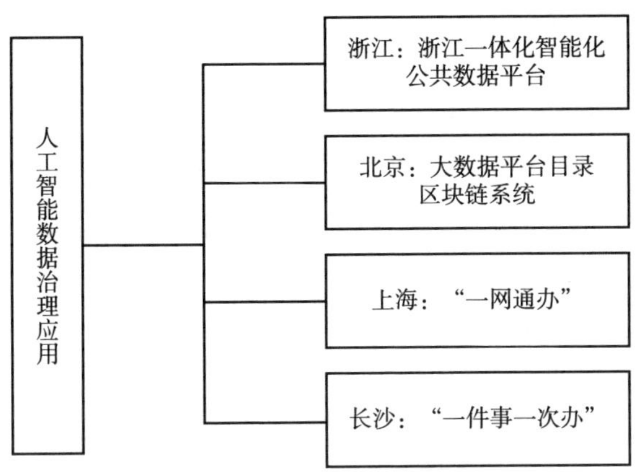

图 1　人工智能在各城市数据治理层面应用

2. 智能决策

AI 推动决策环境复合感知，构建“数智空间”，融合社会与物理空间，实现数据互通、万物互联。数智化“感受器”感知民意与证据变化，为决策提供丰富的信息支撑。在风险社会，AI 助力敏捷决策，围绕统一目标形成治理单元，应对复杂性与不确定性。智能技术全面挖掘、计算、学习和建模复杂目标，有效整合多元行动主体。

3. 公共服务创新

随着政务需求提升，AI 在兴业惠民中作用显著。在兴业上，AI 通过数据开放、产业分析和信用报告赋能企业，支持政府定制服务，推动产业升级。在惠民上，AI 助力“一网通办”“掌上办”，促进公众参与和权利行使，优化营商环境。面对风险，AI 提供敏捷决策支持，实现多元行动主体有效统筹整合。

4. 跨学科融合

人工智能技术在数字政府中的应用成为研究热点，日益体现跨学科融合特点，涵盖计算机科学、管理学、法学等多领域。这种融合不仅为人工智能应用提供全面视角，还促进大数据在公共政策制定与评价中的有效应用，需法律学者研究法律属性、公共管理学者探讨实践应用，并引导互联网企业线上线下融合，推动数字政府发展。

（三）数字政府建设中的人工智能应用挑战

1. 大模型应用“投入产出比”的挑战

随着深度学习技术的跃升，生成式 AI 模型（如 GPT 系列）参数激增，GPT-1 到 GPT-4 参数量从 1.17 亿增至 1.8 万亿，训练成本也暴涨一千多倍（见表 1）。然而，研究显示，这些新模型在逻辑问题上表现仍有限。因此，政府在数字化转型中追求“大模型”时，需权衡“适用性”与“投入产出比”，考虑训练成本与服务效能的关联，以及模型在特定场景下的稳定性与可靠性。

表 1　不同系列 GPT 的参数对比

模型	发布时间	参数量	训练数据数量	训练成本
GPT-1	2018 年 6 月	1.17 亿	5GB	较低
GPT-2	2019 年 2 月	15 亿	40GB	5 万美元
GPT-3	2020 年 5 月	1750 亿	45TB	460 万美元
GPT-4	2023 年 3 月	1.8 万亿	未知	6300 万美元

资料来源：网络公开资料。

2. 数据质量和数据安全的挑战

大模型的应用离不开海量的数据训练。在数字政府领域，无论是基于人机交互的问答式服务，还是基于数据分析的决策支持模型，都需要高质量的数据支撑。然而，目前我国政务数据共享开放虽然取得了一定成效，但数据质量参差不齐的问题仍然存在。低质量的数据将直接影响大模型的训练效果和应用性能。此外，大规模训练数据的汇聚也带来了数据泄露风险。如何保障数据质量和数据安全，防止数据被滥用或泄露，是人工智能在数字政府中应用必须面对的重大挑战。

3. 算法逻辑带来的理念和伦理挑战

基于深度学习的大模型训练虽理性但解释性不足，决策需融合感性与理性。在数字政府中，“以人为本”要求充分考虑人的需求和感受，而模型理性决策可能与之不符。同时，算法绑架、技术依赖等风险可能引发法理、伦理问题，如不公平决策、忽视人的主观能动性。这些问题需在人工智能应用中充分考虑和解决。

4. 复合型人才短缺的挑战

数字政府的建设与人工智能技术的融合，需要既具备深厚的人工智能技术背景，又熟悉政府业务运作的复合型人才。然而，这样的人才资源在市场上相对稀缺。一方面，人工智能技术的发展日新月异，需要不断更新知识体系和技能储备；而政府部门的业务运作又具有其独特性和复杂性，需要深入了解并具备相应的业务素养。另一方面，目前市场上的人才流动和引进机制尚不完善，导致具备这样能力的人才难以被及时发现和引进到政府部门中来。这进一步加剧了人才短缺的问题，使得人工智能在数字政府中的应用难以达到预期的效果。

二　理论融合

在探讨人工智能在数字政府领域的应用与发展时，理论融合成为推动创新的关键环节。下文将深入剖析人工智能的特点与特色，把握数字政府发展的最新态势与需求，并在此基础上探索两者的理论融合点，以期为数字政府建设提供更为全面和深入的理论指导与实践路径。

（一）人工智能特点

人工智能具备强大的学习能力，这是其与传统计算技术的根本区别。基于学习算法和大数据的驱动，人工智能系统能够持续不断地从海量信息中提炼知识，进行自我优化和改进。在数字政府中，这种学习能力使得政府部门能够快速适应复杂多变的环境，及时调整政策和服务。

人工智能具有出色的自适应力。在面对复杂多变的环境和任务时，AI系统能够根据实时数据和反馈信息，自动调整自身的参数和策略，以适应新的情况。当发生自然灾害或突发事件时，AI系统能够迅速收集和分析现场数据，自动调整应对策略和资源配置方案，以适应不同的情况和需求。

人工智能的智能决策力是其最为突出的优势之一。通过深度学习和强化学习等技术，AI 系统能够模拟人类的思维过程，进行复杂的逻辑推理和决策分析。因此，AI 系统能够在处理复杂问题时，快速、准确地作出决策，提高决策的质量和效率。

人工智能在预测方面也具有显著优势。通过对历史数据和趋势的深入分析，AI 系统能够预测未来的事件和发展趋势，并提前发出预警。同时，AI 系统还可以利用大数据分析技术，对犯罪数据进行深度挖掘和分析，预测犯罪趋势和热点区域，为公共安全部门提供有力的支持。

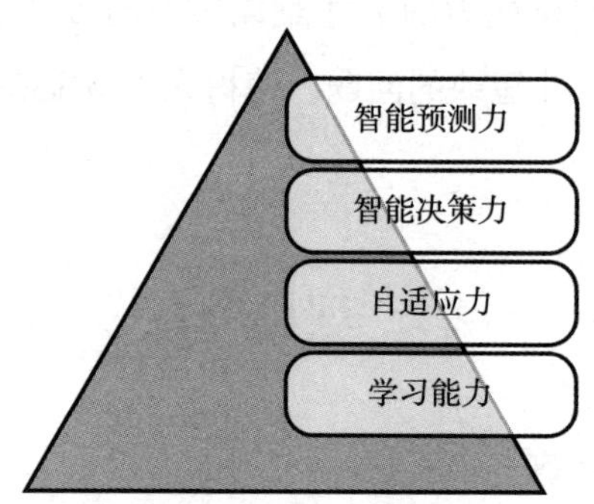

图 2　人工智能特点

（二）数字政府发展的最新态势与需求

首先，数字化转型是数字政府发展的基础。通过构建完善的数据采集、存储、处理和分析体系，政府能够更好地了解社会运行状态。同时，政府流程的数字化也是数字化转型的重要组成部分，通过引入电子政务、在线服务等数字化工具，提高政府工作效率，减少资源浪费。

其次，在数字化转型的基础上，政府正在寻求智能化升级。在智能决策支持方面，利用大数据和机器学习技术，政府能够更准确地分析社会问题和需求。在智能监管方面，人工智能可以帮助政府实现实时监管和预警。在智能服务方面，人工智能可以为公众提供更加便捷、高效、个性化的服务体验，如智能咨询、智能导览等。

然而，随着政府数据的不断增长和复杂化，如何有效管理和利用这些数据成为一个重要的问题。借助人工智能技术，政府可以实现数据的智能化管理和利用，以确保数据的质量、安全和合规性，同时提高数据的可用性和价值。此外，政府还可以利用人工智能技术对数据进行深度挖掘和分析，发现数据背后的规律和趋势，为政策制定和公共服务创新提供有力支持。

最后，政府正在不断探索新的服务模式和服务方式，以满足公众日益增长的需求。人工智能技术的引入为公共服务创新提供了可能。通过利用人工智能技术，政府可以打造智慧政务平台，实现政务服务的一站式办理和个性化服务。同时，政府还可以借助人工智能技术提升公共服务的智能化水平，如利用智能语音助手提供咨询服务、利用虚拟现实技术提供沉浸式体验等。

（三）数字政府建设与人工智能的融合点

在数字政府的数据治理方面，人工智能正发挥着越来越重要的作用。例如，政府的财政部门引入智能数据清洗工具，以自动识别并修正财务报表中的错误和异常数据。通过数据挖掘技术，该部门能够分析出财政支出的主要领域和趋势。此外，利用数据可视化技术，政府部门可以将复杂的经济数据以直观、易懂的方式展示给公众，增强了数据的可读性和传播性。

在决策支持方面，人工智能的应用能让政府决策更加科学、精准。以交通管理部门为例，智能决策支持系统能够基于实时交通数据和历史数据，分析拥堵原因和规律并加以预测。政府根据这些信息，可以科学规划交通路线、优化交通信号灯设置，从而有效缓解交通拥堵问题。此外，该系统还能为政府提供灾害天气下的交通应急预案，确保公众在紧急情况下的出行安全。

在公共服务领域，人工智能为公众带来了更加便捷、高效的服务体验。例如，城市的政务服务中心推出智能导览系统，提供个性化的办事指南和推荐服务。公众只需通过手机或平板电脑即可轻松获取所需信息，大大节省了办事时间和成本。此外，该中心还引入了智能客服机器人，能够24小时不间断地为公众提供咨询和解答服务，有效解决了公众在办事过程中遇到的问题。

在监管领域，人工智能的应用让政府监管更加智能、高效。以环保部门为例，智能监控系统可以实时监测企业的污染物排放情况，一旦发现超标排放，系统会立即发出预警信息并通知相关企业和执法部门。这种实时监管方式大大提高了环保执法的及时性和有效性。此外，该系统还能通过大数据分析技术，预测企业可能出现的环保问题，并提前进行预警和干预，有效降低了环保风险（见图3）。

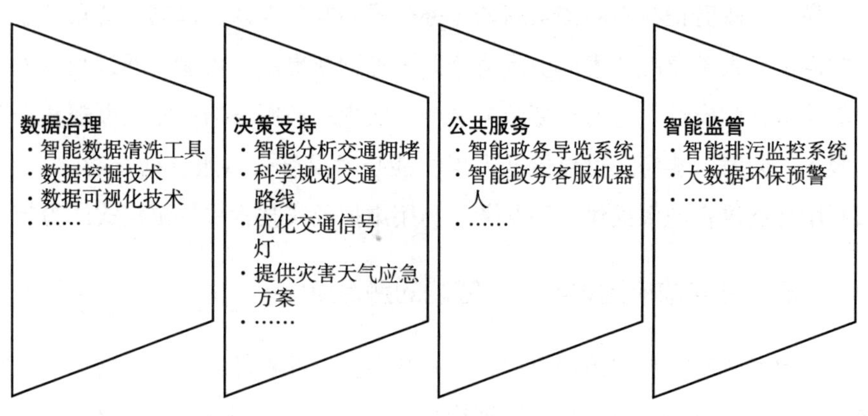

图3　人工智能与数字政府建设的融合

三　案例分析

在目前人工智能高速发展的时代背景下，政府与企业纷纷寻求通过技术手段提升公共服务效率和质量。以下将通过分析两个具有代表性的案例，探讨人工智能在反欺诈和政务服务领域的实际应用，以及它们所带来的技术革新和社会价值。

（一）案例一：中国移动构筑智慧反诈新防线

1. 背景介绍

随着互联网的快速发展，电信网络诈骗活动愈发猖獗，严重威胁人民群众的财产安全。中国移动（浙江）创新研究院积极应对，研发了“谛听”电信网络反欺诈平台，以科技手段助力防范和打击电信诈骗。

2. 应用过程

该平台采用数据收集与预处理、多模态数据融合、模型训练与优化以及诈骗预警与态势感知等技术手段，实现对电信网络诈骗行为的快速识别与预警。多模态数据融合技术提高了数据利用效率，模型训练与优化则提升了识别准确率和处理速度。

3. 应用成果

自 2021 年在嘉兴试点以来，“谛听”平台取得了显著成效。通过实时智能分析技术和多模态大模型技术，有效降低了电信网络诈骗案发率，提升了破案率，为群众挽回巨额经济损失。目前，该平台已在浙江省多个地区得到部署和应用，其提供的 SaaS 服务便于在全国范围内快速推广。

4. 技术与社会价值

“谛听”平台展现了强大的技术实力，能够迅速识别诈骗风险，满足不断变化的反欺诈应用场景需求。该项目不仅促进了社会治理和风险防控的范式革新，还通过跨领域融合驱动产业高质量发展，为公共安全行业生态的演进作出了积极贡献。同时，该项目的成功实施也为企业树立了良好的品牌形象，具有重要的经济价值和社会影响力。

（二）案例二：“星汉”Galaxy 大模型推动政务领域数字化转型

1. 背景介绍

随着数字化技术的迅猛发展和普及，政府行业面临着前所未有的转型压力。为了提升服务效率和优化民众体验，大汉软件股份有限公司推出了“星汉”Galaxy 大模型，旨在为数字政府建设提供全方位的技术支持。

2. 应用过程

“星汉”Galaxy 大模型展现出了其独特的优势。大汉软件针对政务领域的特殊性，对模型进行了专业微调，确保其能够准确理解政务知识并具备专业的回答能力。同时，通过引入强化学习技术和直接偏好优化算法，模型能够不断从人类训练者的反馈中学习和优化。此外，大汉软件还基于训练好的大模型，打造了一个高效运行、便捷服务的 AI 平台，该平台提供了一站式 AI 工程化落地服务能力，为模型在政务领域的应用提供了有力保障。

3. 应用成果

“星汉” Galaxy 大模型已经取得显著成效（见图 4）。通过智能问答系统，政务网站能够迅速响应公众咨询。政策解读功能则利用 AI 技术为公众提供精准、个性化的解读服务。此外，热线受理、智能派单等功能的自动化处理，不仅提升了政务服务的响应速度，也优化了资源配置。特别是在“赣服通” 6.0 版本中，政务服务智能化水平得到了显著提升。

政府行业知识应用主流供应商产品及能力

供应商	大模型产品	知识图谱产品	供应商能力
百度	百度智能云千帆大模型平台、文心大模型	企业知识图谱平台AI_EKG	构建了全球最大的互联网中文知识图谱，具有高端芯片昆仑芯、飞桨深度学习框架、文心预训练大模型，实现对政务知识应用场景的端到端整体支撑。
大汉软件	“星汉”Galaxy大模型	集成在政务应用中	作为专注于数字政府领域的专业软件开发商和技术服务商，对政府业务有深刻的理解，结合知识图谱、大模型使得落地应用更加专业化、场景化和产品化。
华为	盘古大模型	知识计算	提供政务、职能部门内部的知识计算平台，提供一站式知识图谱构建平台，基于用户知识进行安全、可控的计算。
蚂蚁集团	百灵	知蛛	
软通智慧	“孔明”AI大模型	TongKG	专注于“城市数据智能服务”，拥有完善的知识图谱系列产品，结合大模型面向政务服务提供从图谱构建到图谱应用的全链路服务。

图 4 “星汉” Galaxy 大模型入选 IDC 政府大模型市场相关报告

资料来源：IDC 咨询微信公众号。

4. 技术与社会价值

随着技术的不断进步和应用场景的拓展，“星汉” Galaxy 大模型在政务服务领域的应用将产生更为显著的经济和社会效益，如：加强政策解读功能，提升政策宣传和推广效果；优化热线受理服务，提高服务质量；实现智能派单，降低运营成本；利用智能决策系统为政策制定提供有力支持；精准化舆情识别，提高政府应对风险和挑战的能力；以及自动化公文写作，节省人力资源，提高工作效率。

四　结论、建议与展望

（一）结论

随着科技的飞速发展和信息化时代的到来，人工智能在数字政府领域的应用趋势不仅将重塑政府服务的面貌，也将深刻影响社会治理的效率和质量。

在数据应用方面，与数据的深度结合将是关键。在大数据技术的推动下，政府正在构建一个庞大的数据网络，这个网络不仅覆盖了社会、经济、环境等多个领域，还包含了从微观到宏观的各类信息。这些数据资源如同数字时代的金矿，蕴含着丰富的信息和价值。为了充分挖掘这些数据资源的潜力，政府开始引入人工智能算法进行智能分析和预测。这些先进的算法能够对海量数据进行深度处理，发现数据之间的内在关联和潜在规律。通过智能分析，政府能够揭示出社会、经济、环境等各方面的动态变化和发展趋势，为政策制定和公共服务提供精准的数据支持。

在公共服务方面，人工智能正逐步成为政府为民服务的重要工具。通过构建智能化、自动化的政务服务平台，政府不仅提升了服务效率，还极大地优化了服务流程。这一平台利用人工智能技术，实现了政务服务的自动化处理和智能响应。公众只需通过简单的操作，即可快速获取所需的信息和服务，无须再为烦琐的流程和长时间等待而烦恼。此外，人工智能在政务服务中的应用，还带来了服务的个性化。借助智能问答系统，政府能够实时回应社会关切，为公众提供精准的政策解读和办事指引。这些系统通过自然语言处理技术，理解公众的问题和需求，并给出相应的解答和建议。同时，智能推荐功能还能根据公众的兴趣和偏好，推送相关的政策和信息，使服务更加贴心和个性化。这将使公众在享受政务服务的过程中，感受到更多的便利和舒适，提升对政府的信任度和满意度。

在技术安全方面，随着人工智能在数字政府领域的应用日益深入，技术安全问题愈发凸显出其重要性。首先，政府建立健全的监管机制，对人工智能技术的研发、应用、运营等各个环节进行严格的监督和管理。同时，政府还需组织专业的评估团队，对人工智能技术的安全性、可靠性、稳定性等方面进行全面的评估和测试，确保其在合法、安全、可靠的前提下运行。其次，数据安全和个人隐私的保护应得到加强。在人工智能应用中，涉及大量的个人信息和敏感数据，这些数据的安全和隐私保护至关重要。政府制定严格的数据安全保护政策，以明确数据的采集、存储、传输、使用等各个环节的安全标准和要求。同时，政府还需要加强对数据使用行为的监管和审计，确保数据使用的合法性和合规性，防止数据泄露和滥用。

在场景应用方面，人工智能将在数字政府的多个领域发挥重要作用。首先，在智慧城市建设中，人工智能的应用尤为突出。在交通管理方面，人工智能可以通过分析实时交通数据，预测交通流量和拥堵情况，从而帮助城市管理者制定有效的交通疏导策略。在环境监测方面，人工智能可以实时监测空气质量、水质等环境指标，及时发现环境问题并进行预警，为城市的可持续发展提供有力保障。其次，在社会保障领域，人工智能的应用同样具有重要意义。通过人工智能技术，政府可以更精准地识别和管理特殊人群，如老年人、残疾人、贫困人口等。这些特殊人群往往面临着更多的生活困难和挑战，而人工智能可以通过数据分析、模式识别等技术手段，为他们提供更加个性化的服务。

（二）建议与展望

为了让人工智能在数字政府领域实现更深入、更广泛、更有效的应用，政府端应当积极采取一系列前瞻性的措施。

1. 强化顶层设计

为了推动人工智能技术的稳健发展，政府首先需要加强顶层设计和整体布局。具体来说，政府需要扮演主导角色，精心制定一份全面的人工智能发展规划和详细的路线图。这份规划不仅要明确发展目标，包括在技术、产业、社会等各个方面的具体目标，还要列出关键任务，即对实现目标至关重要的行动计划和项目。此外，规划还应包含必要的保障措施，如政策支持、资金投入、人才培养等，以确保人工智能技术的研发和应用能够得到充分的保障。

在制定规划的过程中，政府应充分考虑国内外的发展形势和趋势，以及自身的发展需求和优势。同时，政府还应积极寻求与其他国家和地区的合作与交流，共同探索人工智能技术的新应用和新发展。这种国际合作与交流不仅可以促进技术的共享和进步，还可以帮助我国在国际上取得竞争优势，为未来的发展打下坚实的基础。

2. 出台针对政策

政府需要出台一系列有针对性的政策，以支持企业加大对人工智能技术的研发和应用投入。首先，政府可以实施税收优惠政策，减轻企业在人工智能技术研发过程中的税收负担。这些优惠可以包括研发费用的税前加计扣除、高新技术企业的低税率优惠等，以鼓励企业增加对人工智能技术的研发投入。其次，政府可以提供资金扶持，以缓解企业在研发过程中的资金压力。这可以通过设立专项基金、提供贷款担保、引导社会资本投入等方式实现。这些资金可以用于支持企业的研发项目、购买研发设备、培养研发人才等，从而提高企业的研发能力和效率。此外，政府还应重视人才培养，为人工智能技术的发展提供坚实的人才保障。政府可以与企业、高校和科研机构合作，共同制定人才培养计划。同时，政府还可以设立奖学金、助学金等，鼓励更多的年轻人投身于人工智能技术领域的学习和研究。

3. 加快政产学研融合

为了加快人工智能技术的研发速度和提高研发质量，政府和高校、科研机构之间应该开放共建合作关系。首先，政府应积极与高校和科研机构进行对接，明确各自在人工智能技术领域的优势和资源，形成互补效应。政府可以提供政策支持和资金保障，为合作项目提供稳定的研发环境和条件。其次，通过共建共享的方式，政府、高校和科研机构可以共同开展人工智能技术的研发和应用项目。这些项目可以针对特定的行业或领域，解决实际问题和挑战。

在合作过程中，各方可以共同制定研发计划、分配任务、共享数据和资源，确保研发工作的顺利进行。此外，政府还可以通过设立联合实验室、研发中心等方式，进一步加深与高校、科研机构的合作关系。同时，这些平台还可以为人才培养提供实践基地，吸引更多的年轻人投身于人工智能技术领域的学习和研究。

4. 开展 AI 试点示范

为了让人工智能技术更好地服务于社会和经济发展，政府需要开展试点示范和案例推广工作。首先，政府应当精心挑选一些具有代表性的地区和领域，作为人工智能应用的试点示范点。这些试点示范点可以涵盖城市管理、医疗健康、教育、交通等多个领域，以确保人工智能技术的广泛应用和深入探索。通过对试点示范过程中的问题、挑战和成功经验的深入分析和研究，进而形成一系列有价值的案例和启示。

同时，政府还需要加强案例的推广和宣传工作。通过举办论坛、展览、培训等活动，可以向公众展示人工智能技术的优势和价值，让更多的人了解并认识到人工智能技术的重要性和潜力。此外，政府还可以借助媒体的力量，通过新闻报道、专题报道等方式，广泛宣传人工智能技术的成功案例和应用经验，从而激发全社会对人工智能技术的关注和热情。

综上，未来人工智能在数字政府领域的应用将呈现更加广泛、深入的趋势。政府需要加强顶层设计、政策支持、合作共建和试点示范等方面的工作，推动人工智能技术的创新和发展，为数字政府建设提供更加有力的支撑。

参考文献

李燕：《数字政府背景下档案资源辅助决策模式研究》，《山西档案》2023 年第 6 期。

刘洋：《数字政府建设与药品智慧监管顶层规划的研究与思考》，《中国医药导刊》2023 年第 8 期。

吴志刚：《数据治理赋能数字政府建设》，《软件和集成电路》2022 年第 11 期。

张红春、杨涛：《数智时代的公共决策：复合理性转向与范式证成》，《云南行政学院学报》2024 年第 1 期。

彭婧、冯学兰：《数字素养：公共管理类专业人才培养的创新问题及路径研究》，《新西部》2023 年第 9 期。

董超、王晓冬：《生成式人工智能在数字政府建设中的探索、挑战及建议》，《数字经济》2023 年第 11 期。

B.18

通用人工智能在数字政府建设中的应用模式与实践案例

中国移动通信集团有限公司课题组*

摘　要： 随着通用人工智能技术加速突破并深度融入各行各业，创新推进通用人工智能技术与政府管理服务融合，需要以场景化智能为靶向提升政务履职的智能化水平。在研究政府数字治理对通用人工智能规范性需求的基础上，从构建适合通用人工智能的制度规则软环境和数据驱动的平台系统设施硬环境出发，识别了6大类12种典型通用人工智能应用场景，并在案例实证分析基础上，提出了数字政府建设中应用通用人工智能的模式，最后从制度规则、平台系统、场景创新和安全治理等维度提出了通用人工智能在数字政府中的应用建议。

关键词： 数字政府　通用人工智能　大语言模型

一　引言

通用人工智能是引领新一轮科技革命与产业变革的战略性技术，

---

* 课题组成员：陈志刚，中移系统集成有限公司高级工程师，研究方向为数字政府、数据要素；顾冠楠，中国移动集团公司政企事业部、党政拓展部行业总监，研究方向为数字政府；于庆军，中移系统集成有限公司高级工程师、规划技术部总经理，研究方向为数字政府、数字经济；于本江，中国移动集团公司政企事业部、党政拓展部总经理，研究方向为数字政府；卫小波，中移系统集成有限公司规划技术部副总经理、高级工程师，研究方向为公共数据、数字经济；王昀，中移系统集成有限公司总经理、高级工程师，研究方向为数字政府、智慧城市；黄涛，中国移动集团公司政企事业部副总经理、高级工程师，研究方向为数字政府。

以通用人工智能技术为代表的新一代通用人工智能加速突破并深度融入各行各业，全球科技与产业界正在掀起通用人工智能大模型热潮。数字政府建设已然步入深化提质的关键阶段，借助大模型技术对数字政府进行创新变革赋能，进而提升政府数字化履职能力，已成为业界共识。

应用通用人工智能技术，提高政府履职的效率，增强政务服务的公众和企业的获得感，已经成为学术界和数字政府建设的理论和实践的热点。2024 年政府工作报告中首次提出“通用人工智能+”行动，广东、北京、安徽发布系列政务领域生成式通用人工智能场景化应用的政策，从智能算力建设、场景应用需求和政策保障等多维度推动通用人工智能政务领域应用。政务领域的垂直大模型涌现并在公文写作、智能问答、政策咨询等场景中应用，例如深圳龙华构建了一个政务领域 GPT 应用。大模型在数字政府中的应用已经取得积极的效果，尤其是在问政、治理、协同、撰文等方面[①]。在辅助智能问答提升政务服务效能、辅助智能写作提高政务人员工作效率、决策大模型支撑政府的智能决策方面生成式通用人工智能应用越来越丰富[②]，同时通用人工智能在赋能数字政府方面具有明显的效用，在数字政府公共服务的高效化、决策的科学化、治理的集成化方面，提供了诸多可能和想象空间[③]。

抓住通用人工智能大发展的技术机遇，以政府治理能力现代化为目标，围绕政务履职的场景智能化，提高通用人工智能与政府管理服务的融合度，对于建设数字化、智能化运行的平台型政府具有现实的紧迫性。

---

① 徐恩庆、张琳琳、吴佳兴：《政务大模型赋能数字政府创新发展路径的探索》，《通信世界》2023 年第 22 期。

② 董超、王晓冬：《生成式通用人工智能在数字政府建设中的探索、挑战及建议》，《数字经济》2023 年第 11 期。

③ 杨莉、刘文文：《人工智能技术嵌入数字政府研究》，《特区实践与理论》2023 年第6 期。

二 通用人工智能在数字政府中的应用规范性

（一）通用人工智能应用规范性日渐得到重视

生成式通用人工智能具有高度灵活性、强大的创新学习能力，其生成过程基于概率不确定性，一方面增强了内容的多样性和新颖性，另一方面又给规范性、可解释性带来一定的挑战。

提升通用人工智能应用的规范性已经成为全球共识。2024 年 3 月 11 日，联合国第 78 届会议通过《抓住安全、可靠和值得信赖的通用人工智能系统带来的机遇，促进可持续发展》决议，该决议强调需要制定通用人工智能系统标准，鼓励制定和支持有利于开发安全可靠的通用人工智能系统的监管和治理办法及框架，以包容、公平、普惠的方式开发通用人工智能系统。联合国秘书长设立的通用人工智能咨询机构发布了《为人类治理通用人工智能》临时报告，确定了包容性、公共利益、数据治理的中心地位、普遍性、网络化、多利益攸关方和国际法原则等方面的要求。2024 年 1 月 29 日，英国发布 “Guidance to civil servants on use of generative AI”，明确了公务员使用 AIGC 工作的一般原则及应该使用和不使用的示例。2024 年 3 月 25 日，美国总务管理局（GSA）发布 “AI Guide for Government”，就组织拥抱 AI、负责任和值得信赖的 AI 实施、发展 AI 劳动力、培养数据和技术、AI 能力成熟度等七方面提供指引。欧洲在生成式通用人工智能的伦理治理方面表现突出。例如，欧盟已经制定《通用数据保护条例》（GDPR），虽然它主要关注数据保护，但也间接影响了 AI 的使用和开发，特别是在处理个人数据时必须遵守的规定。此外，欧盟还推出了“欧洲通用人工智能框架”，旨在确保 AI 的发展符合伦理标准，包括对偏见和歧视的防范。

我国也不断强化通用人工智能治理规则体系建设。2019 年 6 月 17 日，国家新一代通用人工智能治理专业委员会发布《新一代人工智能治理原则——发展负责任的通用人工智能》，突出了发展负责任的通用人工智能这一主题，强调了和谐友好、公平公正、包容共享、尊重隐私、安全可控、共担责任、开放协作、敏捷治理等八条原则。2022 年 7 月 29 日，科技部等六部门联合印发《关于加快场景创新以通用人工智能高水平应用促进经济高质量发展的指导意见》。2023 年 7 月 10 日，国家网信办等七部门联合发布《生成式人工智能服务管理暂行办法》，提出了坚持发展和安全并重、促进创新和依法治理相结合的原则，采取有效措施鼓励生成式人工智能创新发展，对生成式人工智能服务实行包容审慎和分类分级监管的原则。

（二）通用人工智能在数字政府中应用的规范性需求

政府在公共管理过程中具有自身独特性，突出表现在三个方面：法定性，即政府履职行为必须有法律明确的授权；程序性，即政府履职行为必须遵循一定的行政程序；中立性，即政府履职需要遵循中立原则以符合社会公平。生成式通用人工智能的灵活性和不确定性对政府公共管理的数字治理提出了新的规范性要求。

1. 责任分配的规范性

将生成式通用人工智能引入政府履职过程中，需要建立规范的责任分配机制。就责任的主体而言，涉及政府部门、智能技术提供商、数据提供商以及在履职中涉及跨部门的业务协同和数据共享，需要在这些主体角色之间建立界面清晰的责任分配机制；就责任的内容而言，既包括行政责任、法律责任、数据责任、技术责任，也包括伦理责任，需要各方都承担相应的责任，以确保智能化履职的合法合规。例如政府部门作为政务履职主体承担首要责任，明确应用场景并制定政策规范；技术供应商确保产品安全可靠合法并承担技术维护更新责任；数据提供者保证数据真实准确完整并配合管理。

2. 结果行为的规范性

将通用人工智能应用于政务决策、执行、监督时，需要对输出结果行为建立规范。就可信任的角度而言，无论是结果还是行为，都要确保在法律依据、权责范围、行政程序等方面符合政府依法履职的规范。就可解释的角度而言，结果和行为需要符合治理场景的法律、伦理规范，并能够给出符合公序良俗和善治的预期。就透明性的角度而言，结果和行为所依据的数据、算法和计算的程序过程要建立可被清晰辨识的规范。例如，有研究指出，AI算法中存在的偏见问题需要被认真对待和解决，需要对数据收集、标注和处理过程建立监督规则，并对 AI 结果的解释和应用建立监控规则。

3. 数据算法的规范性

对通用人工智能应用于政务管理服务所依赖的语料库、数据集、训练库以及各种算法需要建立规范。就语料而言，建立高质量的可信任的语料库，需要对语料数据的来源、数据融合处理的算法和过程、数据质量控制的标准以及数据更新维护的标准进行规范，特别是对训练数据的真实性、准确性、客观性、多样性需要特别关注；就算法而言，既包括数据收集与处理应确保来源合法、进行质量控制并规范标注，也必须关注算法设计与开发要注重透明性、可解释性、安全性与公平性。算法评估与验证需建立科学指标体系，合适的方法对算法能够持续优化改进，要特别关注在应用时应遵守伦理原则、承担社会责任，确保利用通用人工智能技术的可靠、安全、公平。

4. 合规治理的规范性①

可从技术支持者和服务提供者两个角度进行大模型合规详细梳理：技术支持者在技术开发过程中，需关注原始资料的审核与管理、遵守《中华人民共和国个人信息保护法》（以下简称《个人信息保护法》）、避免侵犯知识产权、提高训练数据质量、注重数据标注合规、遵守伦理要求、防止技术滥用以及提高语料数据加工的透明度和可解释性等方面。服务提供者在集成模型并提供终端服务时，要进行进一步的内容管理与审核，包括确保模型的合规、模型生成内容的合规、对生成内容进行标识、建立和完善用户反馈机制、遵守《个人信息保护法》等相关规定，同时在用户协议和用户权益保护方面也需注意相关要点和措施。

① AI 开拓者指南：大模型内容合规要素。

三 通用人工智能数字政府典型应用场景

（一）政务应用场景智能化趋势

数字政府建设呈现强烈的场景化趋势，在浙江和重庆的数字化改革实践中，我们可以看到围绕多跨场景建设应用已经取得了成果。应用场景可以被理解为特定的环境、条件和任务组合下，技术或解决方案的实际运用情况。在数字政府领域，应用场景是指政府在履行管理、服务、决策等职能过程中，不同的业务需求和实际工作情境。明确应用场景有助于精准定位问题、设计针对性的解决方案，提高数字政府建设的实效性。IDC 的研究报告①显示：当前政务大模型覆盖的场景主要包括政务服务、城市治理和政府办公三大场景。IDC 收集到的案例数量分析显示大模型在政府行业中作为内部辅助工具占比较高，其次是面向公众提供服务。其中辅助工具包括减少人工业务流程步骤、缩短业务处理周期、获得丰富的用户洞察、数据驱动业务、创造未来业务可能和成果、零 ETL 数据策略、简化沟通、获得丰富的业务洞察。

（二）需求侧视角政务领域通用人工智能应用场景

通用人工智能在政府履职中有广泛应用。在政务办公中可进行文档处理与管理、任务管理与协作，公文写作中能生成模板、优化语言，政务热线中有智能客服及数据分析与反馈，智能问答包括在线咨询平台和内部知识管理，还可辅助行政决策进行数据挖掘与分析、方案评估与优化，在智慧监督中实现实时监测与预警、绩效评估与改进。这些应用涵盖了政务办公、公文写作、政务热线、智能问答等高频场景，并向辅助行政决策和智慧监督发展。

1. 北京：以提高政府回应性为核心打造应用场景

北京是最早应用生成式通用人工智能于政务领域的地区之一。2023 年 7

① IDC 发布《中国政务大模型在数字政府应用市场分析，2024》，2024 年 3 月。

月北京市发布了政务服务大模型场景需求，包括政务咨询、政府网站智能问答、智能搜索、精准化政策服务、市民热线智能受理、智能派单、交互式智能政务办事等。2024 年 7 月全市首个政务大模型服务平台“亦智”率先落地经开区。

从提升政府回应性视角来看，这些应用场景具有重要的学术与实践价值。在政务咨询方面，政务大模型能够即时回应公众的多样化需求，无论是政策解读还是业务流程咨询，均可提供高效且精准的答案，显著节约公众的时间与精力，提升咨询效率。在政府网站的智能问答应用中，公众通过自然语言与平台互动，迅速获取所需信息，使得政府服务更加便捷高效，增强了公众与政府之间的互动体验。智能搜索功能则可精准检索相关政务信息，帮助用户快速定位关键内容，降低信息查找成本，进而提升公众对政府服务的满意度。

在精准化政策服务方面，政务大模型根据不同群体的需求推送个性化政策信息，确保政策内容的有效传递与落实，使公众切实感受到政府服务的关怀与精准性。市民热线的智能受理与派单系统则通过快速分类与精准派发公众诉求，显著缩短问题处理周期，提高解决速度与质量，进一步提升政府的响应能力与公信力。在交互式智能政务办理场景中，大模型通过引导式交互界面辅助公众完成复杂政务流程，提升办事效率和成功率，使公众体验到更加智能化和人性化的政府服务。

北京市政务大模型的多元应用场景有效提升了政府的回应性和服务效率，使政务服务更加贴合公众需求。这不仅提高了政府与公众之间的信任与互动水平，也为推动数字政府建设向更高质量发展提供了有力支持。

2. 安徽：以提升政府治理能力和运行效能为核心打造应用场景

安徽也是最早发布数字政府大模型场景的省份，在 2023 年 12 月发布的安徽省首批数字政府大模型场景应用清单中，涵盖了政务咨询、辅助办理、城市治理、机关运行、辅助决策和专业工具等 6 大类共 18 个应用场景。在政务咨询方面，依托大模型技术的专业知识助手，如公务人员财政制度规范问答指引和企业环保助手，提升信息获取的效率与准确性，从而提升政务回应的速度与效率。辅助办理类场景主要有无差别综合窗口助手和关联事项智能办理，通过深度学习政务服务数据，实现了智能化的业务处理和个性化服务。在城市治理类场景中的“12345”热线智能化应用、生态环境执法助手、县域“事岗人”一体化管理等，着力提升城市事件处理和调度的效率，提高政府对复杂城市问题的应对能力，增强资源调度的科学性和治理的敏捷性。机关运行是安徽关注的重点，保留公文助手、公文智能分办助手、政策问答和知识管理系统，意图通过自动化处理公务事务中的重复性劳动，优化政府机关的工作流程，减少烦琐的人工操作，释放政府工作人员的时间与精力，从而提高政府的日常行政效能。

在辅助决策类应用方面，主要有生态环境指标查询助手、民生福祉研究助手，通过大模型对海量数据的深度分析，提供基于数据驱动的决策支持，为政府在政策制定和实施过程中提供了更为可靠的依据，增强了政策的有效性和可执行性。

此外还有专业工具类应用如个性化分析报告助手、财务报表助手和法律咨询助手，协助公务人员在特定领域开展工作，提高了工作效率和准确性，也帮助公众和企业更好地理解和利用政府服务中的专业内容。

安徽省首批数字政府大模型应用聚焦提升政府在多个领域的履职能力和治理效能，通过简化政务操作流程、提高了决策科学性，优化公众与政府的互动方式，通过减少重复性劳动、提升信息处理和决策辅助能力，推动政务服务向智能化、精准化和高效化转型。这种基于大数据和通用人工智能的治理模式，也为数字政府建设的高质量发展奠定了坚实基础。

3. 广东：以政务治理智能化为核心打造应用场景

广东是首个印发相关工作方案的省份，《广东省加快数字政府领域通用人工智能应用工作方案》中提出了政务大模型场景应用共涵盖 6 大类，涉及政务服务、政府治理、机关运行、辅助决策、产业服务和公共服务等场景。主要应用场景包括政务服务智能化问答、城市治理智能监测、政策辅助决策等，共 18 个场景。政务大模型通过通用人工智能技术，优化服务流程、提升政府管理效能，助力数字政府建设和经济社会高质量发展。

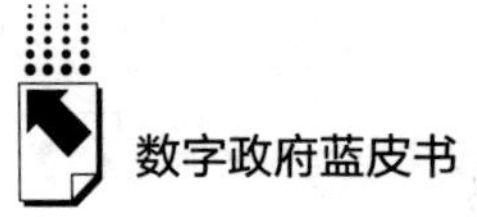

广东政务应用呈现丰富多元且极具前瞻性的应用场景。特别在政府治理创新场景方面，经济治理依托全省经济治理基础数据库，丰富跨部门跨层级经济治理数据，借助“粤经济”平台，在经济运行监测等场景创新应用，为政府领导决策提供有力支撑。基层治理通过多模态智能感知等手段，形成监管治理闭环，提升基层治理的精准度和效率。在智慧城市方面，探索通用人工智能与城市大脑等场景创新，进一步提升城市管理水平和居民生活质量。

政府运行管理辅助方面，“粤政易”上线 AI 应用超市，利用大模型能力为公文撰写等工作提供支撑，有效辅助政府内部流程优化。同时，探索通用人工智能在政务数字资源管理等方面的辅助应用，提高政府运行管理的智能化水平。

通用人工智能场景开放中，基于政务行业大模型，探索通用人工智能在教育、医疗等行业的应用，推动各行业的发展；并且常态化发布场景清单，促进通用人工智能技术的不断发展和应用拓展。

赋能“百县千镇万村高质量发展工程”，推动政务通用大模型在县域发展场景中的多模态学习，创新大模型涉农场景应用，精准助力农村产业发展和“数字乡村”建设，为乡村振兴贡献力量。

广东政务大模型应用场景全面覆盖政务服务、治理创新、运行管理及乡村发展等多个方面，为提升政务治理的智能化水平、为经济社会发展提供坚实保障。

北京、安徽、广东三地在政务大模型场景建设上有相同点也有不同点。相同之处在于都以提升政务服务水平、推动数字政府建设为目标，且场景多元化。不同点在于侧重点不同，北京以提高政府回应性为核心，安徽聚焦提升政府治理能力和运行效能，广东则以政务治理智能化为核心，涵盖产业服务和公共服务等多领域。此外，三地场景丰富度有别，北京主要聚焦政务服务面向公众环节，安徽分类细致且深入专业领域和机关运行管理，广东场景覆盖广泛且具前瞻性和创新性，如经济治理创新和智慧城市探索等。

（三）供给侧视角政务领域通用人工智能应用场景

政务领域是通用人工智能大模型应用重要领域，站在产品技术供给的视角，已经形成了智能算力、通用人工智能大模型、政务大模型、政务智能体和智能政务应用的生态体系。

1. 智能算力：政务智能算力基础设施建设成为必要要素

政务智能算力中心的建设是实现高效智能政务服务的关键。智能算力在政务服务中的应用主要体现在数据驱动决策、智能化服务和跨部门协同等方面。公开信息显示黄石市政务智能算力中心已经投入运行，提供60PFlops的算力支持，为政务服务和城市治理提供了强大的支持。福州市也在推进区域智算枢纽的建设，构建多层次的算力设施体系，以提升算力供给水平。广东省实施算力伙伴计划，加强政企合作，提出建设数字政府通用人工智能算力赋能中心。

在政务领域智能算力需求的牵引下，电信运营商作为主要的云计算基础设施服务商，加速布局智能算力中心建设，以中国移动为例，在智能算力中心的布局方面，展现了其在云计算和算力网络领域的雄心与实力，已经建成并投产了多个智算中心，并且这些中心覆盖了全国多个重要区域，在呼和浩特建成了全球运营商最大的单体智算中心，智能算力规模达到6.7EFlops。在哈尔滨也建成了国内运营商最大单集群智算中心，可提供6.9EFlops的智能算力。截至2024年，首批12个智算中心节点已投产，覆盖京津冀、长三角、粤港澳大湾区、成渝，以及贵州、内蒙古、宁夏、黑龙江、湖北、山东等地区。

数字政府智能算力中心的建设不仅是技术层面的革新，更是政府治理模式的重大变革，数字政府建设离不开智能算力基础设施的泛在普遍支撑。

2. 政务大模型：融合政务数据加速在政务领域拓展应用

通用大模型正在加速与政务信息化系统建设相融合，数据显示国内多个通用大模型在数字政府、智慧城市中得到应用，例如华为云发布的政务大模型解决方案提升数字政府公共服务及城市管理水平，科大讯飞联合合作伙伴发布基于通用大模型底座的技术解决方案，涵盖虚拟数字人、语音识别等；其中中国移动借助在数字政府领域的优势，发布的“九天·海算政务大模型”在政务领域发挥着重要作用。此模型基于丰富的数字政府建设经验打造，旨在提升政务服务系统智能化水平。具备政务事项理解能力，可深入处理复杂政务事项并提供准确信息关联和智能答复；拥有多维度信息关联能力，能有效整合不同来源数据、提供全面信息服务；具有多元交互能力，针对复杂事项和流程支持多种交互方式以提高用户办事体验；还能实现全流程赋能，为数字政府全流程提供深层助力，使政府为百姓提供更便捷、智能的政务服务。同时该模型已经应用于黑龙江等多地数字政府中，融合了海量政务数据，形成了智能搜索和智能客服等应用场景。

3. 政务智能体：政务应用标准化智能化的新路径

政务智能体则是基于政务大模型构建的具体应用实例，它通过智能交互与高效引导机制，为群众提供精准问答服务。例如红古区推出的“AI+政务服务”智能体——红小助，借助智能交互与高效引导机制，为群众提供精准问答服务。福田区率先推出政务大模型——福田政务助手“小福”，针对高频、复杂事项，提供实时问答互动、智能秒批、政策推送等智慧政务服务。北京经开区全新建设的新一代数据基础设施，具有多模型纳管、知识库运营、智能体汇聚等功能。

中国移动在政务智能体领域取得了显著的进展，特别是在推动政务服务智能化和提升民生服务质量方面作出了重要贡献。中国移动通过其“九天”人工智能大模型体系，特别是“九天·海算政务大模型”，致力于提升政务服务效率与智能化水平。具体来说，“九天·海算政务大模型”具备强大的政务事项理解能力、多维度信息关联能力、面向复杂事项和流程的多元交互能力。该模型已广泛应用于多个省级数字政府项目中，并且在“12345”智能热线、政务智能搜索等场景中得到了实际应用。此外，该模型还汇聚了大量私域数据和精标数据，以支持更精准的服务提供。

政务智能体具有上下文感知和个性化服务能力，能够根据用户需求进行智能响应和服务交付，不仅增强了政府与公民之间的互动关系，还能提升政府的服务效率和透明度，概而言之，政务智能体通过整合 AI 技术和大数据分析，为政府提供高效、便捷、个性化的服务，推动政务服务的数字化和智能化发展。

在政务领域，智能算力、政务大模型和政务智能体共同推动政务服务智能化。智能算力中心为政务服务和城市治理提供强大计算支持，是政府治理模式变革的技术支撑。政务大模型加速与政务信息化系统融合，中国移动基于丰富经验打造“九天·海算政务大模型”，为数字政府全流程助力。政务智能体基于政务大模型构建，通过智能交互与高效引导为群众提供精准问答服务，推动政务服务数字化和智能化发展，为政务服务智能化升级提供保障。

四　通用人工智能数字政府应用模式与路径

（一）通用人工智能数字政府应用模式

IDC 预测，到 2027 年政府中生成式 AI 的应用将由任务自动化扩展到决策支持，将公民服务响应能力提高 10%、公务员生产力提高 15%。通用人工智能在数字政府中的应用模式包括智能化政务服务、辅助决策支持、城市治理智能化和机关运行优化。通过 AI 大模型，政务服务变得更加高效，决策过程更加科学，城市管理更加智能，机关日常操作得到自动化处理。这些模式提升了政府在服务、管理和决策方面的能力，推动数字政府建设向智能化、精准化和高效化发展。

国务院发布的《国务院关于加强数字政府建设的指导意见》为通用人工智能在数字政府中的应用提供了分析框架。

在数字政府建设的履职领域，通用人工智能有着广阔的应用前景。在公共服务方面，利用通用人工智能可以实现智能客服的升级，不仅能够准确理解民众的咨询问题，还能通过对大量政务数据的学习和分析，提供更全面、更精准的解答和办事指引，提高服务效率和民众满意度。在社会治理领域，通用人工智能可用于对海量的社会数据进行实时监测和分析，如通过图像识别技术监控公共区域的安全状况，利用自然语言处理技术分析社交媒体上的舆情信息，及时发现潜在的社会问题和风险，并为相关部门提供决策支持，增强社会治理的前瞻性和精准性。在经济管理领域，通用人工智能可以对经济数据进行深度挖掘和分析，预测经济趋势、市场变化等，为政府制定经济政策、优化产业布局提供科学依据，助力经济的稳定和可持续发展。

在平台建设方面，通用人工智能可助力打造更加智能化的政务平台。一方面，通过对用户行为和需求的分析，实现个性化的服务推送和界面优化，提升用户体验。根据用户的历史办事记录和偏好，智能推荐相关的政务服务和资讯。另一方面，利用通用人工智能技术对平台的运行数据进行实时监测和分析，及时发现系统漏洞和性能瓶颈，实现平台的自动化运维和优化，提高平台的稳定性和可靠性。同时，在构建政务大模型体系方面，通用人工智能可以发挥重要作用。通过对大量政务数据的学习和训练，建立起能够理解和处理政务领域各种复杂任务的大模型，为各部门提供统一、高效的通用人工智能服务接口，实现政务大模型、算力、存力和训练数据的统一调度管理。

数据资源体系建设是数字政府建设的核心基础，通用人工智能的应用能够进一步提升数据资源的价值。在数据采集环节，通用人工智能可以借助传感器技术、物联网技术等，实现对多源数据的自动采集和智能分类，提高数据采集的效率和准确性。在数据标注和训练方面，通用人工智能可以辅助进行数据的标注工作，提高标注的速度和质量，为模型训练提供高质量的数据集。例如，通过图像识别技术对大量图片数据进行自动标注，利用自然语言处理技术对文本数据进行语义标注等。构建优质多模态中文数据集，融合文本、图像、音频、视频等多种模态的数据，丰富数据的表现形式和内涵，为通用人工智能在政务领域的深度应用提供有力支撑。通过打造数据共享空间和探索数据流通、交易机制，促进跨领域、跨行业数据的融合应用，充分释放数据的潜在价值，如在金融、教育、医疗等行业创新联合训练场景，推动数据驱动的创新发展。

一些研究显示，通用人工智能的应用能够推动政府治理模式的创新，实现从传统的经验决策向数据驱动的科学决策转变，提高政府决策的精准性和时效性。同时，大模型的应用可以促进政务服务的智能化升级，为民众提供更加便捷、高效、个性化的服务体验。例如，通过打造多模态政务数字人服务，为民众提供更加生动、直观的交互体验；探索数字身份和扩展现实（XR）政务大厅应用，实现政务服务的沉浸式办理。

综上所述，数字政府建设中应用通用人工智能是一个系统工程，需要在履职领域、平台建设、数据资源体系建设和制度规则建设等方面协同推进。通过充分发挥通用人工智能的优势，结合各地的实际情况和需求，不断探索创新应用模式和场景，同时加强制度保障和人才培养，能够有效提升数字政府的建设水平和服务效能，推动政府治理体系和治理能力的现代化。在未来的发展中，还需要持续关注通用人工智能技术的发展动态，不断优化和完善应用模式和路径，以更好地适应数字时代的发展需求，为经济社会的高质量发展提供有力支撑。

（二）通用人工智能数字政府应用路径

在当今数字政府建设中，生成式通用人工智能的应用快速发展，而这不仅要求技术创新，更需要制度建设、提升数据质量和算法透明度方面的全方位保障。

在制度规则层面，需要建立适应通用人工智能的全面制度框架，尤其是在政务应用中，标准化的数据使用、模型训练及输出结果的规范至关重要。这些标准的制定不仅关系到合法性和合规性，同时直接影响到数据的安全性与隐私保护。针对政务大模型的应用，还应构建多模态、多维度的评估体系，通过全面测评模型的性能、准确性及可靠性，为不同部门的应用选择提供参考，从而避免评估结果被滥用或误导。此外，加强数据安全和隐私保护制度的建设是制度框架中的核心环节，数据的分类分级保护、加密技术的使用以及严格的权限管理，必须贯穿数据的传输和存储全流程。

算法的透明性和可解释性同样是生成式通用人工智能应用中的重要议

题。为了确保算法符合行政法治的要求，行政相对人应享有一定的知情权和复议权，尤其是在算法决策过程中，应当有明确的审查机制，以保障公共利益不受侵害。与此同时，推动政务数据的整合与共享是提升决策质量和行政效率的有效途径。政府部门需着力于构建数据共享平台，打破数据孤岛，同时加强对数据共享过程中的隐私保护措施。

在政务大数据资源体系的优化与完善方面，建立高质量、可信赖的数据集是实现通用人工智能应用的关键。通过与多个数据源合作，特别是借助物联网设备采集多领域的实时数据，可以显著提升数据的广度与深度。同时，制定严格的数据采集标准，并加强相关人员的培训，确保数据质量。在数据处理过程中，自动化的数据清洗与预处理流程、有效的分类编码，以及高效的数据标注体系，都是保障数据质量的重要举措。为确保数据的长期有效性，需建立定期的更新机制，针对数据的动态变化及时调整，并结合反馈意见持续优化数据集。

总体来看，数字政府与生成式通用人工智能的结合要求在技术应用和制度保障上取得平衡。政府不仅需要在科技研发和人才培养上投入精力，还必须推动“敏捷适应与多元共治”的治理，通过场景驱动与技术赋能的方式提升整体治理效能。在此过程中，包容审慎的监管机制与技术伦理责任的平衡将是决定性因素，通过创新与规则并进，推动数字化转型迈向更高的水平。

五　结语

通用人工智能在数字政府中的应用的确是一项复杂的系统工程。

一方面，它涵盖了治理规则、理念和工具的智能化转变。这要求我们在政务履职场景中，有效汇聚智能、数据、资源和管理等关键要素，以场景智能化为导向，积极推动通用人工智能在政务领域的创新应用。其中，高质量的数据是基础，只有拥有可靠的数据来源，经过严格的数据采集、清洗、标注和更新等流程，建立起高质量可信赖的数据集，才能为通用人工智能的应用提供有力支撑。同时，适应通用人工智能的全面制度框架不可或缺，包括明确的应用标准和规范、科学的测评体系以及完善的数据安全与隐私保护制度等，确保通用人工智能在政务领域的应用合法、合规、安全。透明和可解释性的算法也至关重要，这不仅能增强公众对通用人工智能应用的信任，还能保障算法符合行政法治原则，避免潜在的歧视和偏见。

另一方面，通用人工智能的应用还需要实现与作为公共管理主体的公务人员以及作为公共管理和服务客体的企业和公众的相互协调、衔接与适应。这就需要特别注重提高公务人员的智能化素养，通过培训和教育，使他们熟悉通用人工智能的技术特点和应用方法，能够在实际工作中有效地运用通用人工智能工具，提升政务服务的效率和质量。同时，也要积极引导企业和公众参与到数字政府的建设中来，充分发挥他们的智慧和创造力，共同推动通用人工智能与政府管理服务的有机融合和深度协同。只有这样，我们才能真正实现数字政府的智能化转型，为经济社会的发展提供更加高效、便捷、优质的公共管理和服务。

参考文献

徐恩庆、张琳琳、吴佳兴：《政务大模型赋能数字政府创新发展路径的探索》，《通信世界》2023 年第 22 期。

董超、王晓冬：《生成式通用人工智能在数字政府建设中的探索、挑战及建议》，《数字经济》2023 年第 11 期。

杨莉、刘文文：《人工智能技术嵌入数字政府研究》，《特区实践与理论》2023 年第 6 期。

B.19

大模型助力政务热线新质发展　一条热线精准触达人民群众“急难愁盼”问题

王　鹏　武　通　王　楠　梁月仙　申　奇　郭中梅　孙　亮　桑海岩*

摘　要：　政务热线数字化转型历经信息化孕育、数字化发展和智能化升级三个阶段。本文通过研究大模型技术在政务热线中的应用场景和各地实践，分析了当前政务热线面临的承载能力、诉求答复质量、联动协同水平、跟踪回访技术、质量检查体系和数智化应用能力等挑战，提出建立知识中心为热线大模型提供训练基础，应用于接诉应答、诉求办理、回访评估和分析决策等重点场景，最后从统筹规划建设大模型能力、持续深化拓展应用场景、完善标准规范体系等方面提出未来热线大模型的发展建议，推动政务热线迈向新质热线高质量发展的新阶段。

关键词：　政务热线　政务热线大模型　新质热线

* 王鹏，硕士，中国联通智能城市研究院规划咨询部专业总监、高级工程师、国际注册咨询工程师，主要从事数字政府、数据要素等领域新技术、新业务咨询与研究；武通，硕士，中国联通智能城市研究院高级咨询专家、大区总监、国际注册咨询工程师，主要从事数字政府、数据要素等领域规划咨询和研究工作；王楠，工程硕士，中国联通政企客户事业群党政行业服务部总经理，高级工程师，主要从事党政机关信息化领域的客户洞察、行业研究和统筹工作；梁月仙，硕士，中国联通集团政务行业服务部行业经理、工程师，主要从事数字政府、数据要素等领域的行业洞察，开展技术、产品、营销等统筹工作，推动打造行业标杆案例，服务政府数字化、智能化运行；申奇，硕士，中国联通智能城市研究院高级咨询专家，主要从事数字政府、数据要素、智慧城市等领域行业研究、咨询规划及标准制定工作；郭中梅，硕士，中国联通智能城市研究院总工程师，正高级工程师、高级经济师、国家注册咨询工程师，主要从事智慧城市、数字政府、数字经济等规划咨询和技术创新工作；孙亮，硕士，中国联通智能城市研究院规划咨询部总监，高级工程师、高级经济师、国家注册咨询工程师，主要从事智慧城市、数字政府、数字经济等规划咨询和技术创新工作；桑海岩，硕士，联通数据智能有限公司产品开发部专业总监，中级工程师，主要从事人工智能、自然语言处理、信息处理等领域技术研究。

前　言

政务热线是政府打造人民满意的服务型政府的重要渠道，在推进政府治理体系和治理能力现代化建设过程中起着重要作用。随着人工智能、大数据等新一代信息技术的快速发展，政务热线需要与新兴技术融合，加快数智化转型，更好发挥自身价值。当前，大模型技术迅猛发展和快速迭代，正不断对各行业领域的运行方式产生重大影响，大模型应用也不断向各领域延伸、拓展，数字政务与政府服务领域也不例外。利用大模型技术进行政府服务模式创新，能够提高政府服务效率和公共服务水平，进一步增强民众幸福感和获得感。

本文从政务热线的政策演进、数字化转型历程的整体性视角出发，通过分析现阶段面临的挑战，归纳总结大模型对政务热线服务提质增效的有效途径，深入分析北京、重庆、辽宁地区大模型在政务热线领域的实践路径和特色亮点，并提出未来发展建议，具有显著的理论意义和实践价值。

一　我国政务热线发展综述

（一）政策背景

我国政务热线前身是1983年9月在辽宁省沈阳市设立的市长公开电话。随着各地方政府纷纷开展政务热线服务，各地对“政务热线”的内涵也产生了不同理解。2017年实施的《政府热线服务规范》（GB/T 33358-2016），明确了政务热线的定义和内涵。

近年来，党中央、国务院相继出台多项政务服务便民热线政策文件，推动政务热线建设迈向高质量发展阶段。2021年1月6日国务院办公厅正式发布《国务院办公厅关于进一步优化地方政务服务便民热线的指导意见》，要求加快推进政务服务热线的整合归并，统一热线服务号码为“12345”，这成为地方政务热线优化的重要依据，为建设便捷、高效、规范、智慧的政务服务“总客服”提供指导和支撑。2022 年 5 月 16 日国务院办公厅正式发布《国务院办公厅关于推动 12345 政务服务便民热线与 110 报警服务台高效对接联动的意见》，从国家层面对便民热线与警务热线融合联动作出总体部署，为未来各地便民热线、警务热线的能力建设、融合互通、数据共享等提供重要依据。2022 年 6 月 23 日国务院正式发布《国务院关于加强数字政府建设的指导意见》，对利企便民数字化服务作出重要部署，为公共服务数字化、智能化建设提供重要依据。2023 年国务院办公厅发布《国务院办公厅关于深入推进跨部门综合监管的指导意见》《提升行政执法质量三年行动计划（2023—2025 年）》，推动“12345”政务热线数据在市场监管行政执法监督等监管监督领域的应用。2024 年 1 月 16 日国务院发布《国务院关于进一步优化政务服务提升行政效能推动“高效办成一件事”的指导意见》，依托“12345”政务服务便民热线，通过加强政务服务热线归并等途径推进企业和群众诉讼为总客服更好地发挥作用。

从地方政策上看，北京市发布了《北京市接诉即办工作条例》和《北京市政务服务标准化管理办法》，提出加快平台联通和数据共享，定期联席会商研判，互设对接联动专席，加强风险预警和化解，强化接诉即应和跟踪督办，强化应急联动响应，实行“双哨”联办联处，开展“对接联动考核评估”等新要求。山东省印发《山东省人民政府办公厅关于推动 12345 政务服务便民热线与 110 报警服务台高效对接联动的实施意见》和《山东省人民政府办公厅关于印发山东省 12345 政务服务便民热线管理办法的通知》①，明确指出要加强对接联动平台建设，推动平台数据共享互通，加强数据分析运用，提升“12345”规范化智慧化水平。通过梳理归纳各省份近

① 《山东省人民政府办公厅关于推动 12345 政务服务便民热线与 110 报警服务台高效对接联动的实施意见》和《山东省人民政府办公厅关于印发山东省 12345 政务服务便民热线管理办法的通知》；IDC：《大模型背景下的政府行业知识图谱市场分析，2023》；清华大学数据治理研究中心：《政务热线数智化发展报告（2022 年）》。

期发布的政务热线有关政策，可以看出各省份要求和建设思路与以上两地类似，主要围绕建立健全对接联动机制、强化系统支撑和数据共享应用、加强能力建设三方面开展工作。

（二）政务热线数字化转型历程

1. 信息化孕育阶段

这一阶段政务热线具有离散式和平行化的特征，表现为个人电话、公用电话、互联网等多条线路沟通，多个中心受理、处置单一事项，以“倾听民声、汇聚民意”为主要目的，集中反映群众生活的身边事。该阶段政务热线主要是倾听民众呼声、处理民众所面临困难的重要通道，成为政府强化治理能力的重要手段，但大量热线数据开发利用价值较少。

2. 数字化发展阶段

随着互联网、物联网等数字技术广泛运用，物理世界存在的人、物、服务等被联结起来，政府也可以运用数字技术更广泛地触达不同人群，政务服务覆盖度显著提高。政府推进政务服务一体化建设，出现了一网通办、政务网上大厅、政务移动应用程序等应用形态。在此趋势下，该阶段的政务热线呈现一条热线沟通、一个中心受理、多个事项处置的集成化、中心化的特征。此外，随着大数据分析技术的成熟，政务热线数据背后的社会价值开始得到重视，被用于发现社会问题、辅助政府科学决策。其“用数认知、循数决策、依数施策”的特征明显地区别于信息化阶段，并演化为政务热线系统的深层本能和基础能力。

3. 智能化升级阶段

当前，人工智能在社会各领域的应用日益深入，为国家与社会治理创新提供了新的机遇，推动政务热线从数字化阶段向智能化阶段转变。在这一阶段，政务热线呈现多种渠道、统一平台受理、复杂事项处置的融合化和智能化的特征。人工智能技术被应用到应答、派单、督办、考核等政务热线环节，初步达到人工智能辅助人工服务，实现智能应答、智能转派、智能处置等功能，有效缓解接诉量大的问题。例如，智能派单系统可以有效应对海量工单，实现快速、精准派单，以及一单多派、协同处理。同时，这一阶段强调智能算法的赋能，对政务热线大数据进行聚合分类、关联分析、回归分析、预测分析和可视化呈现，充分释放数据红利，推动传统城市治理向精细化、精准化和智能化全面升级。

二　现阶段政务热线面临挑战

我国政务热线发展至今，在社情民意沟通、回应群众关切、提高政府服务效率和质量等方面取得了显著成效。但是，群众诉求反馈数量、类别激增，导致基层不堪重负，案件量激增导致各环节人力成本快速攀升，现有分析维度和数据挖掘深度难以找出城市治理症结所在，为适应不断增长的案件受理量，更精准地解决群众的“急难愁盼”问题，要寻找新技术、新应用来缓解各岗位工作压力，提升各岗位效能。

（一）热线承载能力待提升

整体上看，当下来电数量持续增长、诉求领域日渐多样，叠加热线跨地区整合，不仅增加方言沟通挑战，也增加了受话过程的复杂性，导致记录的准确性下降，接线员在来电通话中提取关键信息、填写工单的沟通成本和工作压力不断提升。同时，热线接听过度依赖人工座席，对人工座席数量要求较高，在人工座席不能大幅增加的情况下，热线接听率难以得到有效保障，急需以自然语言处理大模型为技术基础的“语音识别”工具提供补充服务。

（二）诉求答复质量待优化

诉求识别准确性是高质量答复的基础，但精准程度对城市热线的政策知识库及接线员的政策与业务知识储备有着天然要求，许多城市存在热线的政策知识库体系不完善、知识点未进行系统性的话术梳理、技术应用不足等问题，导致接话员在面对大量的咨询类诉求时，出现答复不专业、不准确，内容避重就轻，不解决实际问题等现象，亟须以生成式大模型为技术基础的“问答推荐”工具提供补充服务。

（三）联动协同水平待提升

在政务热线的办理过程中，将市民诉求与一个或多个相关办理部门高效精准对接，使各个办理部门联动回应诉求，是提升整个政务热线服务质量的关键所在，政务热线的办理工作通常涉及较长业务链条，关联单位众多、业务分工精细，部分诉求办理过程复杂，部门各层级间信息传递不畅通，导致对需要多部门参与回应的诉求难以形成统一明确的答复，严重影响提升办理效率，亟须以机器学习算法模型为基础的“派单联动”工具提供补充服务。

（四）跟踪回访技术待突破

跟单是政务热线诉求办理过程中的重要环节，其核心目的是形成对整个诉求办理过程的追踪机制，目前各地已实践的智能回访技术主要指通过人工智能外呼机器人自动获取回访信息，对各类诉求采取单一的简单问题进行机访，例如“是否有相关部门联系您?”“您的诉求是否得到解决?”等，现有的回访模式无法全面反映来电人对政务热线办理工作的真实意见，使回访工作无法真实有效地反馈政务热线的办理质量，亟须以交互式问答模型为基础的“多轮对话”工具提供补充服务。

（五）质量检查体系待深化

全国大部分城市的政务热线系统主要依靠抽检的形式对话务进行质检评估，根据其话务表现进行评分，长期依靠专人进行评估，难以避免抽样偏误和人工偏误。不仅无法实现对每个接线员整体服务情况进行综合性评价，同时也不足以对城市热线话务系统进行全景式评估、发现运营问题，不利于热线运行效能的及时提升和接诉服务的优化，亟须以语义分析算法模型为基础的“质量检查”工具提供补充服务。

（六）数智化应用能力不足

数据辅助决策有待挖掘。大量热线诉求数据对政府治理有极大价值，在对热线数据进行沉淀基础上，政府可以精准掌握社会运行和部门绩效情况，从而制定有针对性的政策措施来提升社会治理能力。一些政务热线发展水平较高的地区，已经积累许多使用热线数据辅助决策的实践经验，但多数地区仅将其作为倾听民众呼声、转派问题处置的渠道，忽视了大量政务热线数据的利用价值，亟须以多模态处理大模型为基础构建智能化辅助决策工具。

智能技术应用效果尚未显现。政务热线行业进行了部分智能化应用，对于应用智能化技术的场景，客户感知和体验不足，有进一步提升的空间（见图1）。

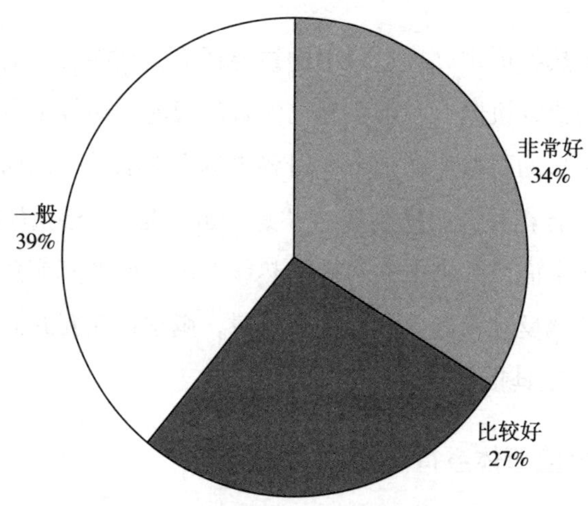

图1　政务热线智能化技术应用比例及效果评价

三　大模型助力政务热线新质发展

政务领域对于大模型等人工智能的研发与应用，是顺应数字经济高质量发展的时代要求，大模型创新技术应用于政务领域将有效提高政务服务的效率和质量，尤其是在政务热线领域展现出强大的应用潜力，成为热线数字化转型中的新趋势和新亮点。

（一）知识中心为热线大模型提供训练基础

加强热线知识中心建设。政务热线受理的海量“问题”和“建议”，是对城市治理现状的直接感知，有助于推动全面掌握社情民意、辅助政府科学决策。协同完善人口库、法人库、空间地理库、电子证照库、社会信用库等基础数据库，厘清数据使用的主体、场景和目标，从优化底层数据标准、强化管理制度保障、深化分析应用建设、推动数据开放共享等方面入手，进一步强化数据赋能，突出热线灵敏感知特性，夯实数据资源体系基础，推动热线从“呼叫中心”向“知识中心”转变。

整体梳理现有知识库内容和业务要素，划分案件信息时，在原先问题类型、权属单位、“三率”等维度的基础上，扩充案件来源、投诉时间、诉求人位置、诉求人年龄、诉求解决情况、办案人员、诉求满意度等案件多维度指标，同时，按照接诉即办案件流转跟踪的需要，将可以存证上链的数据进行梳理，为案件全景画像、建立知识图谱、数据深度挖掘和信息上链做基础。

整体梳理现有知识库内容，将可以通过人工智能方式回答的问题和答案梳理清楚，穷举出所有提问方式和回答内容。关联用户问题与知识库条目，记录用户每次来电咨询的问题所采用的知识库条目，通过语义分析梳理出该知识库条目不同提问的方式，并与标准提问方式关联，便于座席人员根据用户的提问方式检索。根据用户提问的内容，将大篇幅的知识库解答内容拆解为较小颗粒度的问题。

根据现有的业务范围及应用场景，基于历史的知识库建立方式，整合和抽象新业务领域、新的业务规则、新的业务流程，扩充知识库内容，逐渐覆盖“接诉即办”的业务。

（二）大模型解决当前政务热线面临的新挑战

1. 大模型助力接诉应答质效提升

以自然语言处理为基础的“语音助手”工具，有效缓解人工座席承载压力。以自然语言处理为核心模块的文字转换、语义判断、内容自动提取工具，实现对来电人口头表达的即时文字转换。根据需要，基于跨方言、跨语种实时翻译，适老化、适残化应用（比如自动提升外放音量或话筒音量），虚拟手语翻译等能力，可有效协助接线员完整记录通话内容，还可据此向来电人针对性地询问更多基础信息，缩短接线员单次服务时长。通过自动识别来电人的基本信息，支持自动提取关键字段以供接线员进一步筛选、编辑、点选，大幅提高接线员的填单效率。

以生成式大模型为基础的“问答推荐”工具，有效提高客服回复质量。通过识别来电人的语义和语境，基于来电人的历史查询日志、个人资料库，针对来电人提出的问题场景、关键词等，自动为接线员实时给出话术指引，并对关键词和用户意图进行标红提醒，降低沟通成本和工作压力，确保通话过程顺畅、回复准确、减少冲突，热线平台后续可根据通话记录辅助填单，缩短话务座席填单时间。

2. 大模型助力诉求办理精准协同

以机器学习为基础的“派单联动”工具，促进群众诉求的精准派发和事件处理的高效协同。在派单方面，挖掘历史工单数据，形成案件数据知识图谱，建立智能派单模型，接到诉求后，利用机器学习和自然语言处理等技术自动分析工单文本内容，平台自动生成派单点位和办理单位的推荐概率，当推荐概率达到设定阈值时，系统自动派单到某一点位的相应办理单位；当推荐概率小于该设定阈值时，几个办理单位按推荐概率倒序排列，由人工介入进行综合判断选择，提高办理过程中派单的精准性。在业务协同方面，接收并输入诉求内容后，利用机器学习算法对事件紧急程度、隐藏的情绪和社会不稳定因素等，通过算法处理形成预警提示，紧迫性和风险性达到一定阈值的诉求，触发多部门办理开关，同时将相对复杂的诉求对接至一个核心办理部门，并向该部门推荐其他协作部门，以提高相关部门介入效率，降低不良后果的发生概率。

3. 大模型助力回访评估及时合理

以交互式问答为基础的“多轮对话”工具，助力对事件处理结果及时回访。依托人机交互系统，对来电人进行“点对点”回访，利用人工智能技术对来电人反馈的语音或文本进行识别，通过对历史大数据进行算法处理，自动形成一系列回访步骤和话术，包括恰当的回访时间点、合适且有效的回访问题等。当来电人反馈的内容简单明了时，反馈信息将直接进入工单办理结果系统；当内容复杂且触发办理单位的责任时，系统将基于反馈信息进一步生成更多细节问题；当系统无法继续回应来电人的反馈时，将触发人工回访机制。回访计划管理功能通过设置匹配来电人诉求内容的回访计划，使来电人在得到完整的办理服务后再进行意见反馈，以构建更为科学合理的办理工作评价机制。

以语义分析为基础的“检查评估”工具，促进热线服务满意度自检自查。基于语音转写技术+策略辅助模式实现通话录音的关键词、情绪、语速等全量质检，根据语音分析模型分类数据，进行精确抽样，实现自动化评分。同时，利用语义分析技术建立民意跟踪监测机制，实现对热线工单的分级分类管理。以问题为导向，通过梳理分析“短时间办结、无须回访、反复投诉、超长流转、回访不满意”等历史工单数据特征，监控异常工单，实时关注运行数据、及时发现异常问题等，督促相关部门整改。围绕热线工单诉求内容特征的复杂性与重要性，系统能智能识别督办工单，并建立标准化督办工单处理流程表，提醒督办单位及时介入，促使承办单位提速提质。

4. 大模型助力分析决策科学可靠

以多模态处理为基础的“数据驾驶舱”工具，辅助管理人员科学决策。数据驾驶舱是协助政府进行问题分析和资源统筹的决策支持系统。通过将热线系统各环节的运行数据采集汇聚，以知识中心数据为基础，基于关联分析能力、数据建模能力、数据可视化能力，对诉求发生的规律进行快速分析研判，推动各环节业务协同快速运转，支撑领导决策。数据驾驶舱主要涵盖几大功能。一是基于大数据的业务画像分析，即以公众投诉和咨询数据为基础，对区域、单位、投诉人、座席等进行分析，从中发现业务问题。二是GIS 地图系统，即在地图中展示各种诉求的热度，让统计更直观。三是挂图作战，即基于全域诉求受理、处办情况数据，建立指标分析模型，将数据形象化、具体化，便于领导面向各层级进行指挥调度。四是社会舆情分析，即通过汇聚互联网、电话等渠道的市民诉求数据，自动提取有价值信息，建立线索索引关系，有效捕捉舆情热点，及时发现传播路径，从而帮助政府实时了解市民舆情动态。舆情判断模块依托文本挖掘和机器训练等技术，综合计算分析舆情热点、演变趋势，及时获知舆情传播源头、传播内容、传播主体，对各个敏感点自动预警，确保引导控制工作任务通知及时和到位，主动化解社会风险。

四　大模型驱动政务热线地方实践

各地大力推动利用政务大模型手段进行政务热线变革，积极开展智能导航、智能知识库、智能问答、智能派单、智能座席、智能外呼、智能客服等场景创新，涌现出了以北京“接诉即办”、重庆“民呼我为”、辽宁“智能知识库”等为代表的大模型赋能政务热线的典型实践。

表1　国内部分地区政务热线大模型应用实践

地区	应用场景	应用效果
辽宁	智能知识库 智能问答 智能派单	辽宁“12345热线平台”运用智能化引擎、大数据、区块链、大模型等技术，通过全渠道受理、全流程闭环、全链条监管、全口径分析，形成一个平台管理、一套体系运行、一个流程受理、一套机制规范、一套数据分析的“五个统一”模式，打造下连全省企业群众、上通各级党政机关的政务服务“总客服”“总枢纽”“总参谋”，推动营商环境顽瘴痼疾得到专项整治，使群众参与社会治理更加有序、有力、有效，赋能基层治理更加精准、协同、高效。比如瞄准基层一线关于“知识积累和对政策的理解偏差耽误群众生产生活”的担忧，利用大模型工具，学习政策、法规、制度；让政府易“说”，将政策以群众喜闻乐见的文字、图片、视频传达给群众；让一线易“答”，用群众的语言“答”群众所问；让诉求易“收”，依托城市融合治理中枢，广泛“收”集群众诉求；让期盼易“应”，用大模型工具，对诉求进行分析，通过智能派单、提速智办等形式，回“应”群众关心、关切

续表

地区	应用场景	应用效果
重庆	民呼我为 智能客服 智能座席 智能外呼	重庆市打造的“12345”一号通政务服务热线走向互联网化、智能化、数据化、知识化、品牌化，构建全渠道、全触点服务模式，全力转型互联网服务渠道，实现“12345”手机 App、微信、网站、电子邮箱、短信全链接，使用智能机器人提升电话热线渠道服务效率；通过 AI 升级，智能语音质检、辅助决策、精细化运营和社会舆情监控实现智能化管控，全面提高运营能力，打造了洞察分析、监测预警、宏观决策等场景的社情“风向标”、民意“顺风耳”、诉求“回音壁”等为民办事服务新应用，不断提高主动、精准、协同、智能服务能力，助力政务热线打造政府治理新思路和新路径
北京海淀区	接诉即办 智能问答 智能派单	北京海淀区接诉即办基于大模型对现有的“接诉即办”平台业务进行持续优化，支持领导通过对话式交互随心指挥调度，直观动态查看事件态势的文字、图表等多模态的分析数据，并智能生成事件分析报告，提升调度效能；实现工单 100%响应，提升大部门间的横向办件能力；实现对考核成绩的预测和分析，提升区考核成绩，打造海淀区城市治理新名片
上海	智能问答 智能培训	上海引入了大语言模型技术，优化政务客服体验：1、通过大语言模型技术，实现了政务服务中沟通与对话的智能化。相较于传统的 AI 对话系统，大语言模型在智能性方面取得了显著突破。通过对政务服务数据的模拟训练，大语言模型能够模仿人类的语言互动方式，根据问题反馈提供相应的智能回复，并支持基于上下文进行连贯的多轮会话，提高了政务客服的整体体验。2、提升答案回复的友好性。大语言模型训练专注于政务领域的知识生成模型，以提升答案回复的友好性，使得智能客服系统能够以更自然、易懂的方式回答用户的问题，增加了用户与政务服务平台的互动友好度
山东济南	智能填单 智能回访 智能座席辅助 智能质检 智能知识库 智能报告 智能语音导航 智能转办	济南“12345”市民服务热线聚焦受理、转办、回访等流程，通过 A1 大模型打造了智能填单、智能回访、智能座席辅助、智能质检、智能知识库、智能报告、智能语音导航、智能转办多个智能化场景，实现全节点智能，一号响应、多号归并实现全渠道融合，工单数据多维度透视实现全要素分析，推进热线服务“接得更快”“分得更准”“办得更实”，有效提升热线工作效率

续表

地区	应用场景	应用效果
山西太原	智能外呼 智能运营	太原"12345"政务热线通过基于人工智能的智能外呼机器人，批量智能外呼完成市民服务满意度回访，提升回访时效，节省大量人力，提供移动端小程序 24 小时线上受理群众诉求，分流话务压力，提高处理群众诉求效率，提升服务满意度，采用覆盖人员招聘、培训考核、晋升淘汰、信息安全、应急机制等的全座席运营服务和智能化手段，提高运营效率

五　未来发展建议

（一）统筹规划建设大模型能力

在全域数字化转型和治理能力现代化建设背景下，政府热线数智化转型应与数字政府建设、大模型产业发展等工作相融合，统筹规划大模型发展体系，以探索政务大模型在政府热线等领域的应用，推动政务等行业大模型发展，实现政务热线的智能化升级。

（二）持续深化拓展应用场景

大模型应用在政务热线中还有诸多新场景，比如智能大厅、数字人等，通过深化场景创新，不断提升政务便民热线服务效率和质量，满足多样化的公众需求。同时，加强海量热线诉求数据开发利用，挖掘潜在热线数据价值，拓展舆情发现、热点跟踪等新场景，为政府决策管理提供新思路和新方法。

（三）完善标准规范体系

加快完善政府热线智能化建设运营标准体系，形成涵盖顶层设计、建设规范、技术规范、运营管理和效果评价等的系统性规范，以标准化、规范化驱动政务热线数智化转型，实现政务热线管理服务的精细化、科学化和效能提升。

B.20

物联感知助力数字政府低碳转型

——以城市排水户精准监管、有效治理为例

烽火通信科技股份有限公司*

摘　要：　利用物联网、大数据等新技术，基于审管一体化平台，以水质检测和居民投诉为源头，深入挖掘、广泛运用水务信息资源，明确污水、溢流区域及报警点位，根据点位及风险预警模型，分析排水户范围，明确排水户类别，点对点推送监管任务，同时根据生态承载能力，强化准入管理，从根本上进行流域治理，推进数字政府高质量建设。

关键词：　排水户动态监管　流域治理　智慧水务　审管联动

党的十八大以来，党中央、国务院把生态环境保护和污染防治工作上升到生态文明建设全局，开展了一系列根本性、开创性、长远性工作，党的二十大报告中同样指出要把“协同推进降碳、减污、扩绿、增长，推进生态优先、节约集约、绿色低碳发展”作为建设美丽中国的核心内容。“绿水青山就是金山银山”生态保护思想深入人心。2022 年，《国务院关于加强数字

* 编写组成员：季小庭、陈刚、涂超、陈杨、陈莹、张林浩、刘涛、熊鹏、王海龙、何雨娟、李希哲。执笔人：季小庭，烽火通信科技股份有限公司，副总裁，长期从事数字政府等方面研究工作，承担 2 个国家项目和 1 个省级项目，申请 9 项发明专利；陈刚，烽火通信科技股份有限公司，首席架构师，长期从事数字政府、数据治理等方面研究工作；涂超，烽火通信科技股份有限公司，政务服务总监，长期从事政务服务信息化技术等方面业务研究；陈莹，烽火通信科技股份有限公司，数字政府业务专家，长期从事数字政府建设等方面的业务研究。烽火数字政府研究院是烽火通信科技股份有限公司下的研究院，致力于研究我国数字政府建设方向和运营模式，探索我国数字政府建设路径，支持我国数字政府全方面建设、高质量发展。

政府建设的指导意见》中提到“强化动态感知和立体防控，提升生态环境保护能力”“加快构建碳排放智能监测和动态核算体系，推动形成集约节约、循环高效、普惠共享的绿色低碳发展新格局”。

而城市水污染治理作为关乎民生的生态环境建设关键性问题之一，表象在江河湖库，根源在排水户，急需标本兼治。目前，国内排水户数量庞大、底数不清，无证排水户数量较多，管网基础设施建设较为滞后，截污不到位、生活污水直排等问题仍然存在，河湖流域污染仍然严重。政府部门发挥好“生态环境治理”职能，利用数字化技术，实现数字政府转型升级，助力基层做好排水户统筹管理，提升基层相关部门工作质效，有效解决排水户基层监管工作开展难、推进难、汇总难、分析难等问题，推动生态环境绿色治理，是现阶段国内部分区域深入打好污染防治攻坚战的重点工作之一。

接下来本文将介绍怎样利用物联网、大数据等新技术，基于流域排水治理的背景和现状，在实现政府部门间审批与监管信息互联互通、业务间的全流程闭环的基础上，以水质检测和居民投诉为源头，深入挖掘和广泛运用水务信息资源，明确污水、溢流的区域及报警点位，并根据水污染报警点位及风险预警模型，全面感知、分析、定位排水户所处的管网规划范围，根据范围内排水户的类别，有针对性地向环保、水务、卫生、城管分别派送综合监管任务，根据生态承载能力，适时强化准入管理，限制大的污染排放单位获得许可，实现政府部门对排水户的全链条精准把控，实现产业结构的优化，从源头“排水户”入手，有效解决排水许可办理难、行政监管缺位等问题，全面提升城市排水智能化、系统化管控水平，强化数字政府建设，实现城市排水精准监管和有效治理。

一　排水治理开展背景

（一）政策要求

《国家发展改革委关于印发“十四五”重点流域水环境综合治理规划

的通知》（发改地区〔2021〕1933号）[①] 指出“流域治理体系和治理能力现代化水平有待提高。流域管理与区域管理相结合的流域水环境管理体制亟待进一步健全，部门间、地区间信息共享机制不健全，科技支撑、能力建设等需进一步加强”；并提出“到2025年，基本形成较为完善的城镇水污染防治体系，城市生活污水集中收集率力争达到70%以上，基本消除城市黑臭水体。重要江河湖泊水功能区水质达标率持续提高，重点流域水环境质量持续改善，污染严重水体基本消除，集中式生活饮用水水源地安全保障水平持续提升，主要水污染物排放总量持续减少，城市集中式饮用水水源达到或优于Ⅲ类比例不低于93%”的治理要求。

《城镇污水排入排水管网许可管理办法》[②] 中提出“城镇排水设施覆盖范围内的排水户应当按照国家有关规定，将污水排入城镇排水设施。未取得排水许可证，排水户不得向城镇排水设施排放污水。城镇排水主管部门应当加强对排水户的排放口设置、连接管网、预处理设施和水质、水量监测设施建设和运行的指导和监督”等规定。

《国务院办公厅关于全面实行行政许可事项清单管理的通知》（国办发〔2022〕2号）[③] 指出要在“实行相对集中行政许可权改革的地区，要明晰审管边界，强化审管互动，确保无缝衔接”。

（二）业务现状及需求

我国改革开放以来，在城市化建设过程中，管网基础设施建设较为滞后，截污不到位，混接错接问题依旧存在，实际污水收集能力较低，各类企事业单位、个体工商户向城镇排水设施排放的污水是影响流域生态的重要污染源，导致大量污染物未经收集直排河道和城市内涝等问题频发。

---

① 《国家发展改革委关于印发“十四五”重点流域水环境综合治理规划的通知》（发改地区〔2021〕1933号），2021年12月31日。

② 住建部印发《城镇污水排入排水管网许可管理办法》（中华人民共和国住房和城乡建设部第56号令）。

③ 《国务院办公厅关于全面实行行政许可事项清单管理的通知》（国办发〔2022〕2号），2022年1月30日。

针对我国流域治理中排水户准入门槛低、监管工作开展难、污水整改工作落实不到位等问题，本文总结了以下几点原因。

1. 排水基数大，统筹管理难

目前可将我国排水户类型初步分为12类，排水户种类多，基数大，变更频繁，不同排水户排水性质和途径差异较大，日常监督管理工作量巨大，难以掌握全盘信息，如很多小餐饮、洗涤店未办理排水许可证，也未建设相应排水设施，生产生活用水未经处理直接排放，乱排偷排现状严重。

2. 排水许可证办理少，准入管理难

为响应国家、省级、市级关于优化营商环境的决策部署，降低市场准入门槛，激发市场活力，部分地区审批部门在为经营主体办理各类经营许可时，未强制要求经营主体办理完排水许可证后才能拿到经营许可证，且经营主体对办理排水许可证意识较弱，这也导致了部分地区管辖范围内的大部分经营主体在实际经营活动中，未做好污水排放管制工作，无证排水、无序排水情况突出，而对于无证排水户的行政处罚、强制等执法信息难以及时同步至审批部门，导致准入优化管理情况较差。

3. 监管质效低，信息共享难

基层监管工作开展困难，综合行政审批制度改革以来，审批与监管的分离也导致了监管部门对于相关经营许可审批信息和排水许可审批信息获取速度较慢甚至不掌握，对于辖区内的排水户无法进行有效统筹管理，相关工作进展缓慢、效率低，整体监管工作质效不高。

4. 技术手段少，污染溯源难

我国部分城市内大多数湖泊呈现严重的富营养化特征，城市内涝、积水情况频发；同时，我国数字政府建设稳步推进中，但各地各级政府部门信息化建设程度不一，部分基层信息化监管手段较少，针对排污管网各管口水质检测数据分析设备检测出的污染超标物，难以精准定位排污主体，难以有效实现精准溯源、预防、督察，城市污水治理工作推进较为缓慢。

5. 制度不完善，工作推进难

关于城市排水方面的政策法规，相关法规配套制度不全，部分地区未完善详细的排水操作规范、设施标准，相关工作开展缺乏明确的指导，且部分现有的法规已无法适应新的需求，但相应的更新和修订工作并未及时跟进，行政监管缺位，大部分监管部门都是被动地等待问题出现后再去解决，缺乏事前的预防和事中的监控，行政执法衔接不畅，执法人员的权力边界不够清晰，导致执法过程中存在很多争议和不确定性，存在交叉管理和多头监督的现象，没有严格的督促机制，亟须进一步完善排水管理制度，形成治理合力。

（三）工作基础

一是思想基础。绿水青山就是金山银山的理念深入人心，人民群众对青山、碧水等美好生态环境的追求更加强烈，为深入推进重点流域水环境综合治理提供了坚实基础。二是国家统筹。重点流域环境综合治理是深入打好污染防治攻坚战的重要组成部分，我国为发挥水环境综合治理优势、加快绿色低碳转型进程、实现流域低碳发展提供了重要动力。三是工作要求。国家、省、市等各级相关部门多次发文、发函要求要做好各辖区的排水整治工作，提高城市整体流域排水治理能力；且各辖区工作积极性强，积极响应相关工作要求，推动本辖区流域排污综合治理工作。四是数据集成。国家高度重视审批与监管部门间的联动，积极推动各地区探索搭建审管一体化平台，实现审批与监管在职责、业务、系统等方面的跨部门、跨地域、跨层级“握手”，实现审管信息的高效交互，部分地区针对排水信息共享不及时、监管工作开展难、污水治理进展缓慢等问题有基本应对措施。

二　信息交互，全盘统筹管理区域排水户

为做好城市流域排水综合治理工作，烽火通信科技股份有限公司（以下简称烽火）针对城市污水排放源头——排水户实行统筹把控、精准识别、精准监管、风险预警等措施，以“小切口出大成效”的思路，打造“排水

流域治理一件事”应用场景，运用大数据分析能力，给大数据赋予业务属性，支撑业务数据流转共享（见图 1）；并通过物联感知设备，精准识别区域排污管口检测出的污水超标类型，及时预警区域污水超标排放情况，实现城市排水治理现象、溯源、监管、本质的逻辑闭环。

场景内将多部门进行串联，连通受理、现场勘查、审批、区街分级监管执法等多个环节，通过任务驱动、数据流转实现排水信息全流程线上交互、业务全过程贯通。审批端摸清经营主体中排水户底数，支持排水许可证“应办尽办”，受理排水许可申请后，利用市审管一体化平台中“智慧踏勘”功能，将需要踏勘核查的转为踏勘任务，推送至区踏勘核查部门，该部门前往现场进行核查，并直接通过手机移动端打卡并反馈核查结果。审批完成后，相关信息全部被推送至对应监管部门。在监管端，监管人员同样可通过手机移动端反馈结果，并根据场景内置的风险预判模型做好检查预防工作，并根据物联感知设备识别已被定位的污水超标排放排水户类型，及时做好执法督查工作等。同时，场景内置“排水大看板”汇总排水信息，有效支撑数据分析，推动全市持久健康有序排水。

（一）审批打标，精准识别排水主体

城市排水污染治理关键在源头，针对排水户源头准入管理难的问题，烽火利用审管一体化平台汇聚各区审批办件数据，通过融入数据标签，将排水户分为工业、建筑、餐饮、医疗、机关事业单位、汽修机洗、洗涤、生活垃圾处理、农贸市场、畜禽养殖、综合商业、楼宇住宿 12 个种类，精准识别排水户类型后进行打标，并第一时间自动将打标了的审批信息推送至区水务部门，确保区水务部门掌握辖区内排水户动态变化情况，督促未取得“排水许可证”的主体及时办理相关证照，确保辖区内排水户持证排水、规范排水。如经营主体将办理小餐饮店或洗衣店，在审批完成取得营业执照后，审管一体化平台对此经营主体进行打标，告知区水务部门该排水户属于餐饮或洗涤类型，区水务部门将掌握该排水户的具体坐标点位和基本审批信息，若该经营主体未取得排水许可证，区水务部门将及时联系并督促经营主体

城市管网全域监控

区域排水管网　水污染源报警

“水污染源报警”管网监控

现象：以水质检测和居民投诉为基础，明确污水、溢流的区域及报警点位。

风险预警模型

智能溯源　综合监管

“精准溯源”高效监管

溯源：根据水污染报警点位及风险预警模型，分析确定排水户范围。

监管：根据范围内排水户类别，对环保、水务、卫生、城管分别派送综合监管任务。

审管联动

审批局

审管数据

监管部门

市场主体

- 调控相关产业的准入标准
- 调控排水户类型的监管力度
- 调控市场主体的分布结构

审管调节

“优化产业结构”审管调节

本质：根据生态承载能力，适时强化准入管理，限制大的污染排放单位获得许可，基于产业结构优化进行流域治理。

图 1　“排水流域治理一件事”应用场景

按照要求办理排水许可证，在准入方面做好把控，从源头上制止无证排水、无序排水乱象。

（二）智慧踏勘，排水许可快速出证

针对排水许可证的办理，区审批部门实行“告知承诺制”，在最大限度上降低审批办理准入门槛。同时，依托市级审管一体化平台智慧踏勘功能，实现了线上跨部门踏勘任务推送和踏勘结论流转，审批部门直接在线上发起踏勘任务，区水务部门接收任务后，及时前往现场核查地点，并可直接通过手机移动端进行打卡核查及任务反馈，平台内根据填报的字段数据自动生成电子文书后，直接推送至审批局，大大缩短了因跨部门踏勘协作所耗费的时间，申请人仅用 1 个工作日便能取得排水许可证，减轻了经营主体办事负担。

（三）一“码”直达，实现动态监管

基于排水户摸底机制的完善，形成了排水户监管对象数据库，进一步强化动态监管，实施排水户二维码管理。将商户排水许可证信息生成二维码，可供查询、登记、上报排水户许可信息，普法宣传以及举报监督违规排水行为，实时扫码一“码”直达，通过社会监督进一步压实排水户责任。形成排水户一张图，在平台 GIS 地图上清晰展示排水户数据，日常监管中排水户的异常情况、违规行为记录、执法处置情况均可在排水户一张图上动态展示。

（四）移动监管，审管联动提高质效

切实做好排水审批与监管工作衔接，以落实区、街、社区三级河湖长制工作为抓手，加强陆域排水巡查，结合街道赋权职责边界，完善排水许可办理“街道吹哨、部门报到”机制。实现数据互联互通，建立数据共享机制，获得排水许可证的主体从平台自动同步市场主体信息、电子证照、许可信息、排水户级别类别、踏勘记录等数据，无需线下手动填写表格。拓宽对排

水户行为的监管渠道，提高排水户源头监管效率，打造依法规范排水的良好氛围，营造群众喜闻乐见的良好市场营商环境。对排水户的日常巡查监管可自动关联审批许可信息，水务局、街道工作人员开展监管工作时，可看到审批过程中信息和资料，并实行全流程化管理，制定巡检计划，派发工作单，巡检人员按计划现场核查，并上报反馈现场情况，系统记录巡查的路线轨迹，实现巡查工作从粗放式到精细化管理。针对排水户的违法违规行为，进行执法处置的跟踪和记录，实现问题上报、现场核查、整改跟踪、记录归档等。同时，融入审批事项与监管事项的关联关系、“互联网+监管”事项与地方性执法事项和执法实施清单的关联关系，将监管结果直接对接至“互联网+监管”平台，实现大监管。

（五）摸清底数，动态掌握实时信息

基于业务数据的联动和积累，烽火已沉淀出具备行业属性的“排水市场主体库”及“排水大数据看板”，全量汇聚辖区内的排水户数量、类型、分级、审批和监管情况，动态显示新增排水主体量、办证量、监管反馈量和监管率。同时，整合各辖区排水数据，形成全市“排水一张图”，动态显示市内各区排水户数量、审管工作情况及排污超标治理情况等，为市级政务服务部门和相关市直行业主管部门统筹掌握全市排水户数量、排污治理情况，有针对性地进行督办提供直观数据，有效支撑涉及排水治理业务领域的决策和管理工作。基于市场主体库、电子证照库数据，通过标签识别“两洗一餐、医疗”等重点行业市场主体无排水许可风险，自动识别应办未办的潜在排水户，以便重点检查，提高摸排效率。且现场摸排中确认经营主体为排水主体时，实现一键动态纳管，对已经线下摸排有档案的存量排水户，通过表格批量导入排水户数据信息，实现入库纳管。同时，积极宣贯排水许可证办理和安装排水装置，加强管理。

三　技术碰撞，实现城市排水管网有效治理

面向城市排水管网中的排水户以及监管流程等提出了“全链感知式”监

管模型，涵盖了排水户的排水前、排水中和排水后的全过程，实现了排水户与行业监管的无缝衔接。基于“端云协同”方式实现了现场端和云端的分布式监管，现场端实现了模拟信号、数字信号、总线信号和视频信号的统一化采集与解析，云端实现了系统级的异常事件信息收集、归整和存储。依托GIS技术绘制出城市地下排水管网分布图，并利用物联感知设备获取到的水位、水压、视频等实时数据进行风险预警模型运算，为行业主管单位提供精准的排水溯源预警信息，实现对城市污水排放的精准、智能且高效的动态监管。

（一）基于知识图谱的双放射机制确定技术

利用数据获取、知识抽取、知识融合、知识计算和知识应用等知识图谱构建技术，结合Neo4j图形数据库技术对药品生产、流通等全链条的多元异构数据进行抽取、转化，实现对污水排放领域的大数据及数据模式动态变化的结构化存储。依托知识图谱，进一步迭代优化知识融合算法，构建完整统一的污水排放知识图谱，实现污水排放数据模式层和数据层的融合。利用图文挖掘计算、本体推理、可视化等知识计算技术，充分挖掘数据价值，构建排水户画像，打造统一的数据检索、分析和利用平台，创新排水户污水排放行业监管手段，为陆域水治理提供有效支撑。

（二）数据碰撞，城市管网全域监控

依托审批信息中的开办经营地址数据，梳理各排水户具体排污点位，根据区域污水管网系统GIS电子地图，明确一级至四级管网点位和条线，根据区域划分规则，利用ArcGIS技术工具，绘制细化到各街道的辖区排水地图网，标记区域需要开展排水排污活动的经营主体点位坐标，将该数据落到地图的图层上面，再将排水户的点位坐标集和区域污水管网系统图的上下游方位、级别、各排污口点位等数据进行碰撞，清晰展现每一个管网上有多少个排水户进行排污活动、排水户属于哪一层级管网、属于上游还是下游等数据。为水务部门及相关监管部门提供动态更新的直观排水主体信息，实现城市管网全域监控，有效防范污水直排防范不到位等问题。

（三）物联感知，动态监测污水排放

在排污管网出口放置物联感知设备，设置明确规定阈值，智能感知水位变化，对排水管网中的异常污水排放、积水液位升高、流域内微量元素异常等情况进行实时监测；并通过平台将监测到的异常数据快速通报给水务部门，实现污染源排放的溯源追踪功能，为污水收集管网建设提供依据，构建的智慧城市排水管网实时在线多维度感知体系，通过全面的信息整合，形成信息准确、直观、动态的排水管控一张图，对排水管道病害检测报告能够进行可视化管理，同时能够实现智能化识别、定位、跟踪、监管等业务闭环。

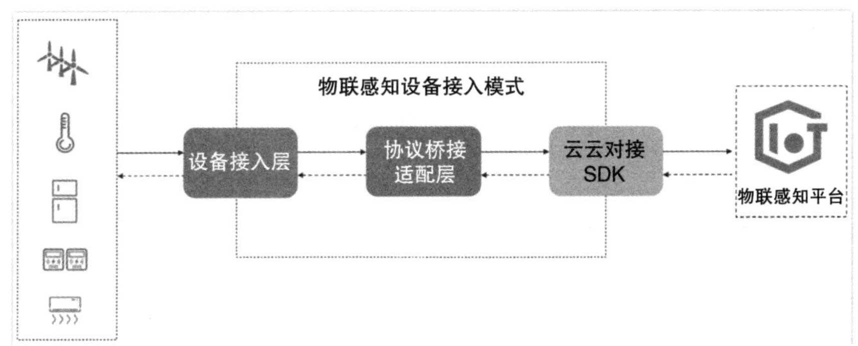

图 2　物联感知设备接入模式示意

（四）风险预警，智能推送精准溯源

运用污染源报警、城市管网、排水户信息多渠道数据，依托排水监管业务的工作经验，打造监管风险预警模型。风险预警模型动态监测区域内全量排水管网，有效识别污染、溢流区域并进行报警，智能推送高风险监管对象，监管部门可根据模型中对污染区域“精准溯源”出的点位精准定位排水户范围，以数字化赋能监管工作，提供非现场监管的风险预警，支持移动打卡，将核查问题和结果从手机端反馈上报，快捷高效处置，从全局视野看流域治理。

（五）防洪排涝，场景统筹分析调度

烽火打造"防洪排涝"应用场景，场景内包含值班值守、汛情监测、天气实况、视频监控、风险隐患等8个模块，从防御、处治、反馈等多角度接入防汛办、水务局等21个部门的多种数据。通过专题研判系统对防汛事件进行专项分析，根据灾情应对机制实际和防汛救灾应急预案，当灾情发生后，通过灾情信息、资源分析、风险分析、周边监控、水系图、重点水位、实时水情等功能实现对防汛专题指挥的辅助决策，实现排水防涝数字化、运行状态在线化、运维管理智能化，全面提升城市水务管理水平和服务水平，切实打造数字政府，优化营商环境。

四　价值及预期成效

（一）实践价值

利用物联网技术，对排水户及排水管网进行对应的物理植入，并集成物联感知设备各节点上的多种资源、信息、数据，实时在系统中进行数字化赋能和分析预警，从而解决原有的"看不清""摸不着""不及时""不智能"等问题。通过实践，深刻感受到城市排水治理的巨大价值。

1. 基于物联模型化的问题识别，助力治理过程的提质增效

城市排水治理绝非数字游戏，比评分和精度更重要的是能够利用实测模拟误差来发现城市排水过程中实际存在的问题，例如给排水管网管理的提质增效、排水户排水监管、黑臭水体治理等攻坚任务中的污水溢流、非法排放、管道淤积塌陷等疑难杂症。

在城市排水治理中，通过物联感知设备和系统的建设，锁定某个区全部排水户，由业务监管部门督促排水户及时配备净水设备，将原来的"人工摸排"升级到了"智能发掘"，使治理质量和效率得到了极大的提升。

2. “数据” + “模型”叠加，实现对水治理风险的超前预测

系统建设中，将实时的物联感知数据及时植入风险预警模型中，在城市防汛和城市排水溢流污染防控方面发挥了至关重要的作用。

探索内涝风险预测机制的建立。城市排水治理系统协同当地水务局、政数局等共建综合城市排水模型系统（分担排水户排水监管模型的构建），包含全域餐饮类排水户、洗涤类排水户、汽修机洗类排水户等排水监管模型；并在此基础上打造城市内涝预测微场景应用，综合排水模型和数据模型，以排水管网为底图，叠加物联感知设备（液位探测器、水质检测仪等），利用城市排水治理风险模型进行多场景演算，建立排水情况与排水户、排水与内涝、排水与环保等之间的预测关系，辅助城市现行防汛应急方案的优化和城市排水治理的高效执行。

3. 实现了从“离线到在线”、从“工具到服务”的转变

物联感知设备提供的实时数据是整个城市排水治理的基础，其价值不言而喻。城市排水治理系统建立后，更好地融入了排水运管单位的业务流程，高效地赋能数字化转型和智慧化运营，基层工作人员也从最开始的线下人工摸排实现了向实时线上运行监管模式的转变；软件平台也不再是简简单单的应用工具，更多地为实际工作者提供了便捷和贴身的服务，让城市排水治理工作不再是重复的体力劳动和漫无目的的低效人工排查。

（二）预期成效

烽火充分认识到排水许可在城市水环境治理工作中的“牛鼻子”地位，为促进排水许可和管理工作有效落实，支持排水许可管理专项整治行动，创新打造了“排水流域治理一件事”应用场景，目前，结合烽火前期关于审管一体化的工作成果，在武汉市汉阳区、洪山区、东湖新技术开发区等区进行了初步探索，为污水源头治理管控、水环境高质量发展打下了坚实基础。

1. 数据联通，摸清底数

在排水户底数摸排工作中，通过排水户动态监管平台向水务监管部门推送近两年新增排水主体及许可信息近 2000 条，实现对排水户的动态纳管，

扭转了以往监管部门对排水许可证办理情况掌握不及时、需线下联系审批部门要数据的被动局面，为摸清排水户底数打下了基础。同时，基于对辖区内市场主体库的数据分析，通过建立排水许可证“应办未办风险模型”，系统识别潜在无证排水户约2.5万户，通过区、街、社区三级联动巡查走访“应办未办”市场主体，向现场核实存在污水排放情况的市场主体宣传办证法律依据、办证要点、违法后果等，建立排水许可证办理“街道吹哨、部门报到”机制。同时强化舆论宣传，制定《排水许可法制宣传单》和《排水许可一次性告知书》，指导街道办理赋权排水案件。自开展行动以来排水户调查数量突破1万户。

2. 物联感知，控源截污

为了将排污事件的事后处罚转变为事前预知、控源截污，达到高效防范的效果，东湖新技术开发区构建了以污水处理厂良好运行为核心的“排水户-管网-泵站-厂”四级管控体系，构建管理网格，实现统一调度。以“排水管网一张图”为总图，以污水处理厂为区块，在“排水管网一张图”上标记各街道重点排水户具体位置和污水排放走向等，逐步在平台上直观展现区域内排水户类型和分布。

在试点区域排水管网重点位置安装了水流量监测仪、水质检测仪、液位监测仪等物联感知设备，并利用物联网感知平台接入设备监（检）测数据，通过水质检测数据分析水质成分如氨氮、总磷、总氮、浊度等，若数据超标或检测到违规排放物即产生预警标识，并根据排污片区及管网走向，分析数据超标或违规排放物的区域范围及可能的排污主体，实现排污精准溯源；基于流量的在线监测数据，结合排水许可的排污量，通过计算分析，智能识别排水户超量排放行为；分析识别管网混错接问题，如识别到晴天雨水管网有水流量数据则判定管网有雨污混流情况，上报管网错接或混接风险；基于流量或液位的在线监测数据计算分析，识别排水管网、泵站是否会超出管网排水承载能力造成满溢，为区域内的渍水风险提供了预警防范措施。

五　未来发展趋势

物联网作为事与物在互联网平台的连接和进一步延伸，是建立在网络基础上的应用。国家“十四五”规划纲要也提出要推动物联网全面发展，并将物联网纳入七大数字经济重点产业。工业和信息化部等 8 部门共同印发《物联网新型基础设施建设三年行动计划（2021—2023 年）》，在推动技术融合创新（如 5G+物联网、大数据+物联网、人工智能+物联网、区块链+物联网）、构建协同创新机制等方面进行了部署安排。

未来物联网应用将朝着普遍多用化、规模化、协同化和智能化方向发展，与更多如智能 AI、云计算等新技术结合，进一步创新物联感知设备、传感器，确保网络安全，推动自主执行任务，提高效率和响应速度，以支持更广泛的连接和更高效的数据传输。

城市排水治理工作对于物联网技术的需求进一步扩大，基于 GIS 与物联网，数据赋能排水溯源、监管等各逻辑环节，通过物联感知设备，在不增加排水基础设施的情况下，保证污水排放效果最佳化，有效避免内涝灾害发生，通过远程控制，持续加强对重点排水户的证后监管，规范排水行为，有效减少监管成本，减轻水务部门工作负担，提升城市排水统筹治理能力，建立健全智慧排水体系，保障城镇排水设施安全运行，支撑城市内涝预警预报机制、建设指挥决策模块、统计分析建设等，不断提升高新区源头治污、精准治污和精细化管理水平，推动形成城市排水“一张网”，为打造新型智慧城市提供技术支撑，以更好地提供政务服务，推动“高效办成一件事”落地，实现数字政府低碳转型。

参考文献

《国务院关于加强数字政府建设的指导意见》（国发〔2022〕14 号）。

《国家发展改革委关于印发“十四五”重点流域水环境综合治理规划的通知》（发改地区〔2021〕1933 号）。

《城镇污水排入排水管网许可管理办法》（中华人民共和国住房和城乡建设部第 56 号令）。

《国务院办公厅关于全面实行行政许可事项清单管理的通知》（国办发〔2022〕2 号）。

B.21
基于数据空间大脑的数据要素关键技术应用与实践

华为技术有限公司课题组

摘　要：　中国是第一个把数据作为生产要素的国家。数据共享开放能带来经济和社会效益，同时也存在安全管理风险。全球数字经济大国的实践表明，数据空间已经成为构建数据共享信任机制、推动数据有序流通的一种有效的解决方案。国家数据局在2024年重点开展了数据流通利用基础设施和数据空间试点部署安排，以数据空间为代表的新型数据基础设施将成为地方政府未来三到四年数据要素市场建设重点，数据空间大脑等创新模式将提供关键技术支撑。

关键词：　数据空间　可信数据空间　数据流通利用基础设施　数据空间大脑

一　引言

中国是第一个把数据作为生产要素的国家。数据的共享开放程度越高，数据的经济效益和社会效益就越大，但也可能带来应用边界扩大、安全管理权责不清、安全风险加剧等问题。全球数字经济大国均在探索和解决数据流通、交易和开发利用中的问题，欧盟、日本、美国、韩国等多个国家和地区的实践表明，数据空间已经成为构建数据共享信任机制、推动数据有序流通的一种有效的解决方案。国家数据局在2024年重点开展了数据流通利用基础设施和数据空间试点部署安排，全国多个城市均在积极开展试点任务申报和实施方案编制，以数据空间为代表的新型数据基础设施将成为地方政府未来三到四年的建设主旋律。

2024 年，国家数据局发布《可信数据空间发展行动计划（2024—2028 年）（征求意见稿）》，定义可信数据空间“是基于共识规则，联接多方主体，实现数据资源共享共用的数据流通利用基础设施，是数据要素价值共创的应用生态，是支撑构建全国一体化数据市场的重要载体”，提出鼓励创建城市数据空间、重点培育行业数据空间等行动以及形成一批数据空间解决方案和最佳实践的目标。

本文通过对国内外数据要素可信流通的洞察分析，厘清当前形势下数据要素可信流通发展面临的机遇和挑战，同时基于华为公司在数据空间解决数据跨组织共享共用问题的持续探索和实践总结，提出了通过数据空间大脑构建城市、行业数据空间的关键技术、创新模式，希望为数据要素流通的发展提供参考借鉴。

二　数据流通国内外发展对比

（一）美国：公共数据开放

美国以商业利益驱动数据要素市场化发展，提倡数据自由流动。在扩大高科技企业在技术和市场方面的先发优势的同时，通过立法司法等措施坚决防止对数据产权的垄断。逐步形成“防止数据产权垄断，坚持公共数据开放，引导共享兼顾隐私，鼓励数据经纪发展”的数据要素市场化方式和路径。

一是立法构建方面。美国认为数据开放流通是宪法赋予公民的基本权利，若对数据这种非排他易复制、规模效应显著的生产要素从法律上明确其所有权归属，必然造成垄断限制流通，不利于数字经济的发展。美国也多次开展了数据产权立法的尝试，均未获通过，对数据的确权基本持否定态度。相反，自 20 世纪 60 年代起，美国陆续出台规范政府数据来源、定期更新、联邦数据目录、政府数据官等相关法律制度，逐步形成完备的数据开放立法体系，并同步在金融、信用、儿童隐私、电信等细分领域进行了个人信息隐私保护的立法。例如，金融领域的《金融现代化法》、信用领域的《公平信用报告法》、未成年人领域的《儿童在线隐私保护法》等，对处理、披露个人信息进行规范。

二是防止数据垄断方面。美国政府在加大自身数据主动开放力度的同时，也通过立法约束、加强合作等多种方式引导企业，尤其是平台企业加强数据的开放共享，通过立法提出大型平台应提供访问接口，要求平台禁止使用非公开数据与平台内商户竞争。例如：美国联邦政府建立开放政府数据平台 Data. gov，主要发布联邦政府、州政府和企业的数据、工具和 API 接口等。截至目前，平台已累计免费开放数据集 25 万余个、数据工具 300 余个，以及众多的数据 API 接口，覆盖包括医疗、能源、财政、教育、农业与气候在内的数十个领域，并持续对开放的公共数据进行更新。

三是鼓励市场化自由交易方面。美国提倡数据自由交易，目前数据经纪已成为美国数据交易的主要方式。数据经纪商通过收集、集聚、分析、加工各种用户数据，形成消费者画像、身份认证、特定个人信息等数据产品，出售给数据需求者用于精准营销、风险防控、竞争分析等。全美已经形成众多不同领域的知名数据经纪商。

（二）欧洲：数据空间建设

欧盟涉及多个成员国之间的数据交换，其在数据主权保护领域立法完备，尤其是将个人数据保护放在优先地位，极大提升了在全球数据治理中的话语权，逐步形成“严格保护数据产权、建立共同数据空间、增大数据供应规模、提高国际交流门槛”等数据要素市场化方式和路径。

一是立法构建方面。欧盟是全球探索数据要素市场化最早、对数据产权保护最严格、数据法律法规最全面的国家和地区。其中，最著名的是 2018 年《通用数据保护条例》（GDPR）发布，规定全球各地的机构在提供产品或者服务的过程中，涉及欧盟境内个人数据的处理，都将受到 GDPR 的规范；2020 年《欧洲数据战略》发布，作为欧盟的顶层数据发展战略，提出创建一个向世界开放的欧盟单一数据市场，实现在欧盟范围内安全地跨行业跨领域共享和交换数据，并提供快捷方便的访问接口；2021 年出台的《数据治理法案》，规定了公司、个人和公共部门共享数据的流程和结构，促进公共部门数据可重复利用，推动企业数据有偿共享，以及通过数据中介使用个人数据，促进以公共利益为目的的数据使用；2023 年 11 月 27 日，欧盟正式通过《数据法》，与已经生效的《数据治理法案》共同推动欧盟内单一数据市场的建立。《数据法》明确了企业和个人访问、获取、共享数据的具体规则，为欧盟境内各方主体提供了公平访问和使用数据的统一方式。

二是构建跨域共享平台方面。欧盟建立“国际数据空间”（IDS），旨在建立数据供需双方信任机制，确保数据安全，保护数据主权。数据空间自 2014 年概念提出后在欧洲历经 10 年发展，随着通用和行业数据空间的探索与开展，参考架构不断迭代，已经发展成为具备国际共识的数据可信任的分布式数据基础设施。数据主权是 IDS 最重要的概念，强调数据主权是指数据所有者（无论是个人还是企业）对于其数据在数据空间内价值链上的流动有完全的控制权，即可以自主决定是否流通、流通给谁、如何流通、何时流通、以何种价格流通等。数据主权可以实现数据保护、数据安全、机会平等等价值，也给去中心化的数据生态、增值的应用程序和活跃的数据市场提供了基础。

为建立一个统一的数据市场、实现欧洲数据战略，国际数据空间协会于 2019 年发布“Reference Architecture Model V3.0”，首次为“数据空间”创建了一个参考架构和正式标准。该架构基于普遍接受的数据治理模型，定义了一个去中心化的数据生态系统，数据提供者和消费者之间通过可信连接器进行数据的共享交换，连同认证服务、数据交易监管服务、结算服务、应用商店服务一起构成了完整的数据空间系统，使数据在其中可以安全交换、流通。通过连接器的设计，将数据主权的描述性定义转向可操作可落地的实践，赋予了参与者以数据主权，数据空间参与者在连接器的连接下，共同形成了可信、统一的数据空间。

欧洲在数据空间方面已形成一定规模，截至2023年12月30日，欧盟在10个领域，已发展54个数据空间，发布67个应用案例，17个行业已开始应用数据空间，包括汽车、通信、交通、金融等行业。在IDSA、Gaia-X和各行业协会的协同合作下，欧盟数据空间通过标准和参考架构落地贯彻欧洲数据战略，发展成为欧盟各成员国之间的数据流通基础设施，促进了欧盟数据生态的发展。

全球数据空间布局正在加速，成为数字经济时代新型的数据基础设施。过去一年，全球数据空间新增数量已经超过200个，数据空间已经逐步向各行各业渗透，通过建立新型数据基础设施来推动制造业、能源、交通等行业数据共享和开发利用的组织模式赋能这些行业的数字化转型。欧盟、日本、韩国等多个国家和地区的实践表明，数据空间已经成为构建数据共享信任机制、推动数据有序流通的一种有效的解决方案。

（三）中国：数据基础设施探索

在数字化转型浪潮中，数据要素市场化配置改革逐渐成为国家数据局工作的核心。

一是组织层面，中央层面的机构改革已经完成，国家数据局启动运作成效显著，带动各地也都成立了与之对应的专职数据要素管理机构。

二是政策层面，国家数据局坚持以数据要素市场化配置改革为主线，围绕建立健全数据基础制度，多份政策文件陆续出台。在公共数据层面，围绕《中共中央办公厅　国务院办公厅关于加快公共数据资源开发利用的意见》顶层制度文件，国家数据局已经起草完成《公共数据资源登记管理暂行办法》《公共数据资源授权运营实施规范》，并会同国家发展改革委研究制定相关价格政策文件，形成公共数据资源开发利用的“1+3”政策规则体系，用于指导地方政府开展公共数据开放、开发、授权运营等工作；在基础设施建设层面，国家数据局已经起草完成《可信数据空间发展行动计划（2024—2028年）》，将数据空间定义为“实现数据资源共享共用的数据流通利用基础设施，是数据要素价值共创的应用生态，是支撑构建全国一体化数据市场的重要载体”，并将编制和发布国家数据基础设施建设指引，用于统筹指导地方数据基础设施建设。

三是实践层面，国家数据局在2024年设立了数据基础设施、数据空间等多个专班，进行数据流通利用基础设施专题研究，通过试点先行，鼓励创新的模式，在全国重点城市开展相关试点，目标是围绕重点行业领域和典型场景建成国家数据基础设施底座，到2026年底基本形成数据跨层级、跨地域、跨系统、跨组织的高效可信流通格局。数据空间作为国家数据局认可的探索方向之一，正应用于多个地方政府的规划设计、场景探索和实施方案编制中，未来三年的数据基础设施建设工作，将为国家数据基础设施沉淀系统化建设机制、路径和方案打下基础。

三 机遇和挑战

（一）两大关键机遇

1. 宏观：国家数字经济带动实体经济发展的需要

数字经济是科技发展和产业变革的前沿阵地，实体经济是国民经济的命脉所在。数字经济和实体经济深度融合发展是大势所趋，而数据要素加速流通是推动两类经济形态融合的连接器。国家通过数字产业驱动和赋能实体经济的决心强劲。2024年伊始，国家数据局联合17个部门印发的《“数据要素×”三年行动计划（2024—2026年）》提出，充分发挥数据要素乘数效应，赋能经济社会发展。到2026年底，数据产业年均增速超过20%，数据交易规模倍增。

2. 微观：企业数据资产参与生产经营的趋势显著

2024年1月1日起，财政部制定印发的《企业数据资源相关会计处理暂行规定》正式施行。同时，财政部进一步印发《关于加强数据资产管理的指导意见》，从依法合规管理数据资产、明晰数据资产权责关系、稳妥推动数据资产开发利用、严防数据资产价值应用风险等方面，规范和加强数据资产管理，推动数字经济发展。北京、深圳、成都等多地的企业纷纷开始启动数据资产入表的探索和尝试，能够为企业带来经济利益的数据，才能成为企业的生产要素和资产。维克托·舍恩伯格在其 2012 年出版的《大数据时代》一书中意味深长地说道："虽然数据还没有被列入企业的资产负债表，但这只是一个时间问题。"现在这个"时间"越来越近，未来已来。

（二）三大发展挑战

1. 挑战一：跨主体、跨边界数据流通情况下，数据基础设施缺乏统一规划

在数据要素规模效应的影响下，当前各地分期分散建设的数据基础设施已无法充分发挥数据要素价值的乘数效应，尤其是面向未来大模型训练算料的供给、跨行业数据融合增值等方面更是要求数据基础设施具有统一性、完整性和稳定性。

数据要素流通尤其是政府公共数据流通涉及多类参与主体，包括数据提供方、授权运营方、数据开发方、数据需求方、数据监管方等。多方参与带来的挑战就是如何通过统一的运营和开发平台将各方和各类活动有序组织起来，高效支撑包括数据供给、授权、上架、消费等的全部流程。当前各地数据基础设施建设分散、运维复杂，数据资产运营缺乏一体化的管控平台，数据库、数仓、大数据平台建设需统一规划，数据承载需可视、可控。

2. 挑战二：数据产品需求旺盛，但资源底数不清、质量不高、开发低效

数据要素体量庞大，关乎经济、社会、文化、环境等各领域，蕴藏着巨大的经济和社会价值。作为数字经济发展的重要基础资源，社会各方对数据要素的需求非常旺盛。但目前数据要素市场化推进的进展较为缓慢，价值未能释放，主要受制于数据商品开发过程中需投入大量人力，外加数据资源底数不清、价值不高、治理低效等问题，急需高效敏捷、智能化协同化程度高、开箱即用的数据资源智能化开发平台，为各个社会化开发方入场进行便捷的数据加工治理、降低各方的开发成本、打造更多高价值和高质量的数据产品提供便利。

3. 挑战三：在隐私保护和数据安全要求下，数据流通合规防护措施不全

数据要素作为新型生产要素，其价值与其动态性是密不可分的，有价值的数据一定处在动态之中，而流通过程中的数据安全保护就显得尤为重要，在交易流通中面临更严峻的隐私保护、安全合规等多方面挑战。例如，政府行业公共服务数据经过开发利用后被以数据商品的形式提供给社会需求方，数据从政府域流向社会域，数据的这种大范围流通导致安全管理边界扩大，对数据流通安全可信提出了更高要求。

除了构建数据要素流通的可信通道和高效运营管理外，数据安全和监管审计也是实现数据要素流通的重要基础保障。具体来说，数据安全需要围绕数据提供分级分类、权限隔离、数据脱敏和加密等全方位的保护手段；监管审计则要求对数据要素流通全程可监管和可追溯，从数据供给到消费全部流程均要实现必要的存证记录，这方面也是未来数据流通合规的刚性要求。

四　数据空间建设的必要性

（一）机制创新，打造数据要素价值转换的创新平台

建设数据空间新型数据基础设施，有助于提高公共数据社会化开发利用水平。提升公共数据开发能力、社会数据开发能力，使公共数据和行业数据的开发利用及流通交付更加安全、高效、合规，能够为各类数据资源持有者提供高效便捷、高性能的数据处理能力和运营服务。通过建立数据产品定价模型及价格监测机制、落实数据产品计量计费管理能力、提升数据资产化运营及管理水平，能够实现公共数据资产成本定价、市场定价双轨试点，进一步探索公共数据市场化供给的收入分配机制。

（二）繁荣数商生态，深化数据资源开发利用的赋能平台

数据空间建设加强公共数据、社会数据的开发利用，推进公共数据和其

他数据融合应用，能够充分发挥公共数据在推动城市数字化转型和促进经济社会发展中的驱动作用，提升城市治理的科学化、精细化管理水平。通过汇聚数据服务生态上下游，链接服务型数商、应用型数商、技术型数商，面向金融、城市治理、智慧交通、低空经济等行业领域，促使数据与行业知识深度融合，加快公共数据、行业数据的要素化进程，促进“数据要素×”行业价值释放，发挥数据要素乘数作用。

五　数据空间实践探索

华为公司作为一家布局全球的 ICT 和智能终端领域的提供商，早年进行了大刀阔斧的数字化转型改革，消除了数据孤岛，构建了公司统一的数据底座，汇聚和连接了各部门大量数据。如何通过数据的高效连接、安全流通，实现复杂业务全球协同是公司当前考虑的核心重点。目前华为公司正致力于促进企业内外部数据充分融合，通过清算促进数据价值的量化和分配，以此形成数据产生、交换、消费的良性循环。

2016 年，华为作为国内第一家正式加入国际数据空间协会（IDSA）的企业，开始积极贡献数据空间专业研究成果，同时通过自身实践不断探索数据空间的建设路径。华为在鲲鹏/昇腾产业生态建设中，与伙伴构建数据空间、开展数据交换融合，实现全链路的产品质量追溯，与伙伴共同优化产品质量改进的方法，提升整体业务效能。在此基础上，华为内部已经开展华为财经外部审计、智选车伙伴车型数据交换等 20 多个创新应用，实现了数据跨主体、跨边界的可信流通、可控交换、可证追溯。

当前华为已在自身内外 20 多个业务场景中进行了数据空间的成功应用，并通过华为云构建数据空间 EDS 产品与解决方案，与生态伙伴一起，通过各类数据空间建设，促进数据要素市场繁荣发展。华为公司数据空间应用覆盖三类应用场景，服务内外部数据跨主体可控交换，跨组织、跨业务流的数据消费。

一是企业间重要数据可控传递（1 对 1 数据传递）。在重视安全合规的

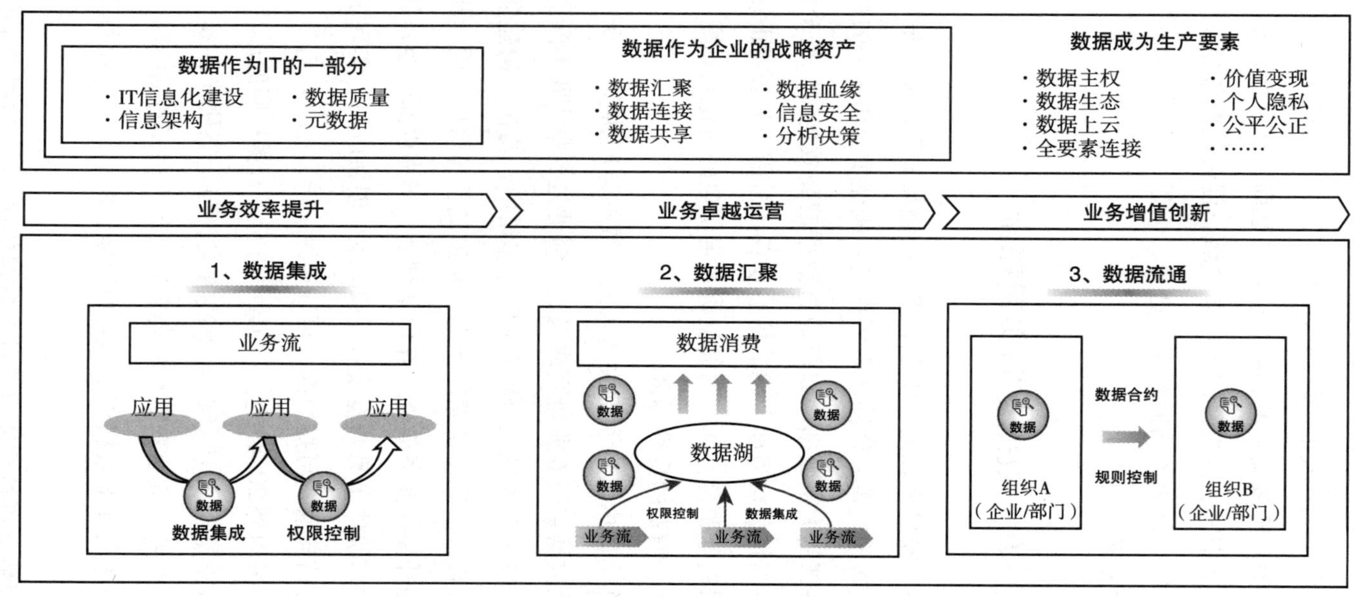

图1　华为数据要素发展路径

资料来源：作者单位提供。

基础上，确保内外部业务能够迅速获得所需数据，可控共享，这是一个时期以来华为公司在数字化转型中面临的问题，也是大多数企业面临的共同问题，数据资产作为企业核心战略资产，作为生产要素，被锁在独立存储空间中是发挥不了价值的。华为公司结合内部诉求，基于多年不断的探索，于2021年启动企业数据交换空间（EDS，Enterprise Data Space）的试点建设。通过业务、信息、应用、技术四层架构，面向提供方、消费方、中介方、监管方四类角色，完整设计了“可信、可控、可证”的企业数据可控交换框架，构建了21种数据使用控制策略，当前已经在鲲鹏/昇腾生态、企业投后管理、财经外审等重点领域取得了一定的效果。

二是生态链价值数据互信协同（1对N数据传递）。华为作为生态链上下游的龙头企业，在研产供销服等各个领域管理着数万计的供应商、伙伴，建立了以华为为核心的全场景的业务协同。而业务协同的基础就是数据的高效协同，也就依赖可靠的数据交换。在其中有很多成熟的数据协同场景，例如关键元器件的质量追溯、超期库存的联合分析，在这些场景中，质量数据和库存数据都是非常敏感的商业数据，既需要充分挖掘数据的价值，又需要构建在生态链上的充分互信，在此基础上实现内外部业务的高效协同。基于数据空间的研发和应用，华为构建了“1+6+1”的生态战略，建立一个能够连接华为内部各个主体、产业、伙伴和政府的数据交换体系，实现数据的有效可控流动，最大化释放数据价值。

三是行业内高密数据可控交换（N对N数据传递）。在产、学、研联合攻关一些重大科技项目的过程中，华为公司也经常与一些科研院所进行合作，在这期间会以数据的方式交换科研结果，这是一个典型的N：N的数据交换场景。这种场景下，更多的是通过数据空间的共享目录进行高效协同，而其底层支撑就是区块链、隐私计算等能力，其中就需要高效开展数据的使用控制和可控追溯。例如：对高密资料的统一保护，从过去的成果材料的分散存储导致易扩散，到构建独立的可信连接、增强保护；从过去的线下沟通、单点传递，到线上订阅、全程留痕；从过去成果的使用记录不可见，到成果的阅览、下载等全流程动作的日志可视，提供方随时可控。

六　数据空间参考架构

（一）“数据空间”是数据流通利用基础设施

《可信数据空间发展行动计划（2024—2028年）》（以下简称《行动计划》）指出，可信数据空间是基于共识规则，连接多方主体，实现数据资源共享共用的数据流通利用基础设施，是数据要素价值共创的应用生态，是支撑构建全国一体化数据市场的重要载体。

数据空间作为数据流通利用基础设施，其建设和运营涉及多方主体参与，需要有数据空间运营方、数据空间服务方、数据提供方、数据使用方、数据空间监管方。数据空间运营方在可信数据空间是负责日常运营和管理的主体，制定并执行空间运营规则与管理规范，促进参与各方共建、共享、共用可信数据空间，保障可信数据空间的稳定运行与安全合规。数据提供方是提供数据资源的主体，有权决定其他参与方对其数据的访问、共享和使用权限，并有权在数据创造价值后，根据约定分享相应权益。数据使用方是使用数据资源的主体，依据与可信数据空间运营方、数据提供方等签订的协议，按约加工使用数据资源、数据产品和服务。可信数据空间监管方指履行可信数据空间监管责任的政府主管部门或授权监管的第三方主体，负责对可信数据空间的各项活动进行指导、监督和规范，确保可信数据空间运营的合规性。数据空间服务方也即业界共识的数商，包括服务于数据开发利用、流通全过程的技术提供方、应用提供方、服务提供方。

参与各方要就数据流通的要求达成一致，并且通过技术手段来确保信任机制的达成和执行。通过可信数据空间提供的信任机制和管控能力，打消流通顾虑，加速多元数据融合与应用创新，有效实现数据要素的放大、叠加、倍增作用。

《行动计划》在实施可信数据空间能力建设行动中明确提出要建设可信管控、资源交互和价值共创三大能力。可信管控是指确保参与各方身份可信，并对数据跨主体的流通范围、使用过程、使用方式等行为的控制和管理，保障现实世界中签订的数据使用协议的有效实施，不断增强各主体之间的信任关系；资源交互是指数据空间内的数据资源要能够被发现、被检索，同时不同数据空间之间也可以通过制定互认标准和协议，进而实现跨空间数据、身份等资源共享和相互认可，提高数据流通的便利性和效率；价值共创强调可信数据空间运营，协同参与各方共同推进数据产品/服务的开发，共享数据的价值变现，不断激活数据流通的新模式。

（二）“数据空间”是数据市场的重要载体

《行动计划》在可信数据空间培育推广行动中，提出了以企业、行业、城市、个人、跨境五类可信数据空间为切入点，明确“鼓励创建城市可信数据空间、重点培育行业可信数据空间、积极推广企业可信数据空间、稳慎探索个人可信数据空间、探索构建跨境可信数据空间”。站在地方政府的角度可以看出城市数据空间、行业数据空间将成为地方数据要素市场建设的关键点。城市数据空间强调发挥公共数据资源的引领作用，推动公共数据、企业数据、个人数据融合应用，构建城市数据资源体系，支撑城市建设、运营、治理体制改革。行业数据空间强调促进产业链端到端数据流通共享利用，落脚点在推动基础科学数据集、高质量语料库融合汇聚，支撑人工智能行业模型跨域研发应用。

数据要素市场建设还处于起步期，近两年各地探索公共数据开发开放、授权运营的新模式，伴随国家出台公共数据资源开发利用的“1+3”政策规则体系、企业数据资源开发利用相关政策，数据要素供给市场逐渐形成了公共数据资源、企业数据资源两大开发利用体系。数据流通利用基础设施的建设也需要承载城市和行业两个建设方向，其中公共数据资源开发体系通过公共数据开放、公共数据授权运营、数据资产登记，共同构成城市数据空间，企业数据资源开发体系通过行业数据空间、跨行业融合利用互联互通，构成语料数据空间。

基于数据空间建设数据要素市场，打消数据流动的安全顾虑，消除数据

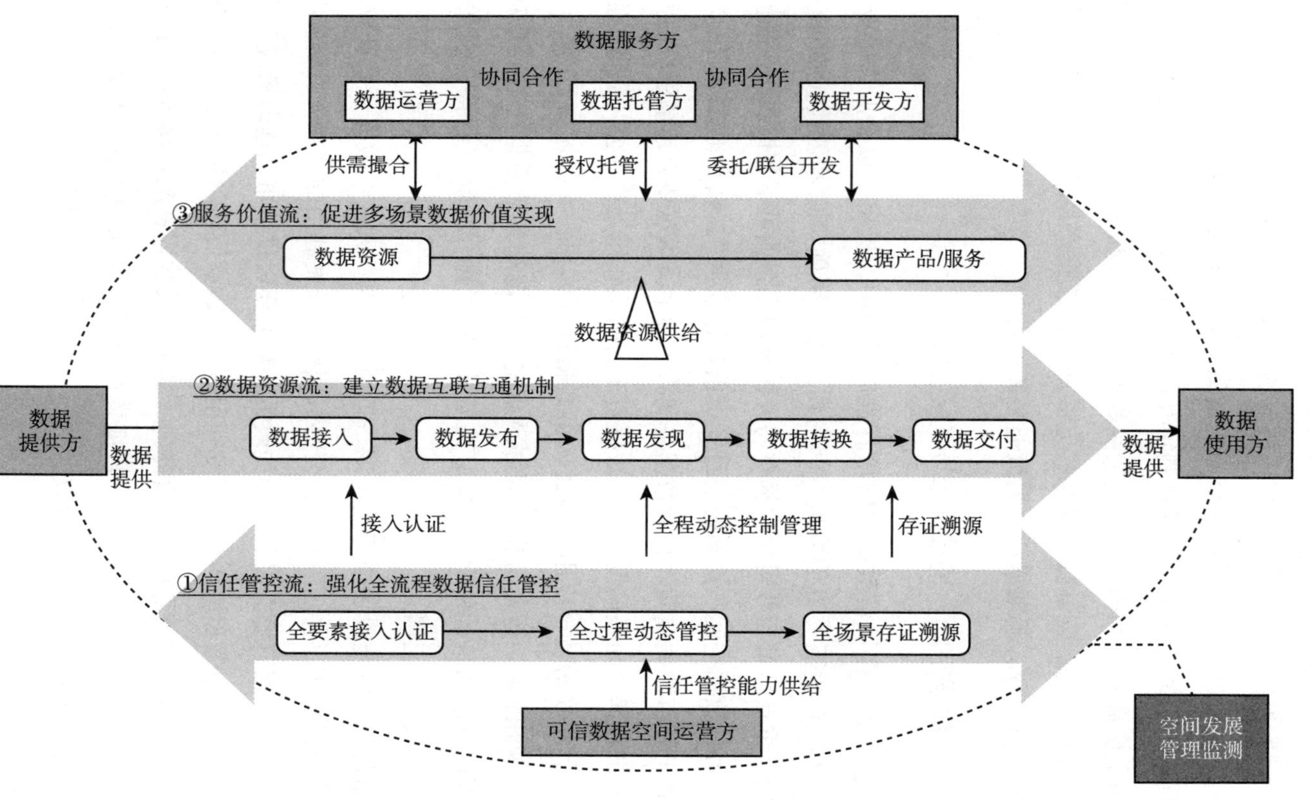

图 2　可信数据空间能力视图

资料来源：国家数据局《可信数据空间发展行动计划（2024—2028 年）》。

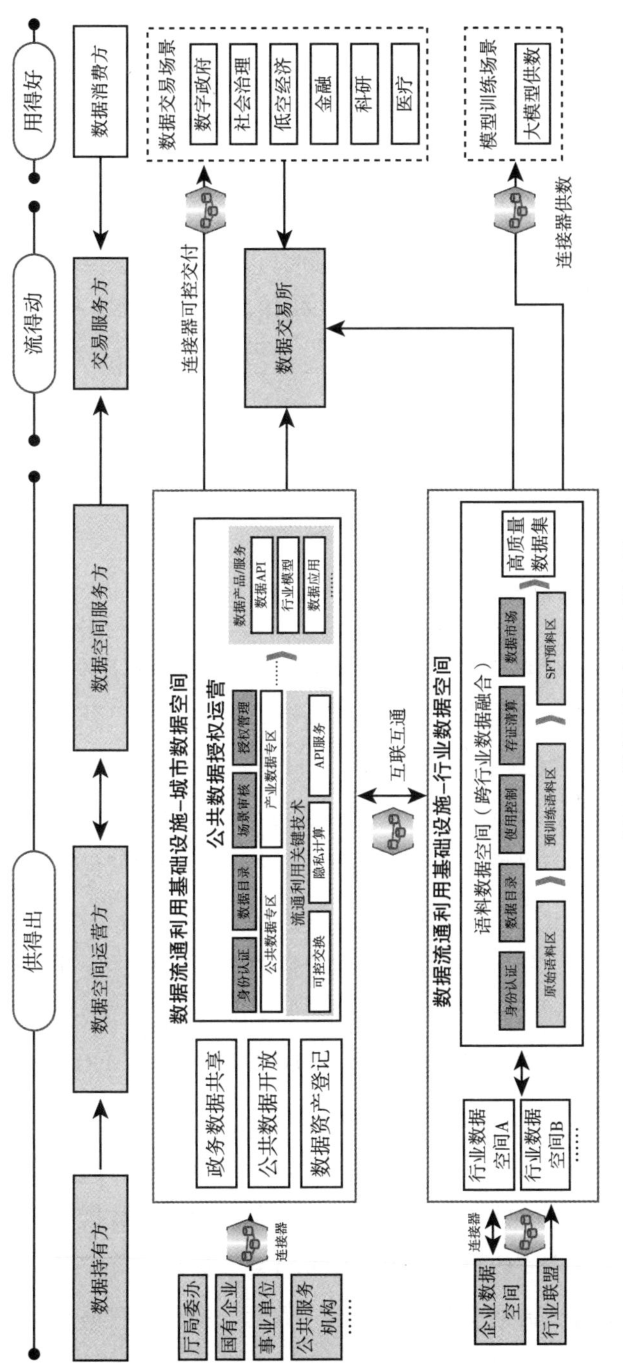

图 3 数据要素市场建设全景

资料来源：作者单位提供。

超限越权使用的加工隐患，探索数据产品可控消费的路径，切实推动数据供得出、流得动、用得好、保安全。建议地方政府选择以公共数据为发力点，以行业数据为创新点，双管齐下，打造具有地方特色的数据空间国家样板。首先以公共数据为发力点，建设城市数据空间，提升公共数据开发利用水平，开展公共数据授权运营，保障公共数据高质量供给和安全开发。同时以行业数据为创新点，建设行业语料数据空间，进一步推动公共数据与行业数据融合开发利用，确保数据来源可确认、使用范围可界定、流通过程可追溯、安全风险可防范。融合一站式 AI 算法开发服务，提供 AI 数据工程能力、大模型安全训练隐私环境，打造行业领域高质量语料库和数据集。到 2028 年基本建成广泛互联、资源集聚、生态繁荣、价值共创、治理有序的可信数据空间网络。

（三）数据空间参考架构

数据空间是资源开放互联、可信流通的新型基础设施，以全要素接入认证、全过程动态管控、全场景存证溯源为核心能力要求，建设“一大脑、六中枢、两空间”的数据空间总体架构，打造数据可信、可控、可证的数据空间新型基础设施，实现数据供得出、流得动、用得好、保安全，发挥数据要素的放大、叠加、倍增作用，实现数据跨行业、跨领域价值共享。

1. 数据空间大脑

“数据空间大脑”的定位为数据空间的指挥调度中心，是可信数据空间的关键内核。数据空间大脑开展一套标准化的面向空间内部数据要素加工流转的全生命周期业务流程，对数据空间内数据资源、参与主体、业务活动、工具资源、跨空间互联互通进行统一管理调度。

数据空间大脑实现对多种技术路线的全局统一管控和智能策略调度，打造管控统一、流程贯穿、体验优化、效能提升的安全可信数据空间。通过空间大脑统筹管理调度空间内可控交换、隐私计算、区块链等流通技术，强化对各类数据加工治理、流通交换工具的统一管理，提升了数据开发利用和可信流通的效能。

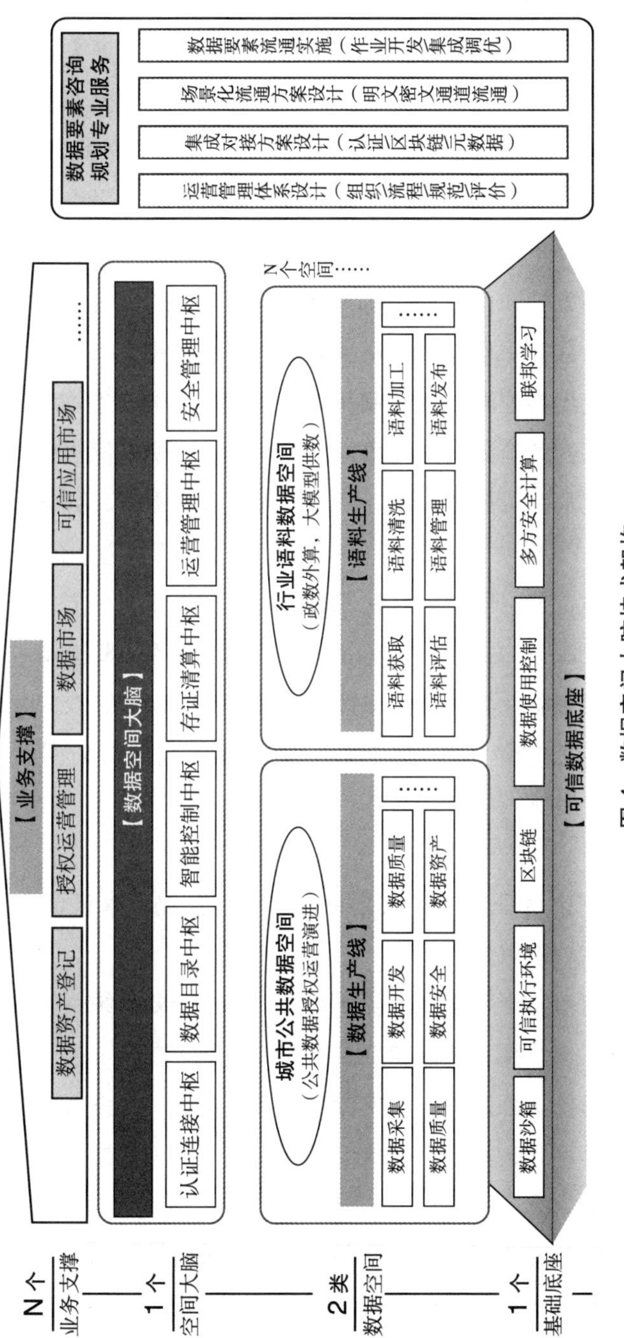

图4　数据空间大脑技术架构

资料来源：作者单位提供。

围绕不同的应用场景，根据数据的敏感度和密级，空间大脑调度最优技术路线进行数据的开发利用和流通。空间大脑支持三种流通方式，一是针对高密级数据，采取可用不可见的流通方式。由数据空间大脑调度隐私计算模块，在数据提供方、使用方部署隐私计算节点，开展分布式计算和联邦建模，由智能控制中枢进行脱敏策略下发，设置隐私规则，最终计算结果通过数据目录中枢配置和审核后上架数据市场。二是针对中、低密级数据，采取可用不可得的流通方式，由数据空间大脑向数据供需双方发放连接器，调度智能控制中枢进行数字水印安全策略、数据访问和使用策略下发，数据提供方按照约定在连接器内配置数据控制策略，安全传输给数据使用方连接器，使用方仅能在数字合约范围内进行数据加工和利用，所有使用行为由存证清算中枢进行日志存证，可全程追溯。三是针对可开放数据，数据依申请开放调用，提供数据 API 流通方式，支持 API 全生命周期管理、流量控制和统计分析等功能。由数据空间大脑对注册后数据使用方账户发放 AK、SK，数据使用方访问特定服务的 API 时需验证 AK 和加密签名 SK 操作，使用控制中枢通过验证签名来确保请求的合法性，以此来保证仅有被授权使用者能安全访问 API。同时使用控制中枢还可以设置一定时间内的访问次数，进行 API 接口调用流量控制。

2. 六大中枢

数据空间大脑由认证连接、数据目录、智能控制、存证清算、运营管理、安全管理六大中枢组成。

认证连接中枢落实全要素接入认证要求，实现全要素统一接入。中枢对空间内主体身份、核心技术组件和工具等开展认证，在各个参与方之间建立互信。通过统一身份认证，对空间内参与主体进行统一身份认证管理。通过连接器及开发工具认证，对核心技术组件和应用开发工具按数据空间标准协议适配，保障安全可靠。

数据目录中枢开展全产品统一发布。数据目录包括两部分：一是数据资源目录，接入数据按照统一编目要求进行元数据编目，统一上架到数据市场。二是数据产品目录，开发形成的数据产品按照数据产品目录要求进行编目，经审核后统一上架到数据市场。数据目录中枢具备数据语义发现和元数据智能识别能力，使得数据需方可快速找到供方提供的数据资源。

智能控制中枢落实全过程动态管控要求，开展全流程统一管控。针对数据提供方的数据资源共享共用过程进行全生命周期控制，中枢负责统一的策略定义、策略执行配置、策略决策配置，并对数据合约统一管理。中枢不断积累形成行业场景标准化策略模板，逐步构建智能策略推荐能力。数据提供方可按照数据合约进行数据使用权限分配和控制策略加载，智能控制中枢向用户提供数据访问策略、使用控制策略的编排，就数据访问主体、时间、部署环境、使用方式等生成可机读策略，在连接器内完成数据策略和数据资源的封装。数据使用方在连接器内接收数据，使用方只能基于双方数字合约中的访问策略、使用控制策略消费数据，通过合约管理优化履约能力，从而建立数据空间资源合作规范。

存证清算中枢落实全场景存证溯源要求，进行全周期统一追溯。中枢构建空间内行为和数据存证体系，通过审计日志追溯存证，对空间内数据资源开发利用全过程溯源存证。对数据、资源、工具、应用等使用和消耗情况进行计量监测，根据定价策略和定价量纲进行计费，完成支付指令交换，在数据供需双方、开发利用方之间清算费用。

运营管理中枢进行数据空间全视角统一管理。主要分为三个方面，一是开展空间内数据资源接入管理，对接入空间的数据资源进行资产评估和确权登记。二是对数据进行授权管理。在公共数据运营场景中，面向公共数据和行业数据主管部门开展公共数据和行业数据授权管理，提供场景审核、数据申请、数据授权、数据产品合规审查及出域审查等管理流程。三是跨数据空间管理，包括数据空间构建和资源配置，落实跨空间互联互通标准及协议，实现跨域身份认证、统一数据标识、统一上链存证标准。

安全管理中枢实现全链路风险统一感知，构筑端到端安全防护体系，包括数据采集、存储、传输、应用、销毁等过程，确保数据严进严出过程可控。基于云原生安全保障数据资产可控，根据数据分级分类识别服务配置和出口风险，实现策略自动化推荐、日志上报和策略下发。构建多层多级的授权体系以实现权限隔离，面向多个参与主体的租户+云服务+存算平台的三级授权体系，打通各产品角色权限模型，提供符合按需分配、职责分离和最小授权原则的细粒度权限隔离能力。

3. 两类可信数据空间

两类可信数据空间为城市公共数据空间、行业语料数据空间。

城市公共数据空间从城市数据要素市场建设角度，以公共数据开放管理和授权运营为切入点，主要探索解决数据流通、交易和开发利用中存在的安全管理和安全风险等问题。通过数据空间技术路线，融合公共数据授权运营管理要求，保障数据提供方掌控数据的加工处置范围，数据消费方控制数据产品的消费使用方式，开发利用方在授权运营场景和数据审核要求下加工数据，倡导数据主权可控、数据加工可信、数据流通可证，打消数据安全风险疑虑，推动公共数据供得出、流得动、用得好、保安全。

行业语料数据空间从数据要素产业发展角度，以公共数据牵引融合产业数据开发为突破口，基于数据空间协议共识，在空间内实现原始数据可控流转，按策略开放给模型训练方和语料运营方，提升数据供给方意愿。对原始语料在数据空间内进行清洗标注，对形成的高质量数据集指定大模型应用，支撑训练方实现数据集的可控流转，保障其知识产权。通过数据空间连接产业链上下主体，助力模型百花齐放，沉淀高质量的行业数据集。

七　结语

国家自 2019 年将数据作为新型生产要素提出以来，带动了产、学、研、法各界专家学者围绕数据要素流通和价值释放进行了深入思考和探索，华为作为产业界的一员也在数据要素领域持续开展技术研发、创新投入，依托在云计算、大数据、隐私计算、区块链等领域的多年沉淀，不断结合各方成果强化技术能力，支持地方开展数据要素场景创新和数据流通利用基础设施建设，实现数据“供得出、流得动、用得好、保安全”。

参考文献

IDSA，*Reference Architecture Model Version*3.0（2019）.

IDSA，*Data Connector Report*（2024）.

张斯睿、吕艾临等：《公共数据授权运营发展洞察（2023 年）》，2023。

华为企业架构与变革管理部：《华为数字化转型之道》，机械工业出版社，2022。

于施洋、王建冬、黄倩倩：《论数据要素市场》，人民出版社，2023。

后　记

《中国数字政府建设报告（2024）》和读者见面了，本书是“数字政府蓝皮书”的第三部年度报告，也是我们组织编写的第二种反映我国数字政府发展状况的蓝皮书（另外一种是“电子政务蓝皮书”）。

本书重点梳理总结了数字时代背景下，我国将数字技术广泛应用于政务服务和社会治理等方面的创新实践，为新阶段提升中国数字政府建设水平提供借鉴和参考。

党的十八大以来，党中央、国务院从推进国家治理体系和治理能力现代化全局出发，对推进数字政府建设工作作出一系列重大部署。党的二十大报告进一步提出要加快建设网络强国、数字中国。加强数字政府建设是建设网络强国、数字中国的基础性和先导性工程，也是革新政府治理理念和模式、擘画数字治理新图景、推动国家治理体系和治理能力现代化的重要举措。《国务院关于加强数字政府建设的指导意见》提出了要将数字技术广泛应用于政府管理服务，推进政府治理流程优化、模式创新和履职能力提升，构建数字化、智能化的政府运行新形态，充分发挥数字政府建设对数字经济、数字社会、数字生态的引领作用，促进经济社会高质量发展。大力推进数字政府建设是提升人民群众获得感、幸福感的重要内容，是创新政务服务方式的重要途径，是一体化政府建设的重要助力，是推进服务型政府建设的重要抓手。

本书的编辑和出版得到了中央和地方数字政府领域领导、国家电子政务专家委员会的大力支持，社会科学文献出版社对本书的出版提供了大力协助，在此一并致谢。

“数字政府蓝皮书”课题组

2024 年 12 月

Abstract

Blue Book of Digital Government－China Digital Government Construction Report (2024) is an annual authoritative report that reflects the latest progress of China's digital government construction, explores the path of government digital transformation, summarizes typical experience in government governance, and provides reference for improving the level of China's digital government construction in the new stage.

The Central Committee of the Communist Party of China and The State Council issued the Overall Layout Plan for the Construction of Digital China, improving the top-level design and pointing out the direction of development. All regions and departments have responded actively and made innovations, and made new progress in infrastructure, data resources, digital economy, digital government, digital culture, digital society, and digital ecological civilization. The ability to integrate and share government information has been enhanced, and the ability to serve the people has been continuously improved. The application of electronic government services, smart city construction, cloud computing, big data and other technologies has narrowed the distance between the government and the people, and enriched the people's sense of gain, happiness and security. These achievements have been made thanks to the people-centered development philosophy, the organic integration of digital technology and government governance, and the continuous development of digital government construction.

While seeing the achievements, we must also be soberly aware that the construction of digital government still faces challenges. The lack of data sharing and openness leads to the failure to fully release the potential of data resources; The digital divide between urban and rural areas, regions and groups still exists, and the unbalanced problem of digital government construction needs to be solved. Digital security capabilities need to be further strengthened, and cybersecurity laws, regulations and policy systems need to be improved. The digital governance system has yet to be fully formed, and international cooperation in the digital field needs to be deepened.

Looking forward to the future, the construction of China's digital government needs to focus on key issues, achieve precise force, and pursue high-quality development. The first is to consolidate the "two foundations" of digital infrastructure and data resource system, strengthen the construction of digital infrastructure, and improve the management and utilization mechanism of data resources; Second, promote the deep integration of digital technology with the construction of economic, political, cultural, social and ecological civilization, promote the high-quality development of the digital economy, improve the efficiency of digital government services, enrich the supply of digital culture, build an inclusive and convenient digital society, and promote the construction of digital ecological civilization. Third, strengthen the "two major capabilities" of digital technology innovation system and digital security barrier, strengthen key core technology research, and build a strong digital security barrier; Fourth, optimize the domestic and international "two environments" for digital development, improve the digital governance system, and promote international cooperation in the digital field.

Keywords: Digital Government; Network Power; Digital China; Chinese-style Modernisation

Contents

Ⅰ General Report

Abstract: At present, China's digital government construction has made remarkable achievements, with precise planning in top-level design, continuous improvement in system construction, new breakthroughs in efficiency enhancement and security, continuous emergence of innovative practical achievements, and substantial increase in influence at home and abroad. While new progress has been made, the construction of digital government has also revealed some new problems, with limited data sharing, unbalanced degree of universality in various regions, risky hazards in data security, work related to the cultivation of professionals to be refined, and the need to further align with the larger pattern of global digital governance. To this end, we must accelerate the re-upgrading of digital government, establish a sound mechanism for coordination and innovation, create a good digital ecology, construct a cybersecurity barrier, endeavour to enable all people to share the fruits of construction, and strive to enhance global digital leadership.

Keywords: Digital Government; Governance Capacity; Network Power, Digital China, Chinese-style Modernisation

Ⅱ Special Reports

Abstract: Digital government construction is of great significance in accelerating the construction of a new development pattern, promoting Chinese-style modernisation, and gathering the synergy of high-quality development. China's huge demand for online government services puts forward higher requirements for digital government construction and government service mode innovation. Under the multi-dimensional role of policy support, institutional mechanism guarantee, platform website optimisation, data interconnection and interoperability, and new technological innovation and application, the digital government construction drives the reform of government services to continue to deepen, improve quality and increase efficiency.

Keywords: Digital Government; Government Services; Online Government; Government Data

Abstract: The Third Plenary Session of the Twentieth Central Committee of the Communist Party of China (CPC) has explicitly called for the improvement of the list management mechanism and the regular promotion mechanism for 'efficiently doing one thing', which has become a key task in strengthening the construction of digital government. This paper argues that the practical logic of 'efficiently doing one thing' lays the foundation for a sound and regularised promotion mechanism. This paper proposes a four-dimensional linkage path of 'reform leadership, digital empowerment, list management, cultural support', and the list of key issues is a working hand to promote the regularisation mechanism of 'Efficiently Doing One Thing'.

Keywords: Efficiently Do One Thing; Normalisation Mechanism; List of Priorities

Abstract: Artificial intelligence leads a new round of technological revolution and has a far-reaching impact on the construction of digital government, and a wave of AI-enabled digital government innovation and development reforms has been set off globally. China attaches great importance to the application of artificial intelligence technology in digital government, and has achieved better application results in the practice of digital government construction in some places, but also faces many challenges. Policy support should be further strengthened in terms of formulating top-level design, building infrastructure, enhancing standard research, strengthening scene empowerment, optimising industrial ecology, etc, to promote the high-quality development of digital government.

Keywords: Artificial Intelligence; Big Model; Digital Government; Government Services

Abstract: Digital government as a systematic project has been widely agreed, the digital government system rules constitute the digital government standards have an important role in enabling common understanding, efficient collaboration, interconnection, order building, etc, in order to better promote the overall effect of the digital government standards to play, it is urgent to build the formation of the organic linkage of the digital government standards system. In this regard, although the existing e-government standard system tends to be mature, and at the same time, the exploration of digital government standard system is increasing day by day, there are still limitations such as non-transparent process of standard system construction, non-systematic basis of standard division, and unclear path of standard sub-system construction. In order to build a more comprehensive and holistic digital government standard system, after clarifying the target positioning and demand analysis, carrying out theoretical selection and structural design, and determining the output results and output forms, this study proposes a digital government standard system consisting of general standards, basic support standards, data resource standards, government application standards, government service standards, government operation standards, security standards, and sub-systems of the standards under the guidance of system theory. The digital government standard system is composed of the overall general standard, data resource standard, government application standard, government service standard, government operation standard, security standard, and each standard sub-system, with a view to help improve the standardisation level of digital government.

Keywords: Digital Government; Standard System; Systematics

Ⅲ Practice Reports

Abstract: After years of development, commodity barcode as China's unified product identity mark has gained full popularity, the standard system is constantly complete, and the technical development is fruitful. Commodity barcode has been effective in serving food supervision, industrial products supervision, medical devices supervision, special equipment supervision, international digital governance policy (DPP), customs cross-border clearance, business circulation supervision and public procurement supervision. However, the development process of commodity barcode regulation and digitalisation is still faced with problems such as inconsistency of product identification in some industries, insufficient awareness of standardisation among enterprises, imbalance in the development of commodity barcode application in various regions, and under-exploitation of the potential of digitalisation of commodity barcode service regulation. In order to further enhance the effectiveness of the digitalisation of commodity barcode service, the Code Centre will continue to strengthen the services for relevant departments, deepen the cooperation with enterprises, strive to promote the unification of product identity marking, enhance the standardisation level of product data, promote the balanced development of the application level of commodity barcodes in various regions, and better bring into full play the potentials of the service of commodity barcodes, so as to provide data support for the construction of a more efficient and intelligent regulatory system.

Keywords: Product Identification; Commodity Barcode; Regulatory Digitalisation; State Administration for Market Regulation

Abstract: The construction of digital government in Heilongjiang Province is a fundamental project to implement the construction of Network Power, Digital China and Digital Longjiang, aiming to drive government-wide reform and integrated innovation through digital government construction, comprehensively improve the ability to use digital technology and digital literacy, and enhance the momentum and vitality of the province's digital development. This initiative is of great significance for transforming government functions, optimising the business environment and building a service-oriented government. In recent years, the construction of digital government in Heilongjiang has made remarkable progress, co-ordinated development, innovation leadership, solid foundation, deepening application, providing useful practical reference for the construction of digital government in China.

Keywords: Digital Government; Digital Intelligence; Digital Running Longjiang; Governance Modernisation

B.8 Accelerate the Implementation of the 'Three Major Changes' and 'Four Major Projects', In-depth Promotion of Digital Anhui Construction of New Models

Anhui Provincial Data Resource Management Bureau / 110

Abstract: With the overall acceleration of economic and social digitisation process, local departments continue to grow the demand for digital construction and financial constraints, the serious waste of resources, the lack of effective supply of public data contradictions are becoming increasingly prominent, the traditional fragmentation, closed construction model has been unsustainable. For this reason, Anhui Province in the summary of the pioneering provinces and cities on the basis of further reform and innovation, around the overall objectives and tasks of the construction of digital Anhui, digital government construction to lead the drive of digital development, focusing on government informatisation projects, to promote the 'three major shifts', that is, the system form, the development model and financial support for the change in the way the overall reshaping of government affairs Focusing on government informatisation projects, we will promote 'three major changes', i. e. changes in system form, development mode and financial support mode, and overall reshape the new paradigm of government affairs; and through the implementation of 'four major projects', i. e. iterative project of integrated data base platform, three-end capacity enhancement project, scenario innovation project, and data governance project, we will realise the intensification of projects, facilitation of services, and data elementalisation, and form the new mode of construction of digital anhui with innovative concepts, economical funds, and scientific methods.

Keywords: Digital Anhui; 'Four Major Projects'; 'Three Major Transformations'; Government Services; Data Elements

B.9 Digital Government in Fujian: Strengthening Digital Empowerment, Making New Government Services "Within Reach"

Wu Hongwu / 123

Abstract: The Fujian Provincial Party Committee and Provincial Government adhere to the inheritance and carry forward the important concepts and major practices pioneered by General Secretary Xi Jinping during his work in Fujian, and deeply practice the people-centred development ideology, focusing on the dual-wheel drive of reform leadership and digital empowerment, and promote the reform tasks such as 'Efficiently Doing One Thing', 'Data Collection at Most Once', "the construction of provinces without proof", "the optimisation and enhancement of Minzhengtong" and other reform tasks, continue to enhance the satisfaction of enterprises and the public to do things, the sense of obtaining, and make every effort to create a "Convenient Fujian" service brand. We will continue to improve the satisfaction and sense of achievement of enterprises and the public, make every effort to build the 'Convenient Fujian' service brand, and push forward the development of the new quality and productivity of digital government.

Keywords: Efficiently Do a Thing; Data at Most Once; No Proof Province; Minzhengtong

Abstract: In recent years, Henan Province, focusing on strengthening the theme of the main line of the construction of digital government, 'efficiently do a thing' as the optimisation of government services, improve administrative efficiency of the important hand, the first 13 national 'a thing' efficiently as a traction, comprehensively deepen the The reform of the administrative approval system has continued to strengthen the foundation base of the digital government, build the '1+3+N' common support platform system, expand the 'one door, one network, one line; digital government service channels, and innovatively promote the integration of related matters, the commitment to handle matters in the event of a shortfall, the cross-domain handling of matters in other places, and the exemption of policy services from the requirements of the government. We have also strengthened the supply of digital government systems, promoted the integrated construction of government information technology projects, focused on building an efficient government service system that is ubiquitous, accessible, intelligent, convenient, fair and inclusive, and accelerated the construction of a modernised governance model that uses data to speak, use data to make decisions, use data to manage, and use data to innovate, so as to better assist the development of new quality productivity. The system will better assist the development of new quality productivity and serve the practice of Chinese modernisation in Henan.

Keywords: Efficiently Do a Thing; Digital Empowerment; Government Environment; Henan Province

B. 11 Exploration of Digital Government Construction Practice in Hubei Province *Hubei Provincial Data Bureau* / 147

Abstract: Strengthening the construction of digital government is a fundamental and pioneering project for the construction of digital China, an exploration of the innovation of the concept and mode of government governance, and an important initiative to promote the modernisation of the national governance system and governance capacity. The Hubei Provincial Party Committee and Provincial Government attach great importance to the construction of digital government, deeply implement General Secretary Xi Jinping's important thoughts on network power and the important exposition of digital China, adhere to the people-centred development concept, and carry out a series of institutional mechanism innovations and practical exploration, building a series of digital government integration and intelligent platforms, focusing on the construction of urban digital public infrastructure system, digital government service system, data resource sharing and application system, and digital government integration and intelligent platform construction. Institutional mechanism innovation and practical exploration, to create a digital government from the facilities to the service of the whole chain of intensive system, digital government construction has achieved significant results, promoting intelligent governance, intelligent services and 'smart government' construction in Hubei, for the modernisation of the governance system and governance capacity to provide an important support.

Keywords: Digital Public Foundation; Intelligent Governance; Intelligent Service; Smart Government; Hubei

Abstract: Driven by the new generation of information technology, Hunan Province has achieved remarkable results in the construction of its digital government. Through specific measures such as laying a solid foundation, building a support system, strengthening digital supervision, deepening business processes, and integrating into people's lives, combined with digital means, the efficiency and quality of government services have been improved, the scientific nature and transparency of government decision-making have been enhanced, and the modernization of government governance capabilities and systems has been promoted. Hunan Province is committed to achieving a nationwide leading position in five areas: government services, collaborative governance, decision-making operations, sharing and openness, and infrastructure construction, achieving a transformation from "following" and "running alongside" to "leading".

Keywords: Government Governance; Government Services; Smart Decision-making; Hunan Province

Abstract: Shenzhen, as one of the first pilot cities for digital government reform and construction, has been oriented towards the needs of enterprises and the public in recent years. By continuously improving the construction of government service channels, comprehensively promoting the reform and innovation of government services, and expanding the "Pengyou Circle" of government services, Shenzhen aims to "efficiently accomplish one thing" as the driving force to create proactive, precise, holistic, and intelligent government services. The city strives to build a service-oriented government that satisfies the people and contributes to creating a top-notch market-oriented, law-based, and international business environment.

Keywords: Digital Government; Efficiently Accomplish One Thing; "iShenzhen"; People's Livelihood Demands; Shenzhen

Abstract: As one of the earliest regions to promote the "one thing, one time" reform, Changsha has deeply grasped the national reform trend from "one thing, one time" to "efficiently accomplish one thing". Adhering to the concept of consistently delivering well on "one thing", Changsha has continuously deepened the reform of government services. Through exploration and practice, it has gradually formed a dual-driver reform approach of "strengthening digital empowerment and optimizing service supply", and established a comprehensive and efficient "1+3+N" government service system. In 2023, Changsha's integrated government service capability was upgraded from the "high" category to the "very high" category, ranking among the top tier nationwide.

Keywords: Digital Empowerment; Government Service Reform; Efficiently Accomplish One Thing; Changsha City

Ⅳ Technical Reports

B.15 The State Administration for Market Regulation has Established a Data Quality Monitoring System for Enterprise Credit Supervision, Strengthening Source Governance and Improving Data Quality

Ma Yufei, Tian Wentao, Yuan Ruifeng and Li Jing / 201

Abstract: The report of the 20th National Congress of the Communist Party of China proposed to Improving the basic institutional framework of the market economy, including social credit, and "accelerate the construction of a digital China." The "Guiding Opinions of the State Council on Strengthening the Construction of a Digital Government" (Guo Fa [2022] No. 14) requires "strengthening data governance and full lifecycle quality management to ensure the authenticity, accuracy, and completeness of government data." In order to implement the decisions and deployments of the Party Central Committee and the State Council, and in accordance with the general work plan of the State Administration for Market Regulation to "emphasize politics, strengthen supervision, promote development, and ensure safety," It has decided to launch a comprehensive data quality improvement initiative for enterprise credit supervision from April 2023 to October 2024, spanning a period of one and a half years. It has developed a data quality monitoring system for enterprise credit supervision and launched a trial run on August 25, 2023. This system enables normalized, automated, and intelligent monitoring of the data quality of enterprise credit supervision, as well as the distribution and rectification of problematic data, thereby minimizing the workload of grassroots staff and establishing a sound and long-term mechanism for comprehensively improving data quality.

Keywords: Credit Supervision; Data Quality; Information System; Data Governance

Abstract: New technologies are the key supporting tools for the construction of digital government. During the critical period of rapidly advancing digital government construction in the current digital age, it is of significant guidance and practical importance to explore the achievements and experiences of new technologies in application practice, analyze the faced problems and challenges, examine the specific needs and bottlenecks of digital government construction for technology application, and thereby put forward targeted and systematic optimization strategies for digital government construction. This article starts from the problems...

Keywords: Digital Government; Digital Technologies; Modernization of Governance

Abstract: The report of the 20th National Congress of the Communist Party of China clearly states the need to accelerate the development of the digital economy, promote deep integration between the digital economy and the real economy, and build digital industrial clusters with international competitiveness. Among these, the construction of a digital government is a crucial aspect, and the introduction of artificial intelligence (AI) technology is an important support for achieving this goal. This paper delves into the multidimensional applications and potential impacts of AI technology in digital government construction. Firstly, the article reviews the wide range of application scenarios of AI in the field of digital government, the frontiers and trends of current research, and the major challenges faced in implementation. In particular, AI technology has demonstrated immense potential and value in intelligent decision support, public service innovation, smart supervision, and data governance. The article further focuses on research hotspots such as data governance, intelligent decision-making, public service innovation, and interdisciplinary integration, and analyzes challenges such as the benefits of large-scale model applications, data quality and security, algorithmic ethics, and talent shortages, emphasizing the importance of interdisciplinary theoretical integration. Through specific case studies, such as the successful implementation of China Mobile's "Di Ting" anti-fraud platform and the "Xing Han" Galaxy large model in government services, the powerful capabilities of AI technology and its social value are demonstrated. Finally, this paper proposes a series of suggestions, including strengthening top-level design, increasing policy support, deepening cooperation and joint development, and establishing pilot projects and demonstrations, to promote the widespread application and continuous innovation of AI in digital government construction.

Keywords: Artificial Intelligence (AI); Digital Government; Intelligent Decision-making; Public Services; Smart Supervision; Data Governance

B.18 Application Modes and Practical Cases of General Artificial Intelligence in Digital Government Construction

China Mobile Communications Group Co., Ltd / 246

Abstract: As general artificial intelligence (AI) technology accelerates breakthroughs and deeply integrates into various industries, it is necessary to target scenario-based intelligence to enhance the intelligence of government performance in promoting the integration of general AI technology with government management services. Based on research into the normative requirements of government digital governance for general AI, starting from the construction of a soft environment of institutional rules suitable for general AI and a hard environment of data-driven platform system facilities, this paper identifies twelve typical application scenarios of general AI in six categories. Based on empirical case analysis, it proposes a model for applying general AI in digital government construction. Finally, it puts forward suggestions for the application of general AI in digital government from the dimensions of institutional rules, platform systems, scenario innovation, and security governance.

Keywords: Digital Government; General Artificial Intelligence; Large Language Models

Abstract: The digital transformation of government hotlines has gone through three stages: information nurturing, digital development, and intelligent upgrading. This paper studies the application scenarios and local practices of large model technology in government hotlines, analyzes the challenges faced by current government hotlines in terms of carrying capacity, quality of response to appeals, level of coordination, follow-up and return visit technology, quality inspection system, and digital intelligence application capabilities. It proposes the establishment of a knowledge center to provide a training foundation for the large model of the hotline, which is applied to key scenarios such as receiving and responding to complaints, handling appeals, follow-up evaluations, and analysis and decision-making. Finally, it puts forward development suggestions for the future large model of hotlines from the aspects of overall planning and construction of large model capabilities, continuous deepening and expansion of application scenarios, and improvement of standards and norms systems, promoting government hotlines to a new stage of high-quality development as new-quality hotlines.

Keywords: Government Hotline; Large Model for Government Hotline; New-quality Hotline

Abstract: Leveraging new technologies such as the Internet of Things and big data, and based on an integrated examination and regulation platform, this study delves deeply into and widely utilizes water information resources, with water quality monitoring and resident complaints as the starting points. It identifies sewage and overflow areas as well as alarm locations. Based on these locations and a risk early warning model, it analyzes the scope of sewerage household, clarifies their categories, and pushes out regulatory tasks point-to-point. Meanwhile, it strengthens access management according to ecological carrying capacity to fundamentally carry out watershed management and promote the high-quality construction of a digital government.

Keywords: Dynamic Regulation of Sewerage Household; Watershed Management; Smart Water Affairs; Integrated Examination and Regulation

B.21 Current Status of Trusted Circulation of Data Elements and Key Technical Points for Development

Abstract: The development of digital elements is timely, with institutional reforms at the national level and the introduction of various policies and regulations focusing on addressing issues such as legislative support, data ownership, and industry scenarios. Currently, the field of data element circulation faces both opportunities and challenges. In terms of technical support capabilities, there is an urgent need to match the requirements for credible circulation of data elements. There are critical technological points that need to be overcome in areas such as storage and computation, supply, governance, and operation of data elements. Driven by policies and scenarios, continuous iterative innovation in technical capabilities and platform support will contribute to the rapid development of credible circulation of data elements.

Keywords: Data Elements; Credible Circulation; Data Spaces; Data Infrastructure

皮书

智库成果出版与传播平台

✤ 皮书定义 ✤

皮书是对中国与世界发展状况和热点问题进行年度监测，以专业的角度、专家的视野和实证研究方法，针对某一领域或区域现状与发展态势展开分析和预测，具备前沿性、原创性、实证性、连续性、时效性等特点的公开出版物，由一系列权威研究报告组成。

✤ 皮书作者 ✤

皮书系列报告作者以国内外一流研究机构、知名高校等重点智库的研究人员为主，多为相关领域一流专家学者，他们的观点代表了当下学界对中国与世界的现实和未来最高水平的解读与分析。

✤ 皮书荣誉 ✤

皮书作为中国社会科学院基础理论研究与应用对策研究融合发展的代表性成果，不仅是哲学社会科学工作者服务中国特色社会主义现代化建设的重要成果，更是助力中国特色新型智库建设、构建中国特色哲学社会科学“三大体系”的重要平台。皮书系列先后被列入“十二五”“十三五”“ 十四五”时期国家重点出版物出版专项规划项目；自 2013 年起，重点皮书被列入中国社会科学院国家哲学社会科学创新工程项目。

皮书网

（网址：www.pishu.cn）

发布皮书研创资讯，传播皮书精彩内容
引领皮书出版潮流，打造皮书服务平台

栏目设置

◆关于皮书

何谓皮书、皮书分类、皮书大事记、
皮书荣誉、皮书出版第一人、皮书编辑部

◆最新资讯

通知公告、新闻动态、媒体聚焦、
网站专题、视频直播、下载专区

◆皮书研创

皮书规范、皮书出版、
皮书研究、研创团队

◆皮书评奖评价

指标体系、皮书评价、皮书评奖

所获荣誉

◆2008年、2011年、2014年，皮书网均在全国新闻出版业网站荣誉评选中获得“最具商业价值网站”称号；

◆2012年，获得“出版业网站百强”称号。

网库合一

2014年，皮书网与皮书数据库端口合一，实现资源共享，搭建智库成果融合创新平台。

皮书网

“皮书说”
微信公众号

中国社会发展数据库（下设 12 个专题子库）

紧扣人口、政治、外交、法律、教育、医疗卫生、资源环境等 12 个社会发展领域的前沿和热点，全面整合专业著作、智库报告、学术资讯、调研数据等类型资源，帮助用户追踪中国社会发展动态、研究社会发展战略与政策、了解社会热点问题、分析社会发展趋势。

中国经济发展数据库（下设 12 专题子库）

内容涵盖宏观经济、产业经济、工业经济、农业经济、财政金融、房地产经济、城市经济、商业贸易等 12 个重点经济领域，为把握经济运行态势、洞察经济发展规律、研判经济发展趋势、进行经济调控决策提供参考和依据。

中国行业发展数据库（下设 17 个专题子库）

以中国国民经济行业分类为依据，覆盖金融业、旅游业、交通运输业、能源矿产业、制造业等 100 多个行业，跟踪分析国民经济相关行业市场运行状况和政策导向，汇集行业发展前沿资讯，为投资、从业及各种经济决策提供理论支撑和实践指导。

中国区域发展数据库（下设 4 个专题子库）

对中国特定区域内的经济、社会、文化等领域现状与发展情况进行深度分析和预测，涉及省级行政区、城市群、城市、农村等不同维度，研究层级至县及县以下行政区，为学者研究地方经济社会宏观态势、经验模式、发展案例提供支撑，为地方政府决策提供参考。

中国文化传媒数据库（下设 18 个专题子库）

内容覆盖文化产业、新闻传播、电影娱乐、文学艺术、群众文化、图书情报等 18 个重点研究领域，聚焦文化传媒领域发展前沿、热点话题、行业实践，服务用户的教学科研、文化投资、企业规划等需要。

世界经济与国际关系数据库（下设 6 个专题子库）

整合世界经济、国际政治、世界文化与科技、全球性问题、国际组织与国际法、区域研究 6 大领域研究成果，对世界经济形势、国际形势进行连续性深度分析，对年度热点问题进行专题解读，为研判全球发展趋势提供事实和数据支持。

法律声明